데이터 시대,
사람의 마음을 읽는 법

데이터 시대, 사람의 마음을 읽는 법

여론조사와 멘탈마이닝

최정묵 지음

한스컨텐츠

뭇매를 맞은 여론조사, 과학이 권위에 굴복하지 않으려면

2016년 4월 13일은 정치 데이터가 빅뱅big bang을 한 날이다. 정치 데이터가 빅뱅을 하면, 새로운 질서들이 만들어지고, 이는 사회경제적인 데이터에 영향을 준다.

정치권에 몸담은 사람이나 지지 정당이 있는 사람은 선거 결과에 따라 희비가 엇갈렸을 것이다. 16년 만에 펼쳐진 여소야대 정국에 각자 나름의 의미를 부여하며 진로를 모색하기도 했다.

그리고 여론조사 영역에 속한 사람들은 당혹감을 감추지 못했다. 법률로 정한 여론조사 결과 공표일까지 내놓은 예측과 실제 결과의 차이가 너무나 컸기 때문이다. 나도 업계 일원으로서 몹시 곤혹스러웠다. 공표일 이후의 조사 결과를 통해서 변화한 흐름을 대략 짐작하고 있었지만, 예상과 크게 엇나간 것은 분명한 사실이었다. 더욱이 사람들 사이에 여론조사 무용론까지 번져나는 것이 안타깝고 부끄러웠다.

현재 선거 여론조사 방식 자체가 민심을 담아내기에는 큰 허점이 있음은 계속 지적되어 왔다. 여론조사에 대한 근본적인 성찰이 있어야 되겠다는 생각이 들었다.

여론조사의 본질적 측면, 즉 '사람들의 마음 읽기'가 회복되어야 한다는 의미다. 나는 여기에 대한 내 나름의 가치관을 가져왔다. 여론조사는 수치를 분석하는 데이터마이닝data mining을 넘어 인간 내면의 깊은 생각을 파고드는 멘탈마이닝mental mining으로 나아가야 한다고 믿어왔다. 이 생각은 제20대 총선 결과와 여론조사 결과의 깊은 간극을 보면서 더욱 확고해졌다.

우리는 기업을 분석하고 싶을 때 매출액을, 선거 승패를 가늠하고 싶을 때 정당 지지율을 먼저 본다. 이 데이터는 기업이나 정당의 멘탈mental이 소비자나 국민에게 얼마나 효과적으로 전달되고 소통되었는지를 예측할 수 있는 대표 지수들이어서다.

데이터마이닝의 원천 기술인 멘탈마이닝은 정신이라는 뜻의 'mental'과 캐낸다는 뜻의 'mining'을 합쳐 만든 개념으로 대중의 심리와 욕망이 표출되는 여론의 패턴과 구조를 캐내는(mining) 작업이다.

멘탈마이닝은 데이터마이닝의 설계도다. 멘탈마이닝을 통해 타깃 변수와 핵심 역량에 영향을 미치는 변인을 캐내는 작업을 진행해야 비로소 데이터마이닝이 가능해진다. 다시 말해 멘탈마이닝이 원인과 과정, 질문과 추론을 캐내는 과정이라면 데이터마이닝은 멘탈마이닝으로 얻어낸 결과물이다. 멘탈마이닝은 질문을 재구성하는 힘이며 이성에 감성을 더하고 통계에 심리학을 더한 '성공 방정식'인 셈이다.

왜 멘탈마이닝인가

멘탈mental은 '인간의 정신, 마음'이라는 뜻이며, 마이닝mining은 '금이나 석탄 같은 광물을 채굴하거나 채광하는 행위'를 의미한다. 다시 말해 인간의 정신과 마음을 캐내는 작업이 바로 '멘탈마이닝mental mining'이다. 최근에는 이것과 연관된 '데이터마이닝data mining'이라는 용어도 광범위하게 사용된다.

많은 전문가가 데이터 산업을 차세대 유망 산업으로 꼽는다. 하지만 데이터는 갑자기 생긴 발명품이 아니라 우리가 일상생활과 함께했던 것들이다. 이전에는 데이터를 캐내고 모으고 분류하는 능력이 부족해서 개념이 정착되지 않았을 뿐이지 데이터는 인류의 역사 이래 늘 존재해왔다. 데이터는 오감으로 느낄 수 있는 물체부터 눈으로는 볼 수 없는 내적 기본 욕구까지 다양한 개념을 포괄한다. 따라서 정성화(초기 데이터의 속성이 질서 없이 그대로 드러나 있는 형태. 수치로 된 데이터처럼 한눈에 쉽게 이해하기 어려운 데이터 형태)된 데이터를 정량화하고, 아날로그를 디지털화하는 기술이 발전할수록 데이터마이닝의 수준은 높아질 것이다. 데이터마이닝의 원천인 멘탈마이닝의 필요성도 함께 커질 것이다.

멘탈마이닝은 "무엇을 데이터마이닝할 것인가?"라는 질문을 더욱 심층적이고 입체적으로 재구성한다. 인간의 정신과 마음을 캐내는 일은 데이터 그 자체의 분석보다 더 본질적이다.

인류는 무거운 것을 효과적으로 들어 올리려고 팔 대신 크레인을, 먼 거리를 빨리 이동하려고 비행기를, 더 멀리 보려고 망원경을, 인간 두뇌를 대신해 정보 처리 능력을 확장하려고 컴퓨터를 발명했다. 20세기까지 기술 발전이 목표한 바가 인체 능력의 확장이라면, 21세기 기술 발전은 확장된 인체 능력과 인간 정신mental의 융합일 것이다.

이를 뒷받침하는 기술이 데이터마이닝이며 데이터마이닝의 원천 기술은 멘탈마이닝이다. 인간의 정신과 마음이 목표 변수이고 데이터 마이닝은 접근 수단이라 할 수 있다.

출마한 후보가 당선되려면 어떻게 해야 할까? 기업이 이익을 높이려면 어떻게 해야 할까? 정부는 국민의 지지를 어떻게 확보할 수 있을까? 세상의 변화를 어떻게 읽을 수 있을까?

이런 질문은 종종 우문이 되거나 우답을 부른다. 스스로에게 다음과 같은 질문을 던져보자. 유권자의 투표권 행사가 과연 외부 환경에 기인한 정치적인 행위일까? 소비자는 자신이 구매하는 모든 제품에 대해 충분한 정보를 가지고 구매할까? 행정부는 공공서비스의 만족도를 높이기 위해 시행하는 모든 정책을 책임져야 할까?

위의 질문들은 멘탈마이닝의 관점에서 나온 것이다. 멘탈마이닝은 질문을 재구성하는 힘이며 이성에 감성을 더하고 통계에 심리학을 더한 '성공 방정식'이다.

왜 정치사회 데이터가 중요한가

정치는 인간의 일상이자 본질적인 삶을 종합한 행위다. 국가의 제도나 정치 행위의 변화는 수많은 상황과 삶의 변화가 반영된 결과다. 정치 데이터는 바로 이것을 담은 결과물이다. 법률과 제도를 담은 데이터, 정부와 공공 기관의 예산 데이터, 공직 선거 결과를 기록한 데이터, 여론조사 결과를 정리한 여론 데이터 등이 정치 데이터에 포함된다. 이 책에서는 선행先行 데이터인 선거 결과 데이터와 여론조사 결과 데이터를 중심으로 이야기를 풀어갈 것이다.

특히 '구매 의향'만 밝힌 여론 데이터와 '구매가 완료'된 선거 데이터의 비교는 멘탈의 변화를 확인할 수 있는 좋은 사례다.

정치 데이터는 역동적이고 사회경제적 의미를 저변에 함축하고 있다. 선거라는 형태로 주기적으로 발생하고, 여론조사를 통해 일상적으로 측정된다. 정치 데이터는 빅뱅이 일어나는 흔치 않은 데이터인데 그것은 정치 데이터를 불러내는 원동력이 인간의 멘탈이어서다.

우리나라는 저출산과 고령화, 경제 양극화, 산업구조의 넛 크래커 현상(nut-cracker: 호두를 양쪽으로 눌러 까는 기계. 기술과 품질에서는 선진국에, 가격 경쟁에서는 중국 등 신흥국에 밀려 꼼짝하지 못하는 우리나라 상황을 비유적으로 표현) 등 새로운 변화와 도전에 마주하고 있다. 이러한 세상의 변화를 데이터로 보고 싶다면, 정부·정당·기업의 활동에 영향을 미치는 요인을 보고 싶다면, 더 나아가 사람들의 정신과 마음의 변화를 읽고 싶다면 어떻게 해야 할까?

가까이는 선거가 있다. 2016년 총선은 한국인의 마음이 어떻게 변화하였는지 드라마틱하게 보여주었다. 그리고 2017년 대선, 2018년 시·도지사 선거가 펼쳐질 것이다. 여기에 관심을 기울여보자. 이 정치 일정으로서의 한국시리즈 3연전은 국민·시민·유권자·소비자라고 불리는 이들의 멘탈을 그 어떤 요인보다 크게 바꿀 것이다.

멘탈마이닝의 3가지 방식

이 책에서는 멘탈마이닝을 크게 3가지로 분류했다. 그것은 '성향 분석Propensity Mining', '상황 분석Condition Mining', '관계 분석Relation Mining' 이다.

또한 데이터에 기반을 두어 다양한 이슈도 정리했다.

첫째, '성향 분석'에서는 개인·집단·공동체가 의사결정을 할 때 영향을 주는 내적·심리적 요인들이 무엇인지 분석한다.

둘째, '상황 분석'에서는 외적·환경적 요인들이 어떻게 변화하고 의사결정에 어떤 영향을 미치는지 살펴본다.

셋째, '관계 분석'은 사람과 사람, 사람과 집단, 집단과 집단이 성향과 상황에 따라 어떻게 영향을 주고받으며 의사결정을 하는지 데이터로 읽어본다. 실제 예들은 시의에 적절해 보이지만 함의는 시의적이지 않다.

여론조사는 2016년 총선 결과 예측에서 참담한 성적표를 받았지만 그 기능이 다한 것은 아니다. 오히려 멘탈마이닝으로 진화할 더 큰 과제를 안게 되었다. 이 책은 여기에 집중하고자 한다. 많은 사람이 사회여론조사와 멘탈마이닝의 세계를 경험하였으면 좋겠다.

특별히 국회의원, 보좌관, 지방의원, 여론조사 실무자, 기업 홍보 담당자, 정부 정책 관리자, 대학교에서 정치학이나 심리학을 공부하는 학생에게 직접적이며 구체적인 도움이 되기를 기대한다.

마지막으로 이 책이 출간되기까지 여론 데이터를 지원해주신 유봉환 우리리서치 대표님과 집필 활동이 가능케 도와주신 김갑수 한국사회여론연구소 전 대표님께 다시 한 번 감사의 마음을 전한다.

차례

제3부 상황 분석(Condition Mining)

제4부 관계 분석(Relation mining)

제 1 부

데이터의
진실과
마주하기

숫자 속의 마음 읽기

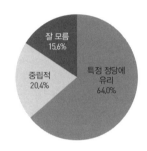

2016년 총선 여론조사는 공정했는가?
(리얼미터, 국민일보)

나는 여론조사 실무를 하며 스스로 균형을 잃고 매몰되었다는 느낌이 들 때, 말하자면 숫자의 세계에서 허우적거릴 때면 생텍쥐페리의 《어린 왕자》 중 한 구절을 떠올려본다. 워낙 유명해서 아는 분들이 많겠지만 이해를 위해 옮겨보겠다.

어른들은 숫자를 좋아한다. 새로운 친구를 사귀었다고 어른들에게 말하면 그들은 정말 중요한 내용은 묻지 않는다. 그들은 결코 이렇게 물어보지 않는다.
"그 애의 목소리는 어떠니? 그 애가 가장 좋아하는 놀이는 뭐니? 그 애도 나비를 채집하니?"
그 대신에 그들은 이렇게 묻는다.
"그 애는 몇 살이니? 형제들은 몇 명이지? 몸무게는 얼마야? 그의 아버지는 돈을 얼마나 버니?"

그들은 이런 숫자들만 가지고 그 애에 대해서 모두 알게 되었다고 생각한다.

만약 어른에게 이렇게 말한다면……

"나는 장밋빛 벽돌로 만든 아주 아름다운 집을 보았어요. 창가에 제라늄이 있고 지붕 위에는 비둘기가 있었어요."

어른들은 그 집을 상상해내지 못할 거다. 그들에게 이렇게 말해야만 한다.

"나는 10만 프랑짜리 집을 보았어요."

그러면 그들은 탄성을 지를 것이다.

"세상에! 얼마나 아름다운 집일까!"

나는 이 구절이 숫자에 대한 적대감이나 무용론을 나타낸 표현이라고는 생각하지 않는다. 숫자는 중요하다. 보이지 않는 것을 보이도록 명백히 드러내는 표현으로서 가치가 있다. 하지만 숫자가 그 본래의 역할을 잃고 자기만의 세계에 빠진다면 아무런 쓰임새가 없을 것이다. 사람들이 꿈꾸는 사랑과 행복, 정의는 오간 데 없고 그 자리를 돈의 액수가 차지하게 될 것이다. 그러면서 원래 바랐던 것이 가치였는지 숫자였는지조차 잊어버리고 만다.

사회여론조사에서도 이런 일이 일어난다. 어떤 사안에 대해서 사람들이 어떻게 생각하는지를 파악하여 그것을 내 실천에 반영하려는 목적으로 여론조사를 한다. 그리고 공직에 나서는 후보자로서 사람들이 나에 대해 어떻게 생각하는지를 알아서 키울 점은 키우고 고칠 점은 고치기 위해 여론조사를 한다.

하지만 어느새 숫자 그 자체에 매몰되는 우를 범한다. 시험을 치르는 학생처럼 높은 숫자를 얻는 게 유일한 목표가 된다. 이때 사람의 마음을 읽는 일은 나중 일이 되고 만다. 사람들의 의견이 나와 다르면 질문을 바꾸고 조사방법을 바꾸어서 내 의견이 여론에서 우세한 것처럼 꾸미려 시도한다. 여론조사는 이런 과정을 거쳐 잘못에 빠지고 만다.

마음을 열고, 숫자에 담긴 그리고 숫자 너머의 진실을 마주하려 할 때 데이터는 비로소 자기 정체를 드러내고 무엇을 어떻게 해야 할지 자세히 알려준다. 겸허한 심정으로 데이터의 행간에 담긴 사람의 마음을 읽는 것. 그것이 바로 멘탈마이닝이다.

선거 여론조사가 민주주의에 기여하려면

2016년 총선 여론조사 결과를 신뢰하는가?
(리얼미터, 국민일보)

신뢰 43.3%
불신 47.7%
잘 모름 9.0%

2016년 4.13총선은 선거 여론조사 관계자들에게 참담한 심정을 안겨 주었다. 예측과 결과의 차이는 부끄러울 지경이었다. 하지만 "터질 게 터졌다"는 목소리도 적지 않다. 선거 여론조사가 제몫을 못할 수밖에 없는 여건이 이미 뿌리를 내리고 있었기 때문이다. 나는 틀린 선거 여론조사 결과에 분개하기보다는 이것을 구조적으로 바로 잡아 민주주의에 기여하도록 바꾸어야 한다고 생각한다.

투수가 직구만 던져야 한다면…

일제강점기 한국 근대사를 배경으로 픽션과 논픽션을 오가며 코믹과 감동을 선사했던 영화 한 편이 2002년에 개봉되었다. 조선 최초의 야구단을 소재로 한 〈YMCA 야구단〉으로 영화배우 송강호와 김혜수가 출연했다. 100만 명 이상이 관람했으니까, 당시 기준으로 보면 꽤 많은 분의 사랑을 받았다.

이 영화 중반에 인상 깊은 장면이 나온다. 타자로 나선 송강호가 상대 투수의 공을 치지 않고 불만을 토로한다. 투수는 변화구를 던졌는데, 송강호는 직구가 아닌 변화구는 정직한 야구가 아니라고 생각한 것이다. 현실이었다면 어처구니없는 광경이었겠지만, 영화에선 복선이 흐르는 장면으로 묘사되었다.

4.13총선이 끝나고, 뭇매를 맞고 있는 여론조사와 이 영화의 장면이 묘하게 겹쳐졌다. 거칠게 말하자면 선거 여론조사는 직구만 던져야 하는 투수와 마찬가지의 상황이다. 나는 이를 극복하려면 크게 3가지 정도가 개선되어야 한다고 본다.

선거 여론조사의 변화를 위한 3가지 방안

첫째 여론조사기관이 이동통신사가 제공하는 안심번호를 사용할 수 있어야 한다. 대선은 대충 넘어갈 수 있다고 쳐도, 다가올 지방선거에서 안심번호를 사용할 수 없게 된다면, 기초단체장과 광역의원 및 기초의원 선거는 여론조사의 무덤이 될 것이다.

둘째 유권자의 표심이 급변하는 시점인 D-7일 이후에도 여론조사 결과를 공표할 수 있어야 한다. 지금처럼 공표 금지기간을 두는 것은 마치 시황을 알려주지 않고, 주식(지지정당 또는 후보)에 투자(투표)해야 한다는 강제 규정과 비슷한 조건일 수 있다.

마지막으로 역대 투표율 등 선거 결과를 활용한 여론조사 결과의 분석도 별도의 구분을 두더라도 공표할 수 있어야 한다. 움직이는 여론을 예측하려면, 민심의 단면뿐 아니라, 단층(지질 구조)도 볼 수 있어야 하기 때문이다.

나는 3가지 방안 중에서도 가장 시급한 것이 첫 번째인 여론조사에서 안심번호 사용이라고 생각하는데, 이에 대해 자세히 이야기하겠다.

안심번호 사용이 관건

2000년 들어 지식정보화가 빠르게 진행되면서 선거 여론조사는 두 번의 격변기를 거쳤다. 여론조사기관들은 주로 총선에서 고전하고, 광역단위 선거에서 해답을 찾는 패턴이 반복되었다. 이유는 조사 대상인 모집단(통계적인 관찰의 대상이 되는 집단 전체)을 얼마나 정확히 확보할 수 있는지가 관건이기 때문이다.

총선처럼 전국을 250여 개로 쪼개어 실시하는 여론조사에서 모집단을 정확히 잡아내기란 쉽지 않다. 반면에 대선처럼 전국을 1개 선거구로 하는 선거나 광역지방자치단체장 선거처럼 17개를 단위로 하는 경우는 이보다 훨씬 수월하다.

2007년 대선 여론조사부터 휴대폰 조사의 필요성이 언급되기 시작되었지만, 보편적인 조사방식으로 자리 잡지는 못했다. 그런데 2008년 총선 때 일부 초도심권 선거구에서 KT 기반의 집 전화번호로 실시한 여론조사 결과와 실제 선거 결과가 큰 차이를 보이기 시작했다. 이어서 2010년 지방선거 중 서울시장 선거에서 결정적 하자가 발생했다. 이후에는 '집 전화 임의걸기(RDD: random digit dialing)'가 활성화되기 시작했다. 그러다 2012년 총선을 거치면서 집 전화와 휴대폰 병행 조사는 그 필요성이 극에 달했으며 2012년 대선부터 활성화되기 시작했다. 이미 오래 전부터 여론조사기관들은 휴대폰 조사의 필요성을 인식했고 제도적 마련을 언급했다. 이러한 과정을 거쳐 안심번호 사용이 제도화된 측면이 있다.

하지만 여론조사기관은 독자적으로 안심번호를 사용하지 못하는 상황이다. 지금으로선 선거 시기가 아닌 일상 시기에 국회의원이 지역구에서 중요 정책을 수립하기 위해 주민 여론을 파악하는 정책 조사도 그 한계가 분명한 실정이다.

내가 알기에 2016년 총선 투표일을 일주일 정도 남겨둔 시점에 국민의당은 광주와 전라남북도에서 대승을 예측하고 있었고, 새누리당과 더불어민주당에서도 수도권 선거 결과를 어느 정도 짐작하고 있었다. 이러한 예측은 정당이 선관위를 통해 이동통신사에서 안심번호를 공급받아 자체적으로 조사를 진행하거나, 여론조사기관에 조사를 의뢰할 수 있었기 때문이다.

여론조사기관들은 문제가 발생할 때마다 묵묵히 해법을 찾아왔다. 여론조사기관들이 20대 총선에서 보여준 여론조사 결과와 예측치는 직구만 허용되는 제도 하에서 불가피한 결과인지도 모른다. 어쩌면 선거 결과의 예측 실패는 조사기관, 정당, 언론 모두가 함께 짊어져야 할 민주주의의 비용이자 투자가 아닐까?

총선 과정에서 나타난 여론조사의 문제를 단순히 여론조사기관의 도덕적 문제나 능력의 잣대로만 보는 것은 온당치 않다. 반면에 한국조사협회와 정치조사협회 그리고 메이저 여론조사기관도 사회적 이익을 모도하기 위해 지금보다 더 집단지성을 모으고 실천해야 한다. 왜냐하면 여론조사는 현대 민주주의 발전에 앞으로도 기여할 것이 분명하기 때문이다.

아기공룡 둘리의 4월 13일 총선 일기

19·20대 총선 세대별 투표율
(KBS 출구조사)

안녕하세요. '아기공룡 둘리'입니다. 한국 애니메이션 영화 〈아기공룡 둘리〉가 1987년 처음으로 전파를 탔으니 저는 올해로 서른 살이 되었습니다. 지금의 20대와 40대는 저에게 형이자 동생인 셈이죠. 곡예단에서 도망친 암컷 타조 '또치'와 타임머신을 타고 지구로 불시착한 '도우너'는 저와 같은 또래입니다. '희동이'는 20대의 건강한 청년으로 자랐고 가수 지망생이었던 '마이콜'은 직장에서 인기 많은 40대 부장님이 되었죠. 2016년 4월 13일, 우리는 서울시 도봉구 쌍문동에 거주하는 '고길동' 아저씨(50대 중반. 퇴직 후 자영업) 집에서 오랜만에 저녁식사를 하였습니다.

전체		사례 수	정당후보			
		빈도	새누리당	더민주당	국민의당	기타
			%	%	%	%
전체		(1060)	35.2	37.0	17.9	9.9
연령	20대	(190)	17.8	50.6	21.0	10.6
	30대	(196)	19.6	51.6	16.8	12.0
	40대	(220)	29.9	40.8	14.5	14.7
	50대	(206)	42.9	30.7	17.6	8.7
	60 이상	(248)	59.0	17.1	19.6	4.3
성별	남성	(520)	34.2	37.6	18.9	9.4
	여성	(539)	36.2	36.5	16.9	10.4
직업	사업/자영업	(239)	46.2	28.3	15.1	10.5
	생산/서비스	(117)	26.7	36.6	26.0	10.7
	사무/관리직	(251)	22.8	49.9	16.4	10.9
	주부	(191)	46.0	25.3	18.9	9.8
	학생	(63)	17.5	51.1	13.9	17.6
	농축수산업	(42)	53.8	14.8	26.1	5.3
	기타/무직	(149)	33.4	45.0	17.6	4.1

누가 어느 정당의 지역 후보와 비례대표 후보에게 투표했을까?

둘리(30대): 아저씨는 누구 찍으셨어요?

고길동(50대): 비밀투표거든…. 우리 동네 국회의원은 늘 찍던 정당의 후보를 찍었는데, 비례대표 후보는 좀 달랐어. 주변 사람들도 비슷한 결정을 했던 것 같아. 동네 선배들은 평생 안 찍던 야당을 찍었다는 소리도 있고.

희동이(20대): 전 여당을 반대할 건지, 아니면 야당에게 힘을 실어

(연령 중: %)

정당후보			비례후보				전체
			새누리당	더민주당	국민의당	기타정당	
새누리당	연령	20대	55.9%	8.8%	23.5%	11.8%	100.0%
		30대	71.8%		20.5%	7.7%	100.0%
		40대	62.1%	1.5%	25.8%	10.6%	100.0%
		50대	76.1%	8.0%	11.4%	4.5%	100.0%
		60 이상	76.0%	3.4%	15.1%	5.5%	100.0%
	전체		71.3%	4.3%	17.4%	7.0%	100.0%
더민주당	연령	20대		78.9%	9.5%	11.6%	100.0%
		30대	2.0%	55.4%	19.8%	22.8%	100.0%
		40대	2.2%	49.4%	19.1%	29.2%	100.0%
		50대	1.6%	43.8%	34.4%	20.3%	100.0%
		60 이상	9.5%	33.3%	47.6%	9.5%	100.0%
	전체		2.3%	55.5%	22.5%	19.7%	100.0%
국민의당	연령	20대		5.0%	67.5%	27.5%	100.0%
		30대		6.1%	87.9%	6.1%	100.0%
		40대	6.3%	3.1%	78.1%	12.5%	100.0%
		50대	0%	8.6%	91.4%	0%	100.0%
		60 이상	4.1%	8.2%	83.7%	4.1%	100.0%
	전체		2.1%	6.3%	81.5%	10.1%	100.0%
기타	연령	20대		35.0%		65.0%	100.0%
		30대	20.8%	16.7%	29.2%	33.3%	100.0%
		40대	27.3%	3.0%	42.4%	27.3%	100.0%
		50대	22.2%	11.1%	22.2%	44.4%	100.0%
		60 이상	45.5%		36.4%	18.2%	100.0%
	전체		21.7%	13.2%	27.4%	37.7%	100.0%

줄 건지 고민이 많았어요.

또치(30대): 그게 그거 아니야. 여당을 반대하면 야당을 찍는 거고,

야당에게 힘을 실어줄 거면 그것도 야당을 찍는 거잖아?

희동이(20대): 여당을 반대하는 친구들은 더불어민주당에, 야당 좋아하는 친구들은 국민의당에 관심이 많았어요.

도우너(30대): 아저씨, 그럼 머리 아파서 투표 안 했겠네?

고길동(50대): 그만 놀려라. 도우너, 둘리, 또치가 나보다 고민이 더 많았을 걸.

마이콜(40대): 아저씨(50대)가 지역 국회의원 후보로 새누리당을 찍었고, 희동이나 둘리 애들(20~30대)이 더불어민주당 후보를 찍었다면… 같은 당 비례대표 후보를 선택해야 하는지, 국민의당 비례대표 후보를 선택해야 하는지 머리 아팠겠네요. 반대 상황일수도 있지만요.

사전투표, 정말 야권에 유리했을까?

둘리(30대): 희동이 너 사전투표하지 않았니?

희동이(20대): 당근 사전투표했지. 오늘은 친구들이랑 놀러갔다 왔거든. 사전투표 날 보니까, 젊은 사람이 많은 것 같았어. 특히 직장인이나 학생이. 야당 지지자들이 더 많지 않았을까?

또치(30대): 야권이 분열되었다고 난리던데, 야당이 두 개라서 결정을 못하고 헷갈려서 기권한 사람이 많지 않았을까?

희동이(20대): 별로 없었을 거야. 오히려 선택지가 하나 더 생겨 투표 많이 했을 걸.

	사례 수	투표여부		
전체	**빈도**	투표안함	당일투표	사전투표
		%	%	%
전체	(1160)	8.7	71.9	19.5
연령 20대	(206)	8.0	65.6	26.5
30대	(214)	8.4	65.4	26.2
40대	(242)	9.3	72.5	18.2
50대	(230)	10.3	72.8	16.9
60 이상	(268)	7.4	80.5	12.0
직업 사업/자영업	(277)	13.8	71.1	15.0
생산/서비스	(132)	11.8	70.7	17.5
사무/관리직	(275)	8.7	62.3	29.0
주부	(201)	4.7	82.0	13.4
학생	(65)	3.8	63.8	32.4
농축수산업	(44)	4.8	79.0	16.3
기타/무직	(158)	5.4	79.4	15.2

선생님께서는 지난 주에 있었던 국회의원 선거에 투표하셨습니까?

그렇다면 왜 투표하지 못하셨습니까?

	사례 수	투표 안 한 이유			
전체	**빈도**	후보·정당 없음	지지정당 2개라 혼란	선거과정 마음에 안듦	개인 사정 때문에
		%	%	%	%
전체	(100)	33.9	5.8	26.8	33.5

투표 당일 시간대별 투표 성향은?

도우너(30대): 투표일은 쉬는 날이라 늦잠자고 싶을 텐데, 아침 일찍 일어나 투표하는 사람들보면 신기해. 우리는 느지막이 일어나 아침

전체		사례 수	①9시 이전	②9~12시	③12~15시	④15~18시
		빈도	%	%	%	%
전체		(1060)	22.7	33.2	28.7	15.4
연령	20대	(190)	12.5	30.1	32.8	24.6
	30대	(196)	19.4	32.1	26.9	21.6
	40대	(220)	19.3	33.3	31.2	16.2
	50대	(206)	27.4	31.0	29.6	12.0
	60 이상	(248)	32.1	38.3	23.9	5.7

그렇다면 선생님께서는 어느 시간대에 투표하셨습니까?

겸 점심 먹고, 투표하고…. 자연스럽게 약속장소로 고고싱했는데….

고길동(50대): 연령이 높을수록 아침과 오전에 투표하는 경향이 뚜렷하지. 투표가 곧 애국이니까.

마이콜(40대): 어느 시간대에 어떤 연령이 투표를 많이 했는지가 정당이나 후보들에게는 중요하겠어요. 당일 투표 독려를 하거나 결과를 예측하려면요.

또치(30대): 투표 시간에 따른 연령별 지역 후보에 대한 투표 경향을 정리한 자료도 있더라고요.

고길동(50대): 그렇구나. 오전 9시부터 투표 종료 시간(오후 6시)까지 60세 이상은 더불어민주당보다 국민의당에게 더 많이 투표했는 걸.

둘리(30대): 40대를 보세요. 아침에는 새누리당과 더불어민주당이 대등해 보였는데, 오전에 와서는 더불어민주당으로 기울기 시작하다가, 점심시간 이후에는 다시 대등해졌다가, 투표 종료를 몇 시간 남겨두고는 다시 더불어민주당으로 기우네요. 투표 당일 더불어민주당을 지지하는 40대와 새누리당을 지지하는 40대의 라이프스타일이 다른가 봐요.

(연령 중: %)

투표시간			정당후보				전체
			새누리당	더민주당	국민의당	기타	
9시 이전	연령	20대	30.4%	43.5%	8.7%	17.4%	100.0%
		30대	17.9%	61.5%	10.3%	10.3%	100.0%
		40대	35.7%	42.9%	11.9%	9.5%	100.0%
		50대	43.9%	26.3%	22.8%	7.0%	100.0%
		60 이상	65.0%	13.8%	15.0%	6.3%	100.0%
	전체		44.0%	32.4%	14.9%	8.7%	100.0%
9~12시	연령	20대	10.3%	44.8%	37.9%	6.9%	100.0%
		30대	17.2%	53.1%	20.3%	9.4%	100.0%
		40대	24.3%	41.9%	17.6%	16.2%	100.0%
		50대	40.6%	32.8%	17.2%	9.4%	100.0%
		60 이상	54.7%	17.9%	22.1%	5.3%	100.0%
	전체		31.8%	36.3%	22.5%	9.3%	100.0%
12~15시	연령	20대	16.1%	64.5%	14.5%	4.8%	100.0%
		30대	19.2%	48.1%	17.3%	15.4%	100.0%
		40대	36.8%	39.7%	14.7%	8.8%	100.0%
		50대	45.9%	29.5%	13.1%	11.5%	100.0%
		60 이상	59.3%	20.3%	20.3%		100.0%
	전체		35.8%	40.4%	15.9%	7.9%	100.0%
15~18시	연령	20대	23.9%	43.5%	15.2%	17.4%	100.0%
		30대	25.6%	44.2%	16.3%	14.0%	100.0%
		40대	22.9%	37.1%	11.4%	28.6%	100.0%
		50대	36.0%	40.0%	20.0%	4.0%	100.0%
		60 이상	57.1%	21.4%	21.4%	.0%	100.0%
	전체		28.8%	39.9%	16.0%	15.3%	100.0%

총선 기간 중 새누리당은 어떤 이미지가 가장 마음에 드셨습니까?

전체	사례 수	새누리당 정당 이미지					
	빈도	경제 정당	깨끗한 정당	복지 정당	서민 정당	안보 정당	잘 모름
		%	%	%	%	%	%
전체	(1160)	9.9	5.8	4.6	3.0	22.3	54.4

총선 기간 중 더불어민주당은 어떤 이미지가 가장 마음에 드셨습니까?

전체	사례 수	새누리당 정당 이미지					
	빈도	경제 정당	깨끗한 정당	복지 정당	서민 정당	안보 정당	잘 모름
		%	%	%	%	%	%
전체	(1160)	9.9	8.7	9.1	22.3	2.7	47.4

총선 기간 중 국민의당은 어떤 이미지가 가장 마음에 드셨습니까?

전체	사례 수	새누리당 정당 이미지					
	빈도	경제 정당	깨끗한 정당	복지 정당	서민 정당	안보 정당	잘 모름
		%	%	%	%	%	%
전체	(1160)	6.5	23.7	5.3	15.1	2.3	47.1

선생님께서는 국민의당이 새로 만들어지기 이전에는 다음 중 어느 정당을 지지하셨습니까?

전체		사례 수	국민의당 이전			
		빈도	새누리당	더민주당	정의당	기타/무당층
			%	%	%	%
전체		(1160)	45.4	37.2	7.3	10.1
연령	새누리당	(302)	92.6	4.8	0.6	2.1
	더민주당	(259)	11.4	71.8	3.7	13.0
	국민의당	(337)	41.0	41.8	5.3	12.0
	기타정당	(161)	19.0	39.2	30.6	11.2

선거 과정에서 3당의 이미지는?

고길동(50대): 난 새누리당이 예전에는 경제 정당이라고 생각했는데, 지금은 우리나라의 안보를 책임지는 정당이라고 생각해.

마이콜(40대): 더불어민주당은 예전이나 지금이나 서민을 살피는 정당 아닌가요.

도우너(30대): 두 정당보다 역시 국민의당이 깨끗한 것 같아. 그래서 더불어민주당이나 새누리당에서 비슷한 규모의 지지자들이 국민의당 창당에 발맞춰 지지 정당을 바꾼 것은 아닐까.

대선 지지 정당은?

도우너(30대): 내가 살던 별, '깐따삐야'에서 정당은 군대야. 군대의 민주적 운영도 중요하지만 그보다는 별의 민주주의를 지키는 것이 더 우선이지. 그러니까 당내 이슈보다 어떤 정당이 깐따삐야의 안녕과 자유와 평등을 지키기 위해 헌신하는가가 중요해.

마이콜(40대): 나는 누구를 위하는 정치보다는 무엇을 위한 정치가 중요하다고 생각해. 예를 들어 평등이 중요하다고 하면, 가난한 이들에게 필요한 사회경제적 평등이 있을 것이고, 반대로 부자에게 필요한 사회문화적 평등 등 다양한 측면의 평등이 모두 존중되어야 한다고 생각해. 양당 구도보다 3당 구도에서 더 중요한 일일거야.

고길동(50대): 난 좀 지쳤다. 새로운 것도 좋고, 혁신도 좋은데 좀 담백한 맛도 있고, 때론 진솔한 맛도 있는 정치가 좋겠어. 새 정치보다 좋은 정치, 뭐 그런 게 있다면 말이야.

우리는 오랜만에 한 자리에 모여 저녁을 함께 보냈습니다. 예전처럼 으르렁대거나, 서로에게 골탕을 먹이지는 않았지만, 또 다른 애틋함을 느낄 수 있었습니다. 나를 비롯한 우리 모두가 자랑스러웠습니다. 일기 끝.

※ 이 글에 사용된 여론조사 결과는 우리리서치가 2016년 4월 20일 전국 성인 남녀 1,160명을 대상으로 실시하였고, RDD 병행 방식(휴대폰 59.4%, 집 전화 40.6%)의 자동 응답 전화로 진행함. 여론조사공정심의위원회에 등록함.

다원화된 체제의 다원화된 요구, 찬반이 답일까?

총선 후 국회의 현안은?
(2016년 4월 20일)

여론조사의 무덤이라 불릴 만한 2016년 4월 13일 제20대 총선을 치른 직후 진행한 여론조사 결과는 변화의 역동성을 느끼게 하기에 충분했다. 특히 이슈에 대한 국민의 태도가 가운데로 수렴되며 교차하는 느낌이 들었다. 현안에 대한 여론조사 결과가 이렇게 나오기도 쉽지 않다.

2016년 4월 20일, 우리리서치와 한국사회여론연구소는 총선 직후 당면한 국회 현안에 대해 전국 성인 남녀 1,000여 명을 대상으로 여론조사를 실시했다(여심위에 등록됨).

그 결과 '경제 민주화 등 복지 확충을 위한 조치' 20%, '세월호 진실 규명을 위한 조치' 19%, '역사 교과서의 국정화를 중단시키는 조치' 18%, '전·월세 상승률을 물가 상승률과 연동하는 조치' 18%, '서비스산업 발전 및 노동 개혁을 위한 조치' 16%, '기타 및 잘 모름' 9%

순으로 나타났다.

모든 보기의 응답이 오차 범위 안에서 순위가 매겨졌다. 20대 총선이 만든 3당 체제가 해결해야 할 과제가 다양한 요구로 분출된 걸까? 아니면 요구의 차원이 근본적으로 달라진 다원화된 요구의 분출일까?

더불어민주당이 총선슬로건으로 내놓은 '경제 민주화 등 복지 확충'에 대해서, 더민주 핵심 지지층인 20대(9%)와 30대(18%)보다 40대(23%), 50대(29%), 60대 이상(19%)에서 요구가 더 높았다. 이뿐이 아니다. 더민주 지지자(17%)보다 국민의당 지지자(22%)에서 더 높았고, 적극 보수층에서도 20%가 요구하고 있었다. 이는 전체 평균 응답과 같은 것이다.

'세월호 진실 규명'에 대해선 어떨까. 연령이 낮을수록(60대 이상 13%→20대 27%) 요구가 높았다. 특이한 점은 서로 다른 정치적 견해를 가진 계층에서 평균 응답보다 높게 나왔다. 새누리당을 경제 정당으로 인식하는 층(24%)과 호남 거주자(21%)에서도 요구가 높았다.

또 '역사 교과서 국정화 중단'에 대해서 소극 보수층(16%)과 중도층(19%), 비례대표 후보로 국민의당을 선택한 계층(17%)이 요구 수준과 비슷한 수치다.

'전·월세 물가 연동제'는 적극 진보(13%)보다 적극 보수(22%)가, 30대(15%)보다 60대 이상(23%)이, 더민주 지지자(14%)보다 새누리당 지지자(22%)가 더 높았다. 전·월세 물가 연동제는 더민주와 정의당인 야권의 대표 민생 정책으로 여권이 반대하여 무산된 정책이다.

마지막으로 '서비스 산업 발전 및 노동 개혁을 위한 조치'는 박근혜 행정부의 핵심 정책이다. 그런데 국민의당 지지자(15%)의 응답이 평균 수준과 비슷하게 나타나고 있다.

각 정당의 지지자와 각 정당이 주장한 현안 꼬리에 꼬리를 물고 있다. 예전처럼 양당 체제에서 찬반으로만 여론을 파악하기 어려워졌다는 점이 쉽게 드러난다. 양당 체제에서 3당 체제로의 전환은 단순히 하나의 정당이 더 생겨 조금 더 복잡해진 것이 아니다. 어쩌면 차원이 다른 변화의 길 앞에 서 있는 것인지도 모른다. 새로 선출된 각 당 원내대표의 머리가 복잡해질 것이다.

앞으로 정당의 정책은 다중 정책과 다중 현안이 서로 얽히고설켜 복합적인 판단(policy mix)과 체계적인 사고(policy tree)로 수렴되는 과정을 거칠 것으로 보인다. 3당 체제가 유지되는 한, 정책 경쟁의 경기 규칙은 예전처럼 '한 당이 이기면 한 당이 지는 것'이 아니라, '살면 다 같이 살고, 죽으면 다 같이 죽는 경기'가 될 공산이 커 보인다.

데이터, 후보와 유권자의 매개체

빅토리랩과 〈한겨레21〉의 선거 데이터 서비스
(http://nin.newslabfellows.com/sudogwon413/)

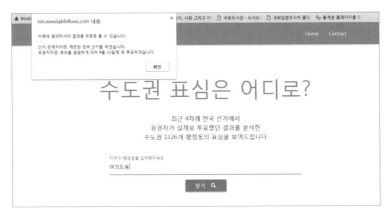

대한민국 정치사는 박진감이 넘치는 대하드라마다. 이 드라마를 이 끌어가는 주연은 단연코 국민이다. 그리고 공직 선거에 당선되어 임 기 동안 임무를 수행하는 정치인들이 조연이라 할 수 있다. 주연과 조 연 중 누구 하나만 빠져도 드라마를 이끌어갈 수 없듯 정치는 주연인 유권자와 조연인 전문 정치인이 잘 어우러져야 한다.

주연이 조연을 캐스팅하는 데 결정적 영향을 미친다. 드라마에서 대사는 주연과 조연의 관계를 만들어가고 자연스럽게 프레임(구도·구 성)을 짠다. 하지만 주연과 조연이 서로를 이해하고 각자의 역할에 충실하지 못할 때 드라마는 산으로 간다.

주연과 조연은 역할이 다를 뿐 서로의 이익이 상충하지 않는다. 그렇다면 선거에서 국민의 이익과 정당의 이익이 상충될까. 지금까진 그래왔다. 유권자와 후보자 모두 공명선거, 정책선거를 원하지만 현실은 그렇지 않았다. 이 간극을 메울 대안이 필요한 시점이다.

'데이터 선거'라는 해법

나는 선거 유권자와 후보자의 이해관계 골을 메워줄 유력한 대안으로 '데이터 선거'를 꼽고 싶다. 데이터 선거는 후보자에게는 어디로 가서 누구와 대화를 해야 표를 더 얻을 수 있는지에 대한 정보를 제공한다. 동시에 유권자에게도 후보의 정책·능력·품성을 보고 투표 여부를 판단할 수 있도록 편익을 제공한다. 왜 유권자의 편익이 높아지는지는 뒤에 설명을 덧붙이겠다.

그런 점에서 제20대 총선 시기에 데이터분석기관 빅토리랩과 시사주간지 〈한겨레21〉이 함께 전개한 선거 데이터 서비스를 눈여겨보아야 한다.

이들은 유권자 투표 성향을 세분화하여 표심을 분석했다. 서울·경기·인천 등 수도권 122개 국회의원 선거구와 이에 속한 1,126개 행정동의 역대 선거 결과를 분석했다. 2010년 지방선거, 2012년 총선과 대선, 2014년 지방선거가 분석 대상 선거로 사용됐다.

이 서비스를 통해 각 정당은 지금까지 어떤 지역에서 어떤 정당의 후보가 더 많은 득표를 했는지를 중심으로 투표 성향을 분석했다. 이를 토대로 유리한 곳, 불리한 곳, 경합인 곳 등 3분류법으로 지역 특성을 구분해 선거 전략을 짰다. 하지만 안타깝게도 유권자의 표심에 최대한 더 가깝게 다가가기 위한 구체적인 데이터 분석이 부족했다는 지적은 피할 수 없다.

유서 깊은 미국의 데이터 선거

데이터 선거 방식은 이미 40여 년 동안 미국에서부터 사용돼왔다. 대표적인 사례로 NCEC(the National Committee for an Effective Congress)를 들 수 있다. 이 단체는 미국 제32대 대통령 프랭클린 루스벨트의 부인인 애나 엘리너 루스벨트가 선거 출마자를 지원하기 위해 정치적 동지들과 함께 1974년에 설립한 단체다. NCEC는 정당투표율, 인구주택조사 자료, 유권자 출신 지역 자료, 스윙보터(부동층)의 추정값, 투표율 등의 데이터를 분석해 후보들에게 제공했다.

우리나라도 점차 데이터 선거의 움직임이 커지고 있다. 2015년부터 득표율 평균 지수, 적극 지지층 지수, 소극 지지층 지수, 무소속·제3당 지수 등으로 세분화한 분석을 활용하려는 경향이 시작된 것이다.

여기서 '적극 지지층'은 눈이 오나 비가 오나 지지 정당에 투표할 가능성이 매우 높은 콘크리트 지지층이다. 반면 '소극 지지층'은 후보의 정책·능력·품성을 보고 투표 여부를 결정하는 층이다. 마음에 안 들면 다른 당을 지지하기보다 투표하지 않는 경향을 보인다. 소극 지지층은 진정한 의미의 스윙보터는 아니다. 진짜 스윙보터는 '무소속·제3당 지수'에 포함된 유권자다. 이들은 거대 양당에 대한 거부감을 갖고 있고 무소속 후보, 진보 성향 또는 보수 성향의 제3당을 지지하는 경향을 띤다. 그러나 상황에 따라선 거대 양당이 주도하는 선거에 참여하기도 한다. 어느 당이건 자당의 '소극 지지층 지수'와 '무소속·제3당 지수'를 합쳐서 그 정당의 '타깃 지수'를 만들어낸다. 이는 곧 '승리 방정식'이 된다.

데이터 선거, 후보자와 유권자 모두에게 유익

데이터 선거는 후보자에게도 유익하다. 어디로 가서 누구와 대화를 해야 표를 더 얻을 수 있는지에 대한 정보를 제공하기 때문이다. 동시에 유권자에게도 후보의 정책·능력·품성을 보고 투표 여부를 판단할 수 있도록 편익을 제공한다.

여론조사기관이나 언론매체가 세분화된 데이터를 분석하고 유권자에게 공개하는 것은 어떤 의미가 있을까. 특정 정당과 후보들의 전략이 될 수도 있는 이런 데이터는 선거 전체와 유권자에게 어떤 도움이 되는 것일까.

먼저 유권자들은 관심 있는 지역구의 표심이 어떻게 구성돼 있으며, 소극 지지자 등이 지지 정당 후보의 당락을 결정하는 데 어떤 변수가 되는지를 파악할 수 있다. 실제 투표 결과를 분석한 자료를 통해 다른 유권자의 표심을 구체적으로 들여다볼 수 있는 것이다. 그리고 추가적으로 중요한 5가지 이유가 있다.

첫째, 투표율을 올리는 데 도움이 된다. 표의 확장을 위해선 정당들이 소극 지지자와 무소속·제3정당 지지자가 많이 있는 지역에서 적극적인 구애를 펼쳐야 한다. 각 당이 '동원'해야 할 소극 지지자와 '설득'해야 할 '무소속·제3당 지지자'들은 후보의 당락과 투표율을 결정하는 중요한 유권자다.

둘째, 정책 선거에 도움이 된다. 이들은 후보의 정책과 능력을 보고 투표 여부를 결정한다. 정당과 후보자가 이들의 지지를 얻으려면 정책 능력을 보여줘야 한다.

셋째, 포지티브 선거에 도움이 된다. 어떤 정당의 소극 지지자들은 대개 상대를 험담하는 '마타도어'를 싫어하며, 긍정적 방식의 메시지 전달을 중요시하는 경향을 보이기 때문이다.

넷째, 깨끗한 선거를 지원한다. 이들은 전통적 방식의 조직 동원이 통하지 않는 계층이다.

마지막으로 이들은 상대적으로 많은 양의 선거 정보를 필요로 한다. 데이터 분석 자료가 이런 성향을 가진 유권자들이 어디에 있는지 찾아갈 수 있는 길을 안내해줄 것이다. 유권자가 더 많은 선거 정보를 얻을 가능성이 커지니, 유권자의 편익성도 높아진다.

데이터로 나의 행동을 예측하기

필자가 속한 한국사회여론연구소는 간단한 응답만으로 유권자의 정당 지지 성향과 투표할 가능성을 추정하는 예측기를 개발했다. 여기에 "당신도 모르는 당신의 투표를 예측해드린다"는 다소 도발적인 문구를 달았는데, 유권자의 정치 참여를 돕는 '친절한 예측기'(http://datavote.kr)라는 이름을 붙였다.

이 예측기는 한국사회여론연구소가 2015년 1월에 조사(전국 성인 남녀 1,000명 대상)한 결과에 이어, 그해 3월 초 전국 성인 남녀 1,500명을 대상으로 실시한 여론조사를 기본 자료로 삼고 있다. 이 여론조사 결과를 바탕으로 특정 정당에 대한 지지 성향을 보이는 사

http://datavote.kr/

람들은 주로 어떻게 응답했는지, 그 패턴을 다각도로 분석했다. 아울러 당시 조사 문항 가운데 지지 정당을 결정하는 데 영향력이 높았던 7개 문항을 추려냈다.

유권자들은 예측기에서 이 7개 문항만 풀면, 지난 2015년 3월 실시한 여론조사 결과를 토대로 추정된 자신의 '지지 정당 성향'과 투표할 확률을 확인할 수 있었다.

특히 예측기는 새누리당·더민주·국민의당·정의당 등을 지지할 확률값을 정당별로 보여주었다. 확률값이 가장 큰 정당이 자신이 지지할 가능성이 높다고 추정된 당이다. 예를 들어 더민주 후보를 지지할 확률값이 가장 높게 나왔다면, 7개 문항에 대한 자신의 응답 패턴이 더민주 지지 성향이 높은 사람들과 비슷했다는 뜻이다. 예측 확률은 약 70% 수준이었다.

예측기가 묻는 7개 문항은 최근 우리 사회에서 정치 성향을 판단하는 데 중요한 요소들로 부각된 항목들이다. 연령대별로 지지 정당이 엇갈리는 추세를 고려해 참여자의 연령대를 첫 질문 문항으로 꼽았다. 이어 이념 성향, 언론사 선호도, 대북 문제 해법, 가장 관심이 큰 정책 분야, 정당과 후보를 지지하는 패턴, 역대 대통령 선호도 등이 질문 문항으로 선정됐다. 비교적 지지 정당 성향별로 응답이 구별될 수 있는 항목들이다.

유권자 스스로가 어떤 정당을 지지해야 할지 잘 모르거나, 마음속으로 지지 정당 등을 결정하지 않았던 분들은 이런 프로그램(예측기)을 접하게 되면 자신의 지지 성향을 다시 한 번 고민하는 기회를 가질 수 있었다. 그러다보면 투표 의지도 높아지는 효과도 생긴다. 무료 시음회로 어떤 것을 접하면 그것을 몰랐을 때보다 관심도가 높아지는 효과와도 비슷하다.

이 예측기는 20대 총선 과정에서 유용하게 활용되었는데 보완해야 할 점에 대한 피드백도 많았다. 한국사회여론연구소는 앞으로도 데이터를 통해 자신의 선택을 점검하고 예측해보는 이런 시스템을 더욱 발전시킬 계획이다. 2017년 대선에서는 어떤 정당을 지지할 확률뿐 아니라, 그 사람의 정당 지지도와는 무관하게 정책 호감도로만 볼 때 이 사람이 지지해야 할 정당은 어디인지 등을 함께 보여주는 프로그램도 구상하고 있다.

국민의 이익과 정당의 이익이 만날 때 선거는 민주주의의 꽃이 된다. 한국에서 데이터 선거는 걸음마 단계다. 선거에 실익이 있는 데이터 분석은 선거 결과 예측뿐 아니라 공익이 중시될 수 있는 방향으로 나아가는 것이다. 데이터 선거가 후보자에겐 선거 전략의 효과성을 높여주고, 유권자에게 공익적인 도움이 되는 방향으로 발전하길 기대한다.

민주화 이후 여론의 재해석과 정책 리더십

복지 정책에 강화에 대한 의견: 증세 여부를 포함했을 때와 아닐 때
(한길리서치)

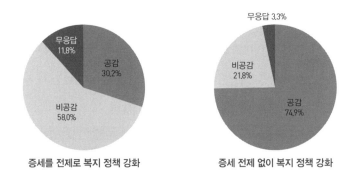

증세를 전제로 복지 정책 강화

무응답 11.8%
공감 30.2%
비공감 58.0%

증세 전제 없이 복지 정책 강화

무응답 3.3%
비공감 21.8%
공감 74.9%

정치인의 발언은 참으로 오묘하다. 어떤 때는 "국민의 목소리는 천심이라 거역할 수 없는 것"이라고 말한다. 그러다 상대방을 비판할 때는 돌변한다. "국민의 지지를 얻기 위해 주관 없이 여론을 추종한다"고 목소리를 높인다.

민주화 이후 사회적으로 전달되기 시작한 다양한 국민의 목소리는 수많은 공공 정책에 영향을 주고 있다. 국민의 목소리를 읽어내는 일은 정치인이나 정책 입안자뿐 아니라 일반 국민에게도 일상에 필요한 정보와 지식이 되었다. 해를 거듭할수록 이 목소리가 개인 재산의 증식을 위한 각종 투자 방향과 규모를 결정하는 데 큰 영향력을 발휘해서다.

민주화 이후 여론과 민심 속에 숨어 있는 규칙들

여론은 살아 있는 생물이다. 여론은 태어나고 자라면서 활동하다 죽음을 맞는 생물과 비슷하다. 특정한 여론은 다른 여론과 긍정적 또는 부정적인 관계를 맺기도 하고 서로 영향을 주고받기도 한다. 이런 이유로 여론을 정의하고 판단하려면 다양한 각도의 판단과 기준이 있어야 한다.

여론은 평상시 표면화되지만, 민심은 특별한 계기나 사건이 없으면 노출되지 않는다. 그래서 여론과 민심은 간혹 달라 보인다. 대중은 자신이 궁극적으로 원하는 바를 잘 모르는 경우가 허다하다. 그래서 민심을 정확하게 파악하기란 무척 어렵다. 민심은 물 위에 떠오른 윗부분보다 몇십 배 더 큰 아랫부분을 지닌 거대한 빙산 같아서다. 사회심리 전문가들은 이를 '민심은 장기적인 추세이지만 여론은 단기적인 흐름'이라고 했다.

첫째, 여론은 민심의 무의식적 동기에서 비롯된다.

겉으로는 불안정하고 일관성 없어 보이는 여론도 국민의 무의식 속에서 형성의 핵심 동기가 일정한 흐름으로 존재한다. 1986년 금강산 댐 사건은 전두환 정권이 잘못된 정보로 여론을 악용한 대표 예다. 그럼에도 여론 자체가 잘못되었다고는 말할 수 없다. 우리나라 사회에 뿌리 깊게 남아 있는 안보 위협에 대한 우려가 여론 형성의 핵심 동기인 '북한의 인위적 홍수'라는 위협적인 사건에 직면하는 순간 민심이 여론으로 표면화된 것이라는 해석할 수 있어서다. 반대로 1987년 6월 항쟁처럼 억압에 저항하는 시대 담론이 민주 정부 수립이라는 특정 사건과 맞물릴 때 민심과 여론은 동일한 모습으로 드러난다.

여론: 세금 더 내고 복지 정책 강화추진		민심: 복지 정책 강화추진	
동감	비(非)동감	동감	비(非)동감
30.2	58.0	74.9	21.8

2005년 10월 한일리서치   2005년 11월 TNS조사

여론: 한미FTA로 양극화·구조조정 심화		민심: 한미FTA로 경제성장	
동감	비(非)동감	동감	비(非)동감
60.3	34.6	68.4	28.9

2005년 8월 갤럽조사   2005년 11월 TNS조사

둘째, 여론은 사회경제적 이해관계로, 민심은 사회적 공의公儀와 보편적 윤리로 작동된다.

위의 표에서 알 수 있듯이, 세금 증가나 구조조정 문제 같이 개인의 직접적 사회경제적 이해에 직면한 여론과 복지 강화 및 경제성장 같이 사회적 공익에 직면한 여론은 서로 견해차가 뚜렷하다. 같은 의제라도 어떤 조건에 직면해 해당 의제를 인지하느냐에 따라 견해가 달라져서다.

셋째, 여론은 변화하려는 속성, 옳고 그름이 없는 속성, 얽매이지 않으려는 속성이 있다.

여론을 관찰할 때는 여론 형성 시기의 사회 환경, 여론 측정 시점, 여론의 발달 상태, 비슷한 시기 타 여론과 관계, 시대 담론과 여론이 동일한 방향인지 등을 주의 깊게 살펴봐야 한다.

① 부시 미국 대통령과 이라크 전쟁으로 본 여론의 가변성

2003년 3월 CNN 조사에서 미국인의 74%가 이라크 전쟁에 찬성한다고 응답했다. 하지만 2006년 8월 조사에서는 반대한다는 응답이

46

61%, 찬성한다는 응답이 35%로 나왔다. 3년 전에 비해 반전 여론이 확대된 것이다.

《세계지역연구 논문총서 24집 1호》에서도 9·11테러 직후에는 부시 대통령의 지지율이 90%를 넘었지만, 2007년 1월에는 반전 여론이 확산되면서 33%로 하락했다. 여론의 인식이 변화한 이유는 이렇다. 국민의 강력한 지지로 시작한 이라크 전쟁에서 무려 3,000명에 달하는 미군이 전사했다. 이로 인해 이라크 전쟁은 테러의 종식을 위함이라는 인식이 국민의 의식에서 떨어져 나갔다. 또 다른 이유는 대량살상무기다. 미국이 이라크 전쟁을 벌인 명분은 '이라크가 대량살상무기를 보유하고 있을 가능성'이다. 하지만 이라크의 대량살상무기는 끝내 발견되지 않았다. 2005년 12월 CBS의 조사 자료를 들여다보자. 미국인의 52%가 자국의 대對이라크 정책을 불신한다고 응답했다. 여론은 초기에 형성 조건을 갖추며 단순히 사건이나 이슈 자체에 얽매이지 않는다.

② 히틀러가 악용한 여론의 가치 중립성

1929년 독일은 대공황을 겪었다. 실업자, 경제적 위기감이 높은 중산층, 좌파 확산에 반대한 부유층이 1930년 총선에서 경제 문제 해결에 단호한 의지를 표명한 나치당에 대거 투표했다. 그 결과 나치당은 102석을 얻었고 히틀러는 총통에 올랐다.

독일 국민은 제1차 세계대전이 종식한 후 사회적 기본권을 보장하는 헌법을 제정할 만큼 평화와 인권을 옹호하는 국민이었다. 그러나 히틀러는 대공황을 극복하고 패전국의 짐을 벗고 싶은 국민의 여론을 악용해 다시 전쟁을 일으켰다.

③ 아르헨티나가 간과한 여론의 탈규범성

아르헨티나 국민은 1946년 2차 세계대전 직후 유럽 수출을 통해 무역 흑자를 냈다. 노동자와 빈민은 축적된 부를 분배하기를 원했다. 국민의 전폭적인 지지로 당선된 후안 도밍고 페론Juan Domingo Perón 대통령은 흑자를 국민에게 분배하는 포퓰리즘Populism 정책을 추진했다. 그러나 자본을 적절히 분배하고 축적하는 작업, 미래 성장 동력을 발굴하는 일, 교육 분야에 대한 지원은 소홀했다. 그 결과 유럽 경제가 회복되기 무섭게 아르헨티나 경제는 나락으로 떨어졌다. 아르헨티나의 몰락은 국가 지도자가 분배를 요구한 여론을 미래지향적으로 관찰하지 못하고 근시안적으로 해석한 탓이 크다.

정책과 대책 그리고 여론

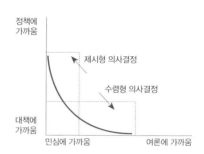

정책과 대책의 민심과
여론의 의사결정 가상곡선

정책과 대책 사이

정책은 시대적 요구가 반영된 민심에 미래를 제시하는 의사결정이(제시형 의사결정), 대책은 단기적이지만 분출된 여론에 적극 대응해 문제를 해결하는 의사결정(수렴형 의사결정)이 필요하다.

앞의 그림은 의사결정 패턴이 민심과 여론 어느 쪽에 더 가까운지에 따라 변화가 생긴다는 사실을 보여준다. 전략적으로 정리된 정책과 정책을 추진하다가 발생한 사안의 대책이 서로 다름을 보여주는 셈이다. 2005년 2월 정부는 무려 10조 원을 투자하는 국가균형발전계획을 야심차게 발표했다. 이 계획은 한국판 '뉴딜 프로젝트'라고도 불린다. 하지만 얼마지 않아 이 계획을 바라보는 국민 인식은 건설교통부의 SOC사업 정도로 전락했다. 여론이 바라는 조속한 경기 부양의 유혹에 빠진 정부가 해당 프로젝트의 근본 취지를 국민에게 제대로 전달하지 못해서다. 일부 언론 탓도 있다. 반드시 추진해야 할 국가 정책이 여론에 밀려 불가피하게 추진되는 경기 부양책처럼 보인 것이다.

2005년 4월 월드리서치에서 한 여론조사 결과를 살펴보자. 국가균형발전계획이 경제성장의 동력이라는 응답은 17.3%인데 해당 계획이 내수 활성화를 위한 경기 부양책이라는 응답은 33.7%가 나왔다.

손가락 끝이 아니라 손가락이 가리키는 방향을 봐야…

정책 기관이 사회경제적 균열로 발생한 여론을 정책으로 직접 대응하면 일관성을 잃어버리거나 사후적 정책 추진으로 국정 혼란을 가중시킬 위험성이 높다.

양극화 등 빈곤 문제 해결을 위해 직접 의제를 설정하고 해결을 위한 노력을 기울이는 것보다 FTA 등 세계화를 제도화하는 정책 과정에서 빈곤 대책을 수립하는 것이 정책 원칙과 일관성을 유지할 수 있는 길이다. 국가전략 안에서 예방적 조치는 여론의 요구에 효과적으로 대응하는 수단이다. 전업주부가 일상적 지출 내역에 대해 건당 지

사회경제적 문제의 대책을 수립하는 예

지도자형	문제 발생	대응 방식	대응 형태	대응 평가	국민 인식
현식진단형 정책입안자	각종 사회균열과 사회문제 발생	단기적이고 직접적인 대책제시	국가비선과 전략 속에 대응하지 못함	다중성책 추진 속에 정책일관성 훼손	약한 정책기관
미래지향형 정책입안자	각종 사회균열과 사회문제 발생	문제 원인 추적	국가비전과 전략 내에서 대응	정책일관성 유지 및 대책 강화	튼튼한 정책기관

출 계획을 잡기보다 한 달 생활비와 1년 가계소득 등 전체 재정 구조를 고려해 지출을 계획하는 이치와 비슷하다.

앞의 표는 단기적인 사회경제적 문제를 효과적으로 해결하기 위해 만들어졌다. 각 문제에 어떻게 대처하는가에 따라 정책을 입안하는 기관의 국민 인식이 달라진다.

각국 정치 지도자의 여론 수용

지도자에게 여론이란 무엇일까? 정치 지도자들은 국민이 나아갈 방향을 제시하고 그 과정에서 리더십을 발휘해 업적을 남긴다. 또 여론을 통해 상황을 진단하고 미래를 내다본다.

① 클린턴의 신新민주와 블레어의 제3의 길:
　 민심의 바다에서 시대를 읽다

민주당 남부 소장파 지도자인 클린턴Bill Clinton 대통령은 1986년 12월에 DLC(Democratic Leadership Council: 민주지도자회의) 의장에 취임하면서 당의 정책 노선을 중도로 전환시켰다. 1980년과 1984년에 치른 2번의 선거 패배를 극복하려는 노력의 일환이다.

DLC는 '강력한 미국의 재건'과 '중산층이 주인이 되는 정치'라는 전략을 수립하고 이를 위한 뉴딜 정책을 제시했다. DLC가 기울인 노력은 클린턴 대통령과 새로운 집권당인 민주당을 탄생시켰다.

노동운동의 쇠퇴, 흑인을 포함한 소수민족의 정치 참여 하락 그리고 제2차 세계대전 이후 출생한 신세대 증가 등 시대 변화를 정확히 읽어내서 가능한 일이었다.

미국 민주당의 영향을 받은 영국 노동당도 영국을 새로운 관점에서 보기 시작했다. 1970년대 영국 노동당은 방만한 국가재정 운영, 국유기업의 비효율, 높은 인플레이션 등을 제대로 극복하지 못했다. 체감 경기는 갈수록 곤두박질쳤다. 1976년에는 국제통화기금(IMF)에 구제 금융을 신청하는 지경까지 이르렀다. 블레어Tony Blair는 노동당의 옛 이념과 정책을 과감히 폐기하고 새로운 정강·정책을 채택했다. 뼈아픈 경험을 바탕으로 1980~1990년대 사민주의를 통렬히 반성했다. '부 분배의 결과적 평등과 국가의 과도한 통제'가 아닌 신중산층이 원하는 '기회 확대와 평등'이라는 새 가치로 민심에 화답했다. 그 결과 1997년 총선에서 블레어의 노동당은 총 418석을 얻어 165석에 그친 보수당에 압승을 거두었다.

② 인도 싱 총리의 신경제 구상:
여론이 당장 원하는 것을 국가전략으로 승화하다

1년 내내 눈과 얼음에 덮인 북부와 섭씨 50도까지 올라가는 폭염에 시달리는 서부로 구성된 인도는 전체 인구의 55%가 농업 종사자다. 대부분이 가난에 허덕이며 빈곤 탈출은 서민들의 가장 큰 숙제다. 싱 총리가 처한 정치사회적 여론 환경은 심각했다. 실권자가 아닌 대리인 자격의 총리직, 19개 정당이 연합해 세운 연립정부의 수장이라는 한계, 국민의 80%가 힌두교인 나라에서 불과 2.4%에 불과한 시크교도라는 점, 17개의 공용어 외에 수백 가지 방언이 존재하는 상황 등 수많은 문제가 산적해 있었다. 그럼에도 싱 총리는 매년 8% 내외의 경제성장률을 달성하며 인도의 발전을 이끌고 있다.

인도의 미래를 장기적으로 내다본 싱 총리는 빈곤 탈출보다는 개방

경제를 선택했다. 국민도 싱 총리의 선택에 손을 들어준 듯하다. 네루 Jawaharlal Nehru와 간디Mahatma Gandhi 가문의 후광이 절대적인 인도에서, 그것도 집권 연정을 이끄는 최고 권력자이자 여당 당수인 간디를 상대로 32% 대 31%의 지지율 박빙을 보이는 것이 그 증거다.

③ 독일 메르켈 총리의 경제 개혁:
미래를 본 자, 국민을 대표해 반대 집단과 싸우다

2005년 11월 메르켈은 1990년대 이후 저성장, 저투자, 고실업의 늪에 빠져 침체일로를 걷는 독일의 첫 여성 총리로 취임했다. 메르켈 총리는 노동시장 유연화, 기업 규제 철폐, 공공부문 민영화 등을 추진하며 경제를 살리기 위한 노력을 아끼지 않았다. 결과는 눈에 띄게 훌륭했다. 메르켈 집권 1년 만에 성장률은 0.9%에서 2.5%로, 실업률은 12.0%에서 9.8%로 상승한 것이다. 국민은 구조조정으로 고통스러운 나날을 보내면서도 총리를 지지했다. 당시 메르켈 지지도는 80%에 육박했다.

메르켈은 노조의 저항과 반발을 받으면서도 멈추지 않고 개혁을 추진했다. 2006년 5월 24일에는 독일노조연맹(DGB) 총회에 연사로 등장해 "노조가 주장하는 모든 산업의 시간당 7.5유로 최저임금제는 국민 일자리를 만들기보다 오히려 파괴하므로 반대한다"고 연설해 거센 반발을 불러일으키기도 했다. 메르켈은 국민 이익을 위해 노조 심장부에서 직설적인 연설을 펼칠 만큼 국민이 무엇을 바라는지 아는 지도자다.

제 2 부

성향 분석
Propensity Mining

인간이 합리적인 동물이라는 추정으로 얻은 데이터로 여러 종류의 모델을 만드는 것이 과연 얼마나 큰 의미가 있을까?

재미있는 이야기가 있다. 경제학자와 신부와 건축가가 우물에 빠졌다. 이 세 사람은 각자 곤경에서 벗어날 방법을 궁리했다. 건축가가 처음으로 제안했다. "서로가 서로에게 목마를 태웁시다." 이어 신부가 말했다. "함께 기도합시다. 그러면 하느님께서 응답하실 겁니다." 마지막으로 경제학자가 말했다. "사다리가 있다고 생각해봅시다. 그리고…."

이 이야기는 같은 상황에 놓인 인간들은 비슷한 의사결정을 할 것이라는 예측을 깨는 좋은 예다. 인간은 그리 합리적이지 않다. 야구에 비유하면, 성향 분석을 잘하는 사람은 어떤 상황에서도 자신이 원하는 곳으로 공을 던질 수 있는 투수다.

2부는 각각의 성향에 따라 인간이 사물을 어떻게 바라보고 행동하는지 데이터에 근거해 보여준다. 어떤 상황에서도 자신감을 잃지 않고 홈 플레이트를 향해 공을 던질 수 있는 투수가 되길 바란다.

01

나는 어떤
선택을 할까?

1개의 선택지와 2개의 선택지, 어떤 결정이 쉬울까?

북한의 DMZ 도발 후 우리 정부의 대응은?
(2015년 8월)

2015년 8월, JTBC와 여론조사 전문기관 리얼미터가 북한의 DMZ(비무장지대) 도발 후 우리 정부가 취한 대응과 남북 협상 결과에 대한 대중의 생각을 조사했다. 그러자 협상 결과에 만족한다는 응답(67%)이 만족하지 않는다는 응답(24%)보다 높았다. 우리 정부의 군사적 대응과 협상 과정에 이르기까지 과정은 '잘했다'는 응답(67%)이 '잘못했다'는 응답(30%)보다 높았다. 북한 도발에 대응하는 우리 정부의 단호한 태도와 위기관리 능력에 국민들이 대체로 높은 점수를 준 셈이다.

그런데 같은 조사의 다른 질문에서는 상반된 결과가 나왔다. 북한이 유감이라고 표현한 태도를 '미흡하다'고 평가한 응답(66%)이 '충분하다'고 평가한 응답(31%)보다 높았다. 북한의 재발 방지 공언은 '약속이 아니다'라는 응답(45)이 '약속이다'라는 응답(36%)보다 높게 나타났다.

여론이 북한의 재발 방지 약속과 그에 따른 유감 표현에 부정적으로 반응하는 이유는 지금까지 약속을 잘 이행하지 않은 북한에 대한 불신으로 풀이할 수 있다. 하지만 이 분석만으로 결과를 해석하기에는 무리가 있다. 중요한 모순이 조사 안에 존재해서다.

다시 한번 해당 조사의 질문을 돌이켜보자. 우리 정부의 대응과 협상 결과에 대한 여론조사는 선택지가 하나다. 잘했는지 못했는지 또는 만족하는지 만족하지 않는지 말이다. 반면에 북한의 유감 표현과 재발 방지 약속에 대한 여론조사는 이와 다르다. 언뜻 보기에는 선택지가 하나로 보이지만, 북한의 유감 표현에 대한 여론조사는 선택지가 둘이다. '유감'의 강도 문제가 아니라 유감인지 아니면 한 차원 더 나아간 '사죄'인지 말이다. 재발 방지 약속 여부도 선택지가 둘이다. 협상 결과로서 약속 여부와 지금까지 북한이 취한 언행으로 보았을 때의 약속이 과연 지켜질지 여부다.

미국의 사회행동학 교수 배리 슈워츠Barry Schwartz의 주장에 따르면, 찬성이나 반대 혹은 특정 제품을 구매할지 아니면 하지 않을지 같이 하나만 선택하면 되는 결정보다 2개 또는 2개 이상의 선택지를 놓고 내리는 결정이 상대적으로 더 어렵다고 한다.

200만 원인 A전자(품질이 강점인 회사)의 텔레비전을 인터넷 쇼핑몰에서 99만 원으로 할인해 판매한다면 이를 확인한 예비 구매자 중 66%가 구매를 결정한다고 한다. 하지만 200만 원인 A전자의 텔레비전을 99만 원으로 할인해 판매할 때 B전자(A전자보다 품질이 떨어지는 회사)가 200만 원인 TV를 49만 원으로 할인해 판매한다면 어떻게 될까? 놀랍게도 예비 구매자의 54%만이 A전자와 B전자의 텔레비전 중 하나를 구매한다고 한다. 선택지가 하나일 때는 66%의 구매율을 보였는데 선택지가 둘이 된 순간 구매율이 54%로 떨어진 것이다.

선택지 하나를 두고 결정하는 것보다 선택지 2개를 두고 결정하는 것에 더 많은 명분이 필요하다. 제품의 가격과 품질을 모두 고려해야 할 때는 품질과 가격 중 하나만 선택하면 되는 상황보다 복합적인 의사결정을 해야 해서다.

당시 국민들은 북한의 도발에 정부가 적절히 대응했다고 여기며 협상 결과도 만족스러운 수준이라고 느끼는 듯하다. 그러니 선택지가 둘이던 북한의 유감 표현과 재발 방지 약속 여부에 대한 판단은 '복잡한 상황'에 대한 '자연스러운 의사결정 및 여론'으로 남겨둘 수도 있다.

'예외', 그 정당성의 기초

대기업이 한국에서 긍정적인 역할을 한다?
(2015년 상반기)

대통령이 사면권을 행사하면 유죄 선고나 형 집행이 면제된다. 이것은 형사법에 구속되지 않는 대통령의 통치 행위다. 이 행위의 정당성은 대통령 취임 선서에서 찾을 수 있다.

"나는 헌법을 준수하고 … 대통령으로서의 직책을 성실히 수행할 것을 국민 앞에 엄숙히 선서한다."

대통령의 직무는 헌법적 가치를 수호하는 데 있으며 사면권도 이 기초 아래 있다. 헌법의 근본 가치, 그 어떤 권력 앞에서도 국민의 자유와 권리를 보장하는 것이 대통령이 존재하는 이유이자 막강한 대통령 권한의 출처다. 그러나 국민의 자유와 권리를 보장하기 위해 일시적으로 국민의 자유와 권리를 제한할 수도 있다.

대통령 특별사면은 대부분 광복절에 이루어진다. 특히 기업인 사면 여부에 대한 사회적 관심이 높다. 진보와 보수에 상관없이 역대 정권은 투자 활성화와 일자리 창출 및 경제 회복을 이유로 기업인들을 종종 사면했다. 그럴 때마다 기업인 사면을 반대하는 여론에 부딪혔다. 국민들이 경제를 활성화하려는 대통령의 의도(숙고와 고민을 거쳐서 낸)를 몰라서가 아니다. 기업인 사면이 경제 활성화에 정말 도움이 되는지 아직 명확히 입증되지 않아서다.

해당 기업인이 자신의 잘못을 통렬히 뉘우치고 있다 해도 특별사면의 정당성은 쉽사리 확보될 수 없다. 특별사면은 또 다른 정치적 문제이기 때문이다. 그런 이유로 사면 횟수와 사면자 수가 지속적으로 감소하고 있다.

2015년 상반기, 한국사회여론연구소가 '대기업 인식에 대한 여론조사'를 실시했다(전국 성인 남녀 유무선 50%씩 1,000명 전화 조사. RDD. 오차 범위 ±3.1%). '대기업이 한국에서 긍정적인 역할을 한다'는 주장에 어느 정도 동의하는지 물었다. 그 결과 '동의한다'는 응답(53%)이 '동의하지 않는다'는 응답(47%)보다 앞섰다. 10년 전 같은 조사에서 '동의한다'는 응답(68%)보다 15% 하락한 수치다. 이 결과는 국민들이 공동체로서 시민의 역할에 대기업이 더 충실하기를 바라고 있다는 방증이다.

지금까지 특별사면은 대부분 2가지 유형이었다. 첫째는 정치 사범이나 사상 사범 사면이다. 둘째는 국가의 중요한 사건을 국민과 함께 기념하기 위해 일반 사범 사면이다. 특별사면 안에는 법의 완벽성을 향한 본질적이고 심오한 질문이 담겨 있다. 법 또한 불안정할 수 있으며 공정성을 훼손한 부분이 있을지 모른다는 가정이다.

아무리 '법 정신'이 완벽해도, '법 감정'의 다양성과 '법 집행'의 한계성은 분명히 존재한다. 따라서 사면 자체에 문제가 있다거나 사면 제도를 없애야 한다는 주장은 설득력 있게 들리지 않는다.

그렇다면 어떤 사면이 좋은 사면일까? 이전 특별사면 기록을 반면교사로 삼는다면 다음의 3가지 경우에는 특별사면을 고려해볼 수 있다.

첫째, 국민 통합에 기여해야 한다. 따라서 경제 논리에 입각해 기업인을 사면 대상으로 검토하는 것은 그리 적절하지 않다.

둘째, 공동체의 가치를 높이고 시민적 덕성을 쌓을 수 있는 방향이어야 한다. 이를 위해 국민 여론·야권·시민사회의 동의를 구하는 과정을 거치며 폭넓게 소통해야 한다.

셋째, 법의 신뢰를 무너뜨리지 않아야 한다. 사면을 행사하려면 현실론을 넘어서는 정당한 사유가 있어야 한다. '유전무죄 무전유죄'라는 말이 더는 나와서는 안 된다.

통치 행위에서는 과정과 결과가 모두 중요하다. 결과는 좋지만 과정이 좋지 않아도, 과정은 좋아도 결과가 좋지 않아도 문제다. 과정은 정당성으로, 결과는 효과성으로 평가받아서다.

드라마보다 예능? 세태의 반영

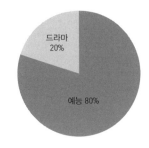

전화 여론조사를 통한 시청률 10위는?
(한국갤럽)

    앞으로 3~5년간 방송계의 왕좌를 차지할 분야는 '드라마'일까 아니면 '예능'일까? 2015년 뜨거운 여름, 시청률 조사기관 닐슨코리아가 발표한 내용을 보자. 〈가족을 지켜라〉, 〈여자를 울려〉 등 10위권 안에 든 6개 프로그램이 드라마였다. 예능 프로그램도 선전해 〈무한도전〉, 〈가요무대〉 등이 순위에 이름을 올렸다. 다양하고 방대한 자료를 모으는 피플미터기people meter라는 장비를 설치한 가구를 대상으로 조사한 결과다.

    반면 한국갤럽은 스마트폰과 태블릿 등 모바일 기기를 통한 시청과 컴퓨터를 통한 시청 방식까지 포함해 시청률을 조사했다. 그 결과는 피플미터기와 차이가 났다. 한국갤럽의 시청률 조사에서 드라마는 2년 전에는 10위권 안에 6개 프로그램이 있었는데 당시는 2개 프로그램만이 순위에 이름을 올렸다. 반면 예능은 2년 전에는 4개 프로그램이 있었는데 조사 당시는 무려 8개의 프로그램이 10위권 안에 들어와 있었다. 피플미터기 조사에서는 예능과 드라마 비율이 비슷했지만, 전화 조사에서는 '예능'이 대세였다. 도대체 왜 이러한 현상이 나타났을까?

한때 막장 드라마가 유행했다. 시청자들은 막장 드라마의 범람을 불평하면서도 계속 시청했다. 하지만 국가 경제와 가계 형편이 나빠지면서 막장 드라마 인기가 예전만 못해졌다. 현실에서 겪는 갈등이 버겁다 보니 드라마 속 갈등을 외면하게 된 것 같다. 그리고 각박한 현실을 잠시 잊고 즐길 수 있는 도피성 프로그램을 즐기게 되었다. 그것이 바로 '예능'이다.

예능 중에서도 리얼리티가 살아 있고 시청자들이 참여할 수 있는 프로그램 인기가 높다. JTBC, tvN 등 2012년 이후 생긴 케이블과 종합편성채널이 제작한 예능 프로그램의 약진도 주목할 만하다. 하지만 이 현상이 정치사회적 의제의 실종으로 이어지고 있다는 느낌이 든다. 국민이 정치에 냉소하고 불신하게 된 주요 원인은 정치권의 잦은 실책 탓이지만, 세태를 반영한 것도 한몫했다고 본다. 그렇다면 이 시점에서 정치는 무엇을 해야 할까?

선거철이 다가오면 각 정당은 지역별로 당원 모집, 당원 단합대회, 의정 보고회 등 다양한 정치 활동을 벌인다. 지역 내 정파적 지위를 높이기 위한 정당 활동은 물론 중요하다. 하지만 크고 작은 주민 모임과 함께 어렵고 소외된 계층을 돕고 여러 가지 봉사 활동을 한다면 어떨까? 작고 따뜻한 일부터 실천한다면 도움을 줄 수 있을지도 모른다.

각 정당이 지역 주민과 함께 예능처럼 즐겁고 드라마처럼 따뜻한 풍경을 만들어간다면 많은 이들의 마음이 좀 더 여유로워지지 않을까?

TV 시청률 조사

논외지만 가능하다면 한국갤럽이 실시하는 전화 조사에서 프로그램을 시청하는 매체 유형에 대해 추가로 물어보면 어떨까? 피플미터

TV 시청률 조사				
주간TV시청률(닐슨코리아) 2015년 8월 17일~23일			선호 프로그램(한국갤럽)	
			2015년 8월	2013년 1월
종합	드라마	예능	종합	종합
1위 가족을 지켜라 25% (드라마 KBS1)	가족을 지켜라 25% (KBS1)	무한도전 21%(MBC)	무한도전 15% (예능 MBC)	무한도전 12% (예능 MBC)
2위 무한도전 21% (예능 MBC)	여자를 울려 21%(MBC)	가요무대 13%(KBS1)	슈퍼맨이 돌아왔다 6% (예능 KBS2)	내 딸 서영이 11% (드라마 KBS2)
3위 여자를 울려 21% (드라마 MBC)	용팔이 19% (SBS)	전국노래자랑 13%(KBS1)	냉장고를 부탁해 6% (예능 JTBC)	1박 2일 9% (예능 KBS2)
4위 용팔이 19% (드라마 SBS)	부탁해요. 엄마 19% (KBS2)	일밤 13% (MBC)	복면가왕 5% (예능 MBC)	마의 7% (드라마 MBC)
5위 부탁해요. 엄마 19% (드라마 KBS2)	여왕의 꽃 19%(MBC)	해피선데이 12%(KBS2)	삼시세끼 3% (예능 tvN)	런닝맨 7% (예능 KBS2)
6위 여왕의 꽃 19% (드라마 MBC)	오늘부터 사랑해 14% (KBS2)	정글의 법칙 12%(SBS)	용팔이 3% (드라마 SBS)	개그콘서트6% (예능 KBS2)
7위 오늘부터 사랑해 14% (드라마 KBS2)	어머님은 내 며느리 13% (SBS)	개그콘서트 11%(KBS2)	런닝맨 3% (예능 SBS)	힘내요. 미스터김 4%(드라마 KBS1)
8위 가요무대 13% (예능 KBS1)	이브의 사랑 12%(MBC)	TV동물농장 10%(SBS)	비정상회담 3% (예능 JTBC)	학교 2013 3% (드라마 KBS2)
9위 전국노래자랑 13% (예능 KBS1)	그래도 푸르른 날에 11%(KBS2)	백년손님 9% (SBS)	집밥 백선생 3% (예능 tvN)	야왕 3% (드라마 SBS)
10위 일밤 13% (예능 MBC)	미세스 캅 11%(SBS)	토크쇼 황금연못 8% (KBS1)	여자를 울려 2% (드라마 MBC)	무지식상팔자 2% (드라마 JTBC)

기 조사에는 리모컨을 이용한 설문 조사를 추가해 특정 프로그램에 고정되어 있는 시간량만 조사하지 말고, 프로그램 자체에 대한 시청자의 인식과 의식도 물어보았으면 한다. 물론 업체마다 각자 구축한 조사 방법이 있고, 어떤 것이 옳고 그른지 쉽게 판단할 수는 없다. 다만 서로의 단점을 효율적으로 보완한다면 좀 더 좋은 서비스 제공이 가능한 값진 데이터를 얻을 수 있을 것이다.

돈과 행복의 관계

돈이란 무엇이라고 생각하는가?
(2015년 하반기)

사람들은 종종 돈을 빌린다. 생계 문제로 돈을 빌리기도 하지만, 대부분은 더 좋은 집이나 더 좋은 차를 가지고 싶어 돈을 빌린다. 이 행동이 자신의 생각에서 비롯된 것인지 아니면 사회적 시선 탓인지는 더는 중요하지 않다. 더 많은 돈을 들여 더 좋은 집을 사고 더 좋은 차를 사는 것이 행복의 조건이 되어서다.

돈이 있는 사람은 돈을 쓰느라 돈이 없는 사람은 돈을 버느라 불행해진다. 어떤 정신분석학 전문가는 '돈은 우리의 거울'이라고 했다. 내가 어디에 얼마만큼 지출하는지 보면 내가 어떤 삶을 살고 있는지 알 수 있다는 뜻이다.

2015년 하반기 한국사회여론연구소는 '돈'에 관한 여론조사를 했다(전국 성인 남녀 유무선 50%씩 1,000명 전화 조사. RDD. 오차 범위 ± 3.1%). '돈이란 무엇이라고 생각하는가?'라는 질문에 '있으면 편하고 없으면 불편하다'는 응답이 57%로 가장 높게 나타났다. 뒤이어 '절대적으로 필요한 존재'라는 응답이 37%, '그저 종잇조각에 불과하다'는 응답이 2% 나왔다.

돈에 비교적 자유로운 입장을 보인 계층(돈에 대한 생각을 편의성에 맞춰 응답한 계층)은 30대, 사무·관리직, 경제적 중하층이다. 사회생활을 이제 막 시작한 30대, 정규직에 목맨 사무·관리직, 생활비 부담에 내 집 장만은 엄두도 내지 못하는 사람들이 그렇지 않은 환경에 있는 사람들보다 돈에 좀 더 자유로웠다. 그렇다면 돈과 행복은 어느 정도 상관관계가 있을까?

행복과 소득은 비례하지 않는다

5년 전 한국갤럽은 '소득과 행복'에 관한 여론조사 결과를 발표했다. 소득 수준과 행복의 상관관계는 그리 크지 않았다. 하지만 연령대별로 느끼는 행복감은 차이를 보였다. 연령이 낮을수록 행복감을 더 많이 느끼며 경제 형편보다는 개인의 꿈과 열정, 그 안에 있는 소시민적 안락이 행복을 느끼는 중요한 요소로 작용했다.

우리는 지금껏 돈이 없어 형편이 어려워서 불행한 것이 아니라 돈이 삶의 방식, 사고 체계, 공동체적 가치를 변질시키고 왜곡하므로 불행한지도 모른다. 그래서 시장경제에 분명 순기능이 있는데도 개인이 이에 대응하는 능력이 합리적 이성의 범위를 넘어서는 경우가 많이 생긴다.

2015년 주빌리은행이 문을 열었다. 이 은행은 예금과 대출이 아닌 빚을 처리하는 업무를 한다. 은행이 개인의 부실채권을 사들이고 채무자를 VIP 고객으로 모신다. 처리할 수 있는 빚 탕감 규모의 크기보다 돈에서 얻을 수 없는 소중한 가치를 지키려는 의지에 가치를 둔 착한 은행이다. 이런 시도들이 반복되고 성공을 거둘 때 소득의 크기에 따라 행복이 결정된다는 편견이 사라질 것이다.

우리의 행복이 우리 안에 갇히지 않도록, 돈이 우리 삶에 주인이 되지 않도록 서로 격려하고 위로해주자. 작은 미소가 우리의 삶을 더 크고 넓게 그리고 더 많이 꽃피울 수 있도록 말이다.

마음만 먹으면 행복해질 수 있을까?

행복도 연습하면 얻을 수 있다?
(2015년 12월 말)

행복이란 무엇일까. 사전에서 설명하는 행복은 '일상생활에서 얻을 수 있는 충분한 만족감과 기쁨을 느끼는 흐뭇한 상태'를 일컫는다. 20여 년 동안 긍정 심리학을 연구하고 있는 캘리포니아대학의 소냐 류보머스키 교수는 행복이 '유전적 요인 50%', '외부 환경 10%', '자신의 노력 40%'로 만들어진다고 한다. 의외로 유전적 요인이 행복에 영향을 주는 비중이 많았던 반면, 외부 환경의 영향은 적었다. 실제로 사람들은 어떻게 생각할까.

2015년 12월 말, 한국사회여론연구소에서 전국 성인 남녀 800명을 대상으로 휴대폰 여론조사를 했다. '행복도 연습하면 얻을 수 있다'는 말에 대해 동의하는지를 물었다. '동의한다'는 의견이 62%로 동의하지 않는다(38%)는 의견보다 2배 가까이 높게 나왔다.

유전적 요인을 제외한 나머지 50%인 외부 환경과 자신의 노력을 합친 수치보다 10% 조금 넘게 나온 것이다. 그렇다면 우리나라 사람들은 다른 나라 사람들에 비해 행복에 대한 태도가 좀 더 능동적인 것일까.

조사 결과를 세부적으로 살펴봤다. 수도권보다는 지방에 거주하는 응답자의 동의가 더 많았다. 행복에 대한 태도는 거주하는 지역의 산업화 및 도시화 정도와 생활환경이 영향을 주는 것처럼 보였다. 소득별로는 어떨까. 돈이 많은 사람들은 동의율이 높고, 돈이 적은 사람들은 동의율은 낮을까. '월 평균 가구 소득이 250만 원 미만'의 응답자와 '750만 원 이상'인 응답자 각각 67%와 62%가 행복도 연습하면 얻을 수 있다는 말에 동의했다. 이는 평균 응답보다 높거나 비슷한 수준이었다. 행복에 대한 태도는 소득과도 직접적인 관계가 없어 보인다.

특히 '연령이 높을수록' 행복도 연습하면 얻을 수 있다는 말에 동의가 더 많았다. 2014년 5월 서울특별시가 발표한 〈도시정책 지표조사〉에서는 '연령이 높을수록' 행복도가 낮았다. 행복에 대한 태도는 행복에 대한 기대만큼 큰 것일까. 고高연령층의 높은 동의율이 다소 위안이 되기까지 한다. 삶의 연륜과 나이에 따른 생활환경이 또 다른 요인으로 작용한 것으로 보인다.

또 여성의 동의율은 65%로 평균보다 다소 높게 나왔지만, 주부는 59%로 낮았다. 어르신과 주부는 왜 행복에 대한 태도가 서로 다를까. 가정의 안녕을 위해 누구보다도 열심인 '주부'의 좌절과 자식농사 다 끝낸 '어르신'의 고독과 외로움을 상대로 한 마지막 사투는 아닐까.

2014년 3월 '미국 갤럽'이 143개국을 대상으로 한 행복도 조사에서 우리나라는 118위를 했다. 성공을 위해 앞만 보고 달려 온 우리의 행복 성적표다.

행복을 만들기 위한 작은 실천부터 시작해보자. 이번 주말에는 고

무장갑을 하나 사자. 힘들고 어려워도 제대로 내색 한번 하지 못하고 가족을 위해 봉사한 우리의 어머니이자 아내를 위해 남편 전용, 자식 전용 '빨간색 고무장갑'을 마련해보자.

'소냐 류보머스키' 교수는 '행복해지고 싶다면 가정, 학교, 직장에서 가까운 사람들과 관계를 회복해야 한다'고 조언한다. 마음먹고 산 빨강 고무장갑으로 주말 설거지뿐만 아니라, 가까운 사람들과 있었던, 그리고 자기 자신의 내면과 있었던 분노와 슬픔, 서운함 등도 말끔히 닦아내면 어떨까.

행복, 마음먹기 나름이다.

꼭꼭 숨겨둔 슬픔과 벅차오르는 기쁨이 만나면

〈굳세어라 금순아〉(1962년)

〈인사이드 아웃〉(2015년)

영화 〈굳세어라 금순아〉(1962)를 기억하는가. 1·4 후퇴 당시 10대 소녀이던 금순이는 함경남도 함흥시 흥남 부두에서 러시아 군대가 북한군의 폭격과 총탄을 피해 버리고 간 화물선에 올라탔다. 그 후 피난 민 인파에 휩쓸려 가족과 헤어진다. 홀로된 금순이는 모진 생활고와 외로움에 시달리다 깊은 병에 걸리고 만다. 마침내 오빠가 금순이를 찾아오지만, 금순이의 상태는 절망적이다. 금순이는 가족을 찾았다 는 기쁨과 이제 자신의 생이 다했다는 슬픔을 동시에 느끼며 오빠의

품에서 숨을 거둔다.

〈인사이드 아웃〉(2015)은 인간의 기쁨, 슬픔, 까칠함, 분노, 소심함을 소재로 사춘기 여자아이의 변화무쌍한 심리를 재미있게 그린 영화다. 주인공 라일리는 금순이와 같은 10대 소녀다. 라일리는 가출을 감행하지만, 가족의 소중함을 새삼 깨닫고 버스가 고속도로로 진입하기 바로 전 버스에서 내린다. 가족의 품에 다시 돌아가는 것이다. 〈굳세어라 금순아〉처럼 슬픔과 기쁨이 공존하는 순간이다.

1962년의 금순이와 2015년의 라일리를 응원하며 지켜본 관객들이 비슷한 감정을 느끼는 이유는 관객들의 내면에 억눌려 있던 감정들을 금순이와 라일리가 가족애라는 소중한 가치로 정화시켜서이지 아닐까?

톨스토이는 "행복한 가정은 행복한 이유가 대부분 비슷하지만, 불행한 가정은 불행한 이유가 모두 다르다"고 했다. 살다 보면 금순이와 라일리처럼 갑자기 불행이 찾아올 때가 있다. 이 위기를 기회로 만드는 원동력이 바로 가족애다.

우리나라에는 80세가 넘은 라일리와 금순이가 곳곳에 살고 있다. 바로 남북 이산가족이다. 이산가족 상봉이 하루속히 정례화되길 기대한다. 이산가족이 슬픔과 기쁨이 교차하는 순간의 카타르시스와 행복감을 짧은 순간만이라도 누릴 수 있기를 간절히 바란다.

자유의지와 생명의 존엄성이
충돌할 때

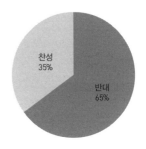

사형제 폐지에 동의하는가?

    사형제 폐지와 존엄사 인정에 대해 당신은 찬성하는가. 어떤 결정이 개인의 자유의지와 생명의 존엄성을 인정하는가.

    한국사회여론연구소가 사형제 폐지 여부에 대한 여론조사를 한 결과(전국 성인 남녀 유무선 50%씩 1,000명 전화 조사. RDD. 오차 범위 ± 3.1%)를 보자. 사형제 폐지에 동의하는 응답(35%)보다 동의하지 않는 응답(65%)이 더 높았다. 2005년에 실시한 같은 조사에서는 동의한다는 응답이 40%였으니 10년 전에 비해 사형제를 폐지해야 한다는 응답이 5% 정도 줄어든 셈이다. 세상이 좀 더 각박해진 걸까?

    2015년 상반기, 새정치민주연합(현재 더불어민주당) 유인태 의원이 여야 국회의원 172명의 서명을 받아 사형제 폐지를 위한 법률 개정안을 국회에 제출했다. 유인태 의원은 1974년 민청학련 사건으로 억울하게 사형 선고를 받았지만, 38년 후인 2012년 1월에 재심으로 무죄를 선고받은 이력이 있다. 사형 선고는 최근에도 있었지만, 집행되지 않은 지 벌써 20년이 넘었다. 사실상 사문화(법령이나 제도가 실제적 효력을 잃은 상태)된 것이다.

OECD 국가 중 우리나라·미국·일본·멕시코에는 여전히 사형제가 존재한다. 하지만 우리가 아는 대부분의 선진국은 오래전에 사형제를 폐지했다.

문명사회에서 인간의 생명과 관련된 논쟁은 사형제에만 머물지 않는다. 솔직히 사형제 이슈는 뒤처져 보이기까지 한다. 사형제 폐지 못지않게 뜨거운 이슈는 존엄사 문제다. 새정치민주연합(현재 더불어민주당)의 원혜영 의원은 불치병으로 고통받는 환자가 품위를 유지하며 죽을 권리를 보장하자는 취지의 법률안을 국회에 제출했다.

2015년 5월, 한국갤럽의 여론조사를 보자. 무의미한 연명 치료를 중단할 수 있도록 하는 법안에 78%가 찬성하는 것으로 나타났다. 반대 입장(15%)보다 압도적으로 높은 수치다.

사형제 및 존엄사와 관련된 여론조사 결과에는 특이한 공통점이 있다. 사형제를 폐지하고 존엄사를 인정하는 응답은 연령이 높을수록 많았다. 반면에 사형제를 유지하고 존엄사를 반대한다는 응답은 연령이 낮을수록 많았다. 사람들은 사형과 존엄사라는 서로 다른 성격의 죽음에 대해 상반된 의견을 보였다. 어떤 요인이 이런 차이를 만들어 냈는가.

일반적으로는 개인의 자유의지와 생명의 존엄성이 가치 충돌을 하는 것으로 이 현상을 해석하지만 실제로는 아닐 수도 있다. 생명은 개인의 자유의지 앞에서도 절대적 가치를 지녀다. 문제는 개인의 자유의지가 현실에서 생명 가치를 얼마나 잘 지켜낼 수 있는가이다.

어떤 사람이 열악한 경제·사회적 조건(그 사람의 사악한 성격이 아닌)을 견디지 못해 죄를 지었는데도 판사가 그 사람에게 사형을 선고해야 할까? 물론 범죄 행위에 면죄부를 줄 수는 없다. 하지만 자유의지에 따라 경제·사회적 조건을 선택할 수 없는 불합리한 처지로 인해 죽음으로 죄의 대가를 치르는 게 과연 옳은 일일까?

존엄사도 마찬가지다. 어떤 삶을 살 것인가는 개인의 자기 결정권에 속하며 죽음도 그 일부분이 될 수 있다. 그럼에도 논란이 분분한 이유는 사형제와 존엄사가 불안정한 민주주의와 시장경제 체제에서 사회적 약자와 신체적 약자를 희생시킬 위험성이 있어서다.

문명사회에서 생명에 대한 존엄성이 갈수록 약해지지만, 개인의 자유의지는 갈수록 강해지고 있다. 하지만 둘 중 어느 하나도 소홀히 다루어서는 안 된다. 삶과 죽음은 개인의 자유의지와 생명의 존엄성을 빼고는 설명할 수 없어서다.

환불이 안 되는 물건을 살 때 당신의 선택은?

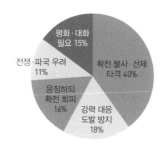

북한의 무력 도발에 대한 우리의 자세는?
(2015년 8월)

1990년대 북한의 도발은 '핵 확산 금지 조약(NPT)' 탈퇴, 대포동 미사일 발사, 핵실험 등 잠재적인 위협이 주를 이루었다. 하지만 2000년대에 들어서면서 서해 교전, 천안함 폭침, 연평도 포격 등 직접적이고 체감 수준이 높은 위협으로 양상이 바뀌었다. 서해는 종전 이후 북한의 도발이 가장 빈번히 일어나는 지역이다.

2015년 8월, 북한이 DMZ에 포격을 가하면서 남북 간 긴장감은 이전과 비교할 수 없게 높아졌다. 여차하면 남북 양쪽 모두 무력 도발과 응징을 준비할 태세였다.

DMZ 포격 다음 날, 여론조사 전문기관 우리리서치는 인터넷 포털 사이트 '다음'과 '네이버'를 통해 '북한의 무력 도발'에 관련해 국민 여론이 어떤 방향으로 형성되는지 분석하고 발표했다. '확전 불사·선제 타격' 40%, '강력 대응 도발 방지' 18%, '응징하되 확전 회피' 16%,

'전쟁·파국 우려' 11%, '평화·대화 필요' 15% 순으로 나타났다. 그중 '확전 불사·강력 대응'이라는 의견 안에는 전면전을 감수하고라도 선제 타격을 하자는 목소리가 포함되어 있었다. '강력 대응 도발 방지'에는 북한이 전쟁을 벌일 능력이 없으며 이번 사태도 단순한 국지 도발일 뿐이므로 적절한 수위의 대응이 필요하다는 의견을 엿볼 수 있었다.

대응 수위에 대한 여론 안에는 군사적 대응과 평화적 해결이라는 상반된 의견이 공존하고 있다. 최선의 선택과 후회 없는 선택 중 우리는 과연 어느 쪽을 택해야 하는가.

현명하고 지혜로운 선택을 하려면 분명한 목표부터 세워야 한다. 당면한 상황을 적절히 관리할 것인지, 국지적 도발이 일어나지 않도록 방지할 것인지, 무력으로 상대를 쓰러뜨릴 것인지, 말이다. 다시 말해 대응 목표를 분명히 해야 한다.

분명하고 적절한 목표를 세워 대응하다 보면 차츰 수위를 조절해 대응 방식을 선택할 수 있다. 교환이나 환불이 가능해지는 것이다. 이때 중요한 요소가 적절함이다. 처음부터 지나치게 높은 수준의 목표를 이루려고 무리하게 선택하면 후회할 가능성이 높다. 게다가 일단 한번 결정하면 되돌릴 수도 없다. 한마디로 환불이 안 된다.

북한의 도발을 바라보는 국민 여론은 크게 2가지다. 이해 관계자(국방부와 안보를 담당하는 정부 기관)의 내부 여론과 일반 국민의 외부 여론이다. 이해 관계자는 대응에 초점을 맞추므로 최선의 선택과 대응을 원한다. 하지만 국민은 평화 유지를 바라므로 후회 없고 적당한 선택을 바란다.

인간은 주관적 경험에 기초해 어떤 선택을 할지 결정한다. 대응은 객관적 결과로 나타나니 어느 쪽이 더 낫다고 단언하기 어렵다. 하지만 적어도 선택 기준은 제시할 수 있다. 환불이나 교환이 되지 않는 물건을 구매할 때 여러분은 어떤 선택을 하겠는가.

'편견'이 가르는 이타적 소통과 배타적 소통

박근혜 대통령을 평가한다면?
(주관식)

긍정 이유 1위	주관과 소신이 있고 여론에 끌려 다니지 않아서
부정 이유 1위	소통이 미흡하고 베일에 싸여 있고 투명하지 않아서

한국갤럽이 대통령의 국정 수행 능력에 관한 여론조사를 주관식으로 했다. 그다음 긍정 평가와 부정 평가를 내린 모두에게 이유를 물었다. 긍정 평가에서는 '주관과 소신이 있고 여론에 끌려다니지 않아서'가, 부정 평가에서는 '소통이 미흡하고, 베일에 싸여 있고 투명하지 않아서'라는 의견이 가장 많았다.

소통의 사전적 의미는 '막히는 데 없이 뜻이 잘 통하는 것'이다. 박근혜 대통령이 소통에 서툴다는 세간의 평가는 엄밀히 따지면 틀린 이야기다. 박근혜 대통령은 보수 진영과 자신을 알아주는 사람과는 소통을 잘한다.

대통령의 소통 능력에 대한 긍정적 평가와 부정적 평가가 엇갈리는 이유는 다음 같은 상황을 떠올리면 이해하기 쉽다. 두 사람이 각자 자신의 손바닥 위에 올려놓은 동전의 앞면과 뒷면을 바라보며 "동전은 원래 이래"라고 말하는 광경이다.

리더(이끄는 대상이 기업이든 정당이든)에게 소통이란 무엇인가. 소통에 능한 리더는 도대체 어떤 방식으로 소통하는가.

리더의 소통 방식을 평가할 때 우리는 흔히 그 사람의 소통 방식이 얼마나 세련되었는지 살펴본다. 그 사람이 SNS를 하는 여부를 따지고 만약 한다면 SNS 친구는 얼마나 되며 SNS에 관심을 끄는 글을 얼마나 자주 올리는지 등을 소통의 척도로 삼는다.

하지만 문제는 '소통 방식'이 아니라 '소통 대상'이다. 사람은 누구나 자신의 뜻을 잘 이해해주고 알아주는 상대와 소통하고 싶어 한다. 나와 생각이 다르거나 나를 이해하지 못하는 상대와 소통하고 싶어 하는 사람은 세상 어디에도 없다.

정치인들도 대부분 이타적 소통보다 배타적 소통을 좋아한다. 남을 배척하는 소통인 '우리끼리 소통'에는 익숙하지만 '자신과 생각이 다른 사람의 이야기를 들어주는 소통'은 서툴다.

정치인을 평가하는 기준에 이타적 소통이 있다면, 상대방의 정책을 처음부터 무조건 반대하는 일은 한결 줄어들 것이다. 서로의 의견을 존중하고 이해하는 분위기가 형성된다면 진보 정당은 진보적 안보 정책과 산업 정책을, 보수 정당은 보수적 노동 정책과 통일 정책을 각자의 소신대로 제안할 수 있다. 원활한 이타적 소통은 국가의 철학과 비전을 더욱 튼튼하게 만든다.

기업 내 임원과 직원 간 소통이나 기업과 소비자 간 소통도 이와 비슷하다. 소통을 가로막는 가장 큰 적은 '나와 생각이 다른 상대'가 아니라 바로 '나 자신'이다. 우리는 종종 '편견'에 사로잡혀 소통하는 데 실패한다. 실제로 부딪혀보지도 않고 포기하거나 작은 단서 하나로 전체를 파악하는 오류를 저지르기도 한다.

앞으로 리더의 소통 능력을 평가할 때는 그 사람의 소통 방식에 초점을 두지 말고 그 사람이 누구와 소통하는지를 잣대로 삼아보자. 소통에는 규제도 예산도 필요 없다. 이타적 소통은 우리나라의 마르지 않는 성장 동력이 될 것이다.

경제적 가치와 사람의 가치 중 어느 쪽이 더 중요한가

경제 비전
100%

광복절 대통령 경축사의 내용은?

매해 광복절마다 대통령은 경제 비전을 축사 주제로 잡는다. 하지만 일제 강점기에 국내 인구가 늘어나고 산업 인프라가 구축되어 생산량이 증가한 것을 기념해 경제 발전에 더욱 박차를 가하자는 취지가 아니라면, 이날만큼은 억압에서 해방된 인간의 가치가 어느 때보다 빛나야 하지 않을까? 광복절光復節은 '빛을 되찾은 날'이라는 의미다. 광복절의 참된 의미를 담은 메시지가 부재한 현 상황이 무척 아쉽다.

세월호 사건과 메르스 사태는 인간의 가치를 돌이켜볼 수 있는 좋은 기회였다. 하지만 정치권은 여전히 여야를 불문하고 사람의 가치보다 경제적 가치를 더 우선시하고 있다.

경제적 가치와 사람의 가치 중 어느 쪽이 더 중요한가. 이런 상투적 질문에도 사람의 가치가 더 중요하다는 당연한 답을 내놓기 망설여지는 것이 요즘 우리가 처한 슬픈 현실이다. 사람의 가치는 기본적 가치고 경제적 가치는 보완적 가치다. 경제·법치·민주주의·복지·협력·경쟁·공평 같은 가치가 인권·생명 존중·신뢰 같은 근본적인 가치를 뒷받침한다는 인식이 반드시 필요하다.

구구절절 옳은 말임에도 현실은 좀 더 복잡하다. 경제적 가치가 사람의 가치를 넘어설 때는 진보의 시대적 역할이, 사람의 가치가 경제적 가치를 필요로 할 때는 보수의 시대적 역할이 강화되었다. 사람의 가치와 경제적 가치는 늘 공존하며 협력해왔다. 간혹 경제적 가치가 충족되지 않으면 사람의 가치를 실현할 수 없을 수도 있다. 반면 사람의 가치만을 고집하면 경제적 가치가 훼손된다. 이 상황이 장기적으로 이어지면 사람의 가치마저 훼손될 우려가 있다.

우리나라 경제성장의 원동력은 언제나 사람이다. 사회에서 가장 중요한 요소는 사람이고 지식이다. 지식은 다른 자본과 달리 사용하면 사용할수록 늘어난다. 그러니 경제성장과 사람의 관계는 상호 의존적일 수밖에 없다.

머지않아 광복절 경축사로 김구 선생의 '문화 강국론'을 설파하는 지도자가 나타나길 기대해본다. 우리 아이들은 사람과 경제가 통합된 헌법의 소중한 가치를 듣고 자랄 권리가 있다.

02

선택에도
정답이 있다

이익을 기대만 해도 보상받는 뇌가 문제일까?

경제적으로 부담되더라도 자기 집을 가져야 하는가?

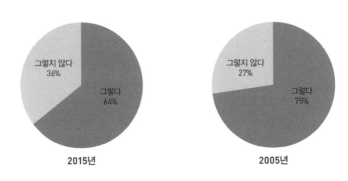

2015년   2005년

  2015년 한국사회여론연구소가 '자기 집 소유에 대한 국민 인식'을 조사한(전국 성인 남녀 유무선 50%씩 1,000명 전화 조사. RDD. 오차 범위 ±3.1%) 결과를 보자.

  '경제적으로 부담되더라도 자기 집을 가져야 한다'는 주장에 '동의한다'는 응답(64%)이 '동의하지 않는다'는 응답(36%)보다 높게 나타났다. 2005년에 실시한 같은 조사에서는 '동의한다'는 응답이 73%였다. 자기 집을 가져야 한다는 응답이 10년 전에 비해 10% 정도 줄어든 셈이다.

  '자기 집을 가져야 한다'고 응답한 주요 계층은 강원과 제주 거주자, 60세 이상이다. 반면 '자기 집을 가지지 않아도 된다'고 응답한 주요 계층은 서울과 광주·전남, 대구·경북 거주자다.

　30대와 40대, 중산층 안에서 중·하위권에 위치한 계층에서는 자기 집을 소유해야 한다는 여론보다 자기 집을 소유하지 않아도 된다는 여론이 전체 평균 응답보다 높았다. 실제로 살기 위해 주택을 구매할 것 같은 계층에서 오히려 내 집 마련의 필요성을 그리 많이 느끼지 않은 셈이다. 자기 집 소유에 대한 동의율이 가장 높은 계층은 최상위층이다. 해당 계층이 주택을 투자 개념으로 보아서다.

　2015년 3월, 한국개발연구원(KDI)은 2017년부터 주택 가격이 급락할 가능성을 경고했다. 그 배경으로 주택을 구매하려는 수요가 점점 줄어드는 상황이라는 설명을 덧붙였다.

　주택 시장을 예측하는 기본 요인은 크게 3가지다. '경제성장과 경기 상황', '주택 공급량과 부동산 정책', '인구 변화와 주택 보급률'이다. KDI는 거시적 변수인 인구 변화 요인을 주택 시장 전망의 중요 변수로 언급했다. 시장의 모멘텀Momentum이 바닥을 치는 것이다.

　이런 패턴이라면 지금 매매가 살아나는 것은 일시적 현상일 수도 있다. 현재 주택 매매율이 비교적 높아진 이유에 중저가의 20~30년 된 구형 아파트 매매가 상당 부분 몰려 있을 가능성도 배제할 수 없다.

　여론조사 결과만 보면 구형 아파트를 구매해서라도 자기 집을 소유하려는 중산층에서도 중·하위권에 속한 계층이 마지막으로 주택 구매에 박차를 가한 것으로 보인다. 우리는 지금껏 국가 차원부터 개인 차원까지 같은 실수를 자주 반복했다. 인간은 왜 같은 실수를 계속 저지르는가.

　일본의 행동경제학자 도모노 노리오友野典男 교수는 "우리 뇌는 실제로 이익을 얻는 경우뿐 아니라 이익을 기대할 때도 보상을 받는다"고 주장한다. 많은 부동산 전문가들이 주택 시장의 급락을 경고하면서 우리가 일본의 상황을 답습하고 있다고 한다. 경제 행위는 과학을 바탕으로 한 인간의 감각적 행위다. 그래서 경제를 예측할 때는 경제 지표와 경제 주체의 인식을 모두 살펴봐야 한다.

KDI가 경고한 디데이D-day가 얼마 남지 않았다. 주택 시장 활성화라는 명목에 빚으로 당장의 경기 상승을 꾀하는 정부의 정책 방향이 과연 옳은지 걱정된다.

내 집단 편향:
내가 하면 로맨스 남이 하면 불륜

내로남불

내 집단	다른 집단
로맨스	불륜

사회가 허락하지 않는 사랑, 즉 불륜은 아침 드라마의 주요 소재다. 해보지는 않았지만 해보고 싶은 욕망이 아침 댓바람부터 주부들의 눈과 귀를 사로잡는다.

내가 하면 로맨스 남이 하면 불륜! 사회학에서는 이 심리를 '내 집단 편향In group Bias'이라 부른다. 자신이 속한 그룹에 소속감이 높으면 긍정적 자아가 쉽게 형성된다. 이것이 내 집단 편향의 순기능이다. 하지만 소속 그룹에 쏟는 이기적 편애와 타 그룹에 대한 배타성이 쉽게 발생할 가능성도 존재한다.

현대 민주주의의 요체는 정당이다. 정당은 정파적 성격 덕분에 누군가를 대변하는 순기능과 내 집단 편향으로 치닫는 역기능을 함께 지니고 있다. 이것은 공공의 이익을 앞세워야 하는 정당이 반드시 극복해야 할 과제다. 2015년 여름, 여야가 벌였던 논쟁을 보면 로맨스라는 주장과 불륜이라는 의심의 눈초리가 오가는 듯하다.

처음 소개할 주제는 대통령 특별사면에 대한 논쟁이다. 특별사면에 대한 여야 논쟁의 초점은 대체로 사면 대상에 맞춰진다. 진보와 보수 어느 쪽이 집권하든 경제 및 정치 사범에 대한 사면은 언제나 있었다. 물론 그것이 국민 통합을 저해하는 요소가 되어서는 안 된다는 미사여구도 반복된다.

고(故) 성완종(전 경남기업) 회장이 참여정부 시절 두 차례 특별사면을 받은 것을 두고 여야가 날선 공방을 벌였다. 그러나 광복 70주년을 맞이해 박근혜 대통령이 경제인을 포함한 특별사면을 단행하자 여야의 입장이 바뀌었다. 야당은 시장경제를 교란할 수 있다는 이유로 특별사면을 조심스럽게 반대했다.

다음은 노동 개혁이다. 박근혜 대통령은 다음 세대와 우리나라의 미래를 위해 노동시장을 개혁해야 한다는 취지의 특별 담화를 발표할 정도로 노동 개혁에 무게를 두고 있다. 여권은 임금 피크제를 중심으로 한 고용 유연성 문제를 핵심 과제로 들고 나왔고 야권은 반대의 목소리를 냈다. 하지만 박근혜 정부의 노동 개혁안은 이전 참여정부가 설계한 '비전 2030'과 본질적으로 크게 다르지 않다.

당시 야당이던 새누리당은 참여정부의 비전 2030을 무분별한 복지 정책이라고 비판했다. 박근혜 대통령의 노동 개혁을 반대하는 새정치민주연합(현재 더불어민주당)과 피장파장이다.

마지막으로 경제 정책이다. 야권은 2015년 초 '유능한 경제정당위원회'를 당내에 신설해 이미지를 쇄신하겠다는 의지를 내보였다. 여권도 창조 경제와 경제 활성화에 안간힘을 쓰고 있다. 하지만 여전히 야권은 여권을 시장 만능 세력으로, 여권은 야권을 시장 부정 세력으로 규정하며 자신이 하는 것은 경제 로맨스고 상대가 하는 건 경제 불륜이라며 서로를 물어뜯는다.

내 집단 편향은 자당 내 분열을 불러일으키기도 한다. 새정치민주연합(현재 더불어민주당)은 친노와 비노로, 새누리당은 친박과 비박으로 편을 나누어 싸웠다.

정치인의 현 상태가 로맨스인지 불륜인지 판단하는 방법은 간단하다. 상대가 "당신은 친박이야!" 또는 "당신은 친노야!"라고 공격한다 치자. 그때 그 정치인이 "맞아. 나는 친박이야" 또는 "그래, 나는 친노야"라고 답하면 그의 정치적 행위는 로맨스일 가능성이 높다.

만약 그 사람이 그렇게 대응하지 않았다면 그의 정치적 행위는 불륜일 가능성이 높다. 그렇게 대응한 정치인은 상대방의 행위가 불륜이라고 여길 리 없어서다. 역지사지인 셈이다.

성찰적 진보와 성찰적 보수가 멋들어지게 어우러지는 정치 로맨스를 기대해본다.

공공公益, 다이어트 권하는 사회

비례대표 정원과 국회의원 정수 확대에 의한 찬반?
(2015년 7월)

지역주의 해소 목적

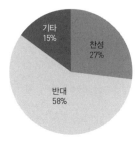

세비 삭감 전제

    20대 총선을 앞두고 여야는 선거구제 개편에 관한 열띤 논의를 펼쳤다. 헌법재판소가 기존 선거구 획정이 평등선거 원칙에 위반된다는 헌법 불합치 판정을 내려서다. 정치권은 선거구를 다시 획정해야 했다.

    2015년 7월, 여론조사 전문기관 리얼미터는 세비 절반 삭감을 전제로 비례대표 증원 및 국회의원 정수 확대에 대한 여론의 찬반 조사 결과를 발표했다. '지역주의 해소'를 위한 비례대표 증원에 찬성한다는 응답(57%)은 반대한다는 응답(31%)보다 높았다. 그러나 '세비 삭감'을 전제로 한 비례대표 증원 여부는 앞선 결과와 달리 찬성한다는 응답(27%)이 반대한다는 응답(58%)보다 낮게 나왔다. 응답자들은 세비 삭감이라는 꼼수보다는 정치 개혁을 위한 명분을 택한 듯하다.

    이런 결과가 나왔는데도 비례대표 국회의원 정수 확대는 필요한가.

지역구 국회의원은 자신의 지역구 유권자의 의사를 대변하고 국가 중대사를 숙의한다. 지역구 국회의원이 일을 못한다는 평가를 받을 때는 대부분 그 사람의 몸과 마음이 지역에 가 있다고 보면 된다.

하지만 이것을 무조건 잘못되었다고 탓할 수는 없다. 지역구 국회의원이 다음 선거에서 당선되려면 자신의 지역구에 많은 공을 들일 수밖에 없다. 지역 유권자는 주로 50대 이상, 자영업 종사자, 주부다. 반대로 계층 유권자는 20~30대, 도시 직장인 등이 있다. 지역구 국회의원이 자신의 지역 유권자보다 계층 유권자에게 더 세심한 관심을 기울이기란 현실적으로 어렵다.

비례대표 국회의원이 계층 유권자를 대변하는 일에 좀 더 많은 관심을 기울이기에는 그 수가 비교적 적다. 19대 국회에서 지역구 국회의원 수는 246명이다. 반면 비례대표 국회의원 수는 54명이다. 국회의원이 자신의 정치적 진로에 상관없이 국가 중대사를 객관적이고 소신 있게 숙의할 수 있도록 하려면 비례대표 국회의원 수를 늘리는 것이 옳다. 그러나 선거구 획정을 통해 비례대표 의석수를 7석 더 줄여 47석으로 정한 것은 아쉬운 선택이다.

국민이 정치인을 뽑는다. 하지만 정치인은 자신을 뽑아준 국민 의견만 무조건 따라서는 안 된다. 일하다 보면 장기적이고 근본적인 성과를 위해 단기적 이익을 버려야 하는 경우가 종종 생긴다. 이때는 비례대표 국회의원들이 지역구 국회의원보다 좀 더 능동적이고 소신 있게 역할을 수행할 수 있다.

자살률, 출산율, 경제성장률, 가계 부채 등 수많은 경제사회지표가 갈수록 나빠진다. 이것은 우리나라의 정치 능력이 미약하다는 방증이다. 정치 능력이 미약한 이유는 서구에 비해 민주주의 역사가 짧은 탓도 있지만, 우리의 정치 시스템이 미약해서다.

지난 20여 년 동안 우리의 정치 개혁은 언제나 슬림화를 추구했다. 애초에 작게 만들어 문제를 만들지 않는 것이 낫다고 여긴 탓이다. 하지만 이제는 다이어트를 그만두고 정상 체격으로 만들어야 한다. 슬림화된 정치가 뒷북을 치면 국민이 가장 많은 피해를 본다.

다수의 방관자와 그룹 내 소수자들의 높은 책임감

국익에 조금 손해가 나더라도 국제사회와
인류의 문제에 적극 나서야 한다?

국익과 인류를 놓고 어떤 문제가 충돌하면 어떻게 해야 할까? 우리 공동체 문제가 아니더라도 손해를 무릅쓰고 다른 공동체의 문제를 적극 도와야 할까?

2015년 한국사회여론연구소는 '국익에 조금 손해가 나더라도 국제사회와 인류의 문제에 적극 나서야 한다'는 질문에 대한 동의 여부를 묻는 여론조사를 했다(전국 성인 남녀 유무선 50%씩 1,000명 전화 조사. RDD. 오차 범위 ±3.1%).

'동의한다'는 응답(66%)이 '동의하지 않는다'는 응답(26%)보다 압도적으로 높았다. 국제사회와 인류 문제에 적극 나서는 데 동의한다고 응답한 층은 서울 및 대전·충청 거주자, 40대와 60세 이상, 자영업자, 월 평균 가구 소득이 150만 원 미만, 진보층, 새누리당 지지자였다. 적극 나서는 데 동의하지 않는다고 응답한 층은 호남 거주자, 20대, 학생, 월 평균 가구 소득 300~450만 원, 중도층, 새정치민주연합(현재 더불어민주당) 지지자였다.

글로벌 대도시 서울, 독립운동가를 많이 배출한 대전·충청, 한국전쟁 당시 미군과 연합군에게 도움을 받은 60세 이상과 그들 자녀의 여론은 인지상정人之常情이다. 옳고 그름을 떠나 20대와 학생층이 국익을 우선시한다는 점이 조금 아쉽다.

꽤 흥미로운 결과도 나왔다. 대체로 사회적 가치나 현안 등에 대한 여론조사를 하면 진보층은 새정치민주연합(현재 더불어민주당) 지지자와, 보수층은 새누리당 지지자와 의견을 같이한다. 하지만 이번에 조금 다른 결과가 나왔다. 새정치민주연합(현재 더불어민주당)을 지지하는 보수층은 국익을, 새누리당을 지지하는 진보층은 국제사회와 인류의 문제를 우선시했다.

무엇이 이런 차이를 만드는가. 국익과 인류 문제 사이에서 벌어지는 충돌을 주요 쟁점으로 보는 사회적 분위기가 아직 형성되지 않은 이유도 있지만, 가장 큰 이유는 이런 견해를 지닌 합리적 보수층과 개혁적 진보층이 그들이 지지하는 정당의 주류가 아니라는 데 있다. 새정치민주연합(현재 더불어민주당)이 변화를 위해 지지자의 의견을 취합하고자 한다면 합리적 보수층의 의견을 귀담아들어야 한다. 새누리당도 그들을 지지하는 개혁적 진보층의 의견에 귀를 기울여야 한다.

다수 안에 소수는 언제나 책임감이 강하다. 방관자 수가 많으면 많을수록 책임감은 떨어진다. 시리아 난민 문제를 내내 방관하던 여러 유럽 국가들이 독일을 시작으로 국경을 열기 시작했다. 참 다행스러운 일이다. 난민 문제는 남의 나라 일만이 아니다. 북한에서 탈출해 우리나라에 정착한 새터민(북한 이탈 주민)들이 다시 제3국으로 떠나거나 자살을 택하는 경우가 느는 추세다. 국익을 위한 사회적 교환 작용이든 인류애를 기반으로 한 유전적 이타성의 발현이든, 사회는 새터민에게 관심을 기울이고 도움을 주어야 한다. 그래야 앞으로 더 많은 새터민이 우리나라를 찾아올 것이다.

2015년 9월 2일, 한 장의 사진으로 전 세계가 충격에 빠졌다. 사진 속에는 터키 보드룸Bodrum 해변 인근에서 엎드린 자세로 숨을 거둔 채 발견된 3살배기 난민 아기의 모습이 담겨 있었다. 아기의 주검을 모자이크 처리했으면 좋았을 것이라는 의견도 있지만, 만약 그랬다면 오히려 더 많은 방관자를 양산했을지 모른다. 때로는 현실을 직시할 때 소수에서 출발하는 책임감이 변화를 일으킨다.

높은 인센티브: 부담감 또는 집중력 저하 그리고 상실감

박근혜 대통령의 지지율 변화는?

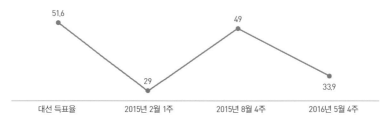

| 대선 득표율 | 2015년 2월 1주 | 2015년 8월 4주 | 2016년 5월 4주 |

51.6 / 29 / 49 / 33.9

2015년 8월, 갤럽 조사에서 박근혜 대통령의 국정 수행 지지도가 크게 올랐다. 박근혜 정부 들어 가장 큰 폭의 상승이다. 북한의 도발에 우리 정부가 보인 단호한 대응과 협상 결과가 지지도 상승을 뒷받침했다는 분석이 주를 이루었다. 대통령이 국정 수행을 잘하고 있다는 응답은 전 주에 비해 15% 상승한 49%로 나타났다.

이 결과는 2004년에 노무현 대통령(2003년 2월~2008월 2월)이 탄핵 정국과 총선에서 보인 지지율 상승 규모와 유사하다. 2000년에 김대중 대통령(1998년 2월~2003년 2월)이 남북 정상회담과 4대 부문 공공 개혁으로 지지율 상승을 견인한 당시에도 이와 비슷한 양상이 나타났다.

사람들의 관심은 이제 다음 단계로 넘어갔다. 대통령이 높은 지지율을 계속 유지할 수 있을까? 이번 지지율에 무언가 특별한 의미를 부여할 수 있을까? 이번 지지율 상승을 계기로 박근혜 대통령의 국정 운영 스타일이 바뀔까? 그럼 20대 총선에서는 어떤 결과가 나올까?

박근혜 대통령은 2012년에 51.6%의 득표율로 당선되었다. 2015년 8월, 국정 수행 지지율은 득표율과 비슷한 수치(49%)를 보였다. 2015년 8월, 국정 수행 지지율과 2015년 2월 첫째 주의 상황(당시 대통령의 국정 수행 지지율은 29%로 가장 낮은 성적을 기록)을 비교해보면 답이 나온다.

최저 지지율이 나온 시점에 비해 현재 국정 수행을 잘하고 있다는 응답이 20% 이상 상승한 계층은 인천·경기와 대전·충청 및 부산·울산·경남 거주자, 남성, 50대와 60세 이상, 자영업 및 블루칼라다. 같은 시점에 비해 더 많은 지지를 보낸 계층은 광주·전라 거주자, 50대와 60세 이상이다. 50대와 60세 이상이 박근혜 대통령의 지지도 상승에 큰 몫을 한 셈이다.

반면 2015년 8월 국정 지지율보다 지지율이 낮고 최저 지지율이 나왔을 때보다 현저히 낮은 지지를 표한 계층은 20대와 30대였다. 노동 개혁을 중심으로 한 4대 개혁과 북한 도발에 대한 정부의 대응에 50대와 60세 이상은 높은 점수를 주었지만 20대와 30대는 2015년 초와 비슷하거나 2012년 8월 국정 지지율보다 낮은 점수를 줬다. 지지층의 규모가 회복되었을 뿐 아니라 지지층의 변동도 없었다. 그렇다면 이들이 대통령을 지지하는 이유도 2012년과 같을까?

2012년 대선 당시 지지자들은 '신뢰감', '공약과 정책', '최초의 여성 대통령' 등을 이유로, 2015년 8월은 '대북·안보 정책', '주관과 소신이 뚜렷함', '노력함' 등을 이유로 박근혜 후보를 지지했다. 지지층은 바뀌지 않았는데 지지하는 이유가 바뀌었다. 바뀐 지지 이유가 일관성 있게 이어진 지지 이유보다 낮은 지지 강도를 보일 가능성이 생겼다.

집권 여당은 레임덕을 걱정해야 할 시점(우리나라 레임덕 현상은 임기 만료를 주로 1~2년 앞두고 발생한다)에 자신이 면접시험에서 통과한 이

박근혜 대통령 지지율 변화 비교 갤럽 조사

(단위: %)

		2012년 대선 당시 득표율	2015년 2월 첫째 주 지지율	2015년 8월 마지막 주 지지율
전체 지지율(득표율)		51.6	29	49
지역	서울	48	28	43
	인천·경기	51	25	48
	대전·충청	54	29	51
	광주·전라	11	21	33
	대구·경북	80	44	59
	부산·경남	61	32	58
성	남성	50	24	49
	여성	53	34	49
연령	20대	32	19	20
	30대	30	15	22
	40대	46	27	46
	50대	65	32	69
	60세 이상	77	50	80
직업	자영업	55	33	54
	블루컬러	55	24	56
	화이트컬러	35	18	35
	전업주부	60	44	61
	학생	31	21	21
생활 수준	상·중상	45	23	52
	중	51	28	46
	중하	45	24	46
	하	60	40	59

유와 다른 이유로, 자신이 통제할 수 없는 분야에서 뜻밖에 거둔 성과로 국민의 기대가 높지 않았던 분야의 성과로 인센티브를 받았다. 이 인센티브가 집권 여당에 과연 득이 될까 아니면 독이 될까?

대부분 자신의 기대치에 비해 높은 인센티브를 받게 되면 성과에 대한 압박도 함께 높아져 업무에 대한 집중력이 떨어진다. 그래서 높아진 기대에 비해 성과가 미비한 경우가 허다하다. 높은 인센티브가 오히려 상실감으로 연결되어 독이 되는 셈이다. 기업의 인센티브 제도도 이와 비슷한 문제를 안고 있다.

단기 지지율 등락과 2016년 결과 등의 단기 성과에 민감하게 접근하는 자세는 바람직하지 않다. 집중력 저하와 부담감에 따른 상실감에 빠질 수 있어서다.

이럴 때는 장기 성과에 초점을 맞춰야 한다. 박근혜 대통령이 어떤 스타일로 국정 운영을 하는가에 따라 새누리당이 4년마다 있는 총선과 5년마다 찾아오는 대선에서 인센티브를 받을 수도 있고 받지 못할 수도 있다. 그만큼 보수에 대한 기대치가 높아졌다.

2004년 총선에서 열린우리당은 153석이라는 역대 초유의 의석을 획득했다. 하지만 그들이 지지해준 국민 여론을 도외시하고 4대 개혁 입법 진행에만 매진하다 지지 세력을 잃었다. 결국, 열린우리당의 정당 지지도는 낮게 고착화되었다. 열린우리당의 사례를 타산지석으로 삼아야 할까?

2015년 여름, 박근혜 대통령에게 필요했던 것은 '우사인 볼트'가 아니라 '황영조'의 레이스 컨트롤일지도 모른다.

우리 기억은 도덕적일까?

우리의 기억은?

기억 은행에 예치되어 보관되는 경험의 정확한 결과물이 아니며 인출 시점에서 재구성된다.
— 데이비드 마이어스

2015년 메이저리그 워싱턴 내셔널스와 홈팀 신시내티 레즈와의 경기에서 황당한 사건이 벌어졌다. 7회 말 조이 보토Joseph Votto(신시내티 레즈 소속)가 3볼을 4볼로 착각하고 1루로 걸어간 것이다. 그러나 심판은 물론이고 관중석을 가득 메운 수만 명조차 그것이 4볼이 아니라 3볼이라는 걸 알아채지 못했다. 경기는 계속 이어졌고 보토가 속한 신시내티는 8 대 2로 승리를 거두었다.

이 사건에 대한 호사가들의 의견이 분분하지만, 이것을 '기억' 문제로 본다. 팬들은 조이 보토가 통산 볼넷 세 차례, 출루율 네 차례의 1위를 기록한다는 사실을 알고 있었다. 그 기억이 조이 보토와 관중 모두에게 무의식중에 각인되어 조이 보토는 조이 보토대로 3볼을 4볼로 착각했고, 관중은 관중대로 조이 보토가 그런 어처구니없는 실수를 할 것이라는 생각을 전혀 하지 않았던 것이 아닐까?

2015년 신경숙 작가가 표절 시비에 휘말렸다. 이 사건은 비단 신경숙 작가의 도덕적 문제뿐 아니라 문단 권력을 향한 비판으로까지 이어지며 날선 공방을 거듭했다.

　어느 조직이든 사람이 모이면 권력이 생기고 권력이 생기는 동시에 조직의 역기능적 문제가 따른다. 솔직히 이런 문제는 새로울 것이 없다. 그럼에도 문학이 다른 분야보다 순수한 분야라는 대중의 인식 탓에 큰 화제를 일으킨 듯하다.

　신경숙 작가를 옹호하려는 마음도, 무작정 비판하려는 의도도 없다. 그저 신경숙 작가 남긴 말이 귀에 맴돈다.

　"아무리 지난 기억을 뒤져봐도《우국》을 읽은 기억은 나지 않지만, 이제는 나도 내 기억을 믿을 수 없는 상황이 됐다."

　신경숙 작가의 발언에 반성과 진정성이 없다는 비판이 많다. 소극적이고 늦은 대응도 진정성을 의심받는 데 한몫했다.

　살다 보면 자신의 기억에 확신을 가지지 못할 때가 꽤 많다. 미국 호프 대학 사회심리학 교수 데이비드 마이어스David G. Myers는 다음같이 주장했다.

　"우리의 기억은 기억 은행에 예치되어 보관되는 경험의 정확한 결과물이 아니며 인출 시점에서 재구성된다."

　내 기억에는 분명 사실이 아닌데도 주변에서 계속 그렇다고 하면 한 번쯤 자신의 기억이 정말 맞는지 확인해보는 게 좋을 듯하다.

　기억에 관한 한 실험 결과도 흥미롭다. 실험 진행자는 참가자들에게 뛰고 걸려 넘어지고 뒹굴고 창문에 손이 끼는 등 가상 사건을 만들어 마치 참가자들의 어린 시절 기억인 것처럼 상상해보라고 요청했다. 그러자 4분의 1 이상의 참가자가 가상 사건을 자신에게 실제 일어난 사건으로 기억했다.

　유권자에게 응답을 구하는 여론조사에서도 비슷한 경우가 간혹 발생한다. 정치 조사를 할 때는 배경 질문을 한다. 1~2년 전 선거에서 어느 후보에게 투표했는지 묻는다. 그러면 이긴 후보나 언론 노출이 많은 후보에게 투표했다는 응답이 실제 해당 후보의 득표율보다 높게 나타난다.

표절 시비가 일어났을 때 신경숙 작가는 《우국》과 《전설》을 비교했고 정말 내가 그랬을 수도 있겠다는 생각이 들었다고 한다. 표절 의혹을 제기한 이응준 작가도 "표절을 판단하는 가장 강력한 기준은 작가의 양심!"이라고 했다.

신경숙 작가가 표절했을 수도 하지 않았을 수도 있다. 하지만 신경숙 작가의 변명에는 기억에 대한 솔직한 심정이 담겨 있다. 인간은 본능적으로 나쁜 일은 작게, 좋은 일은 크게 기억하고 싶어 한다. 자신이 분명히 그렇다고 판단한 사안을 뒤집는 반대 정보는 애써 외면하거나 찾지 않으려는 경향이 있다. 하지만 신경숙 작가는 그렇게 하지 않았다.

양심은 무엇에 기초해 확인할 수 있을까? 기억에 기초해 확인할 수밖에 없는데 이러한 종류의 기억은 무의식에 기초한다. 이 세상은 다양한 지식과 정보로 가득 차 있다. 수천 테라바이트의 빅데이터가 수시로 발생하고 미국 의회도서관의 자료 물량과 맞먹는 엄청난 데이터가 몇 시간꼴로 생성된다.

정보와 지식의 대홍수에서 문학은 무엇에 기초해 창작되는가. 기억 문제에 과연 도덕적 잣대를 댈 수 있는가.

'전체'를 '부분'으로 보는 실수

정부의 노동 개혁 방향에 대한 찬반 의견
(2015년 8월)

　여론조사 전문기관 리얼미터가 2015년 8월에 '정부의 노동 개혁 방향'에 대한 국민의 생각을 조사한 여론조사 결과를 발표했다. 찬성한다는 응답(46%)이 반대한다는 응답(33%)보다 13% 높게 나타났다. 잘 모르겠다는 응답은 21%였다. 잘 모르겠다는 응답 규모로 미루어 보건대 정부의 노동 개혁은 초기 단계를 지나 중간 단계의 여론화 과정을 거치는 과정인 듯하다.

　현대 사회에서 여론은 해당 이슈 및 주변의 수많은 정책과 관계를 맺으며 서로 영향을 주고받는다. 특히 노동 개혁은 IMF 사태 극복 이후 누적된 사회구조 개혁 실패와 마주하고 있다. 따라서 노동 개혁의 진동과 파동이 많은 정책에 적지 않은 영향을 미칠 것이다.

　박근혜 정부는 노동 개혁을 직렬 방식으로 추진하는 듯하다. 이는 정책에 힘을 집중시킬 수 있다는 장점이 있지만 한 번 실타래가 꼬이면 퇴로가 없는 방식이다.

노동 개혁은 노동 분야의 개혁 과제를 넘어서는 국가 전체 과제다. 그러나 이 과제를 맡은 고용노동부의 일 처리 방식은 기획재정부와 산업통상부 정책에 따른 '후속적인 대책'을 계획하고 집행하는 수준에만 머물러 있다. 고용노동부는 정책을 추진하는 부처가 아니라 대책으로 대응하는 부처다. 지식 자본을 핵심 역량으로 삼는 지식정보화 시대에 고용노동부가 '노동의 역할'과 '고용노동부의 역할' 사이의 격차를 좁히지 못하고 있다니 안타까운 노릇이다.

노동 개혁은 산업 국가에서 모든 것(all)이다. 노동 구조의 변화는 국가의 정책 방향과 국민 삶에 큰 영향을 미쳐서다. '2050 노동 & 산업구조 변동 대응 위원회'를 대통령 직속으로 두고 위원회 위원장을 책임 장관으로 삼아 연동되는 필요 정책과 예상되는 개혁의 외부 효과를 다발적으로 운영하고 관리해야 할지도 모른다.

노동시장 구조 개혁에 능동적으로 대처하고 국민 삶의 변화(생애 주기에 맞춘) 정부의 역할을 통합적으로 강화해야 한다. 중장기적으로 산업 수요와 노동 공급을 안정적으로 맞춰야 하기 때문이다.

외교부는 해외 이주 노동자의 증가 문제를, 고용노동부는 노동시장 구조 변화의 전체 설계와 일자리 약자에 대한 대책 강화를, 산업통상부는 산업계의 여론이 반영되지 않는 직업 훈련의 개선과 산업구조 변동의 중장기적 설계 및 노령화에 따른 중장기 고용 정책을, 교육부는 공교육과 연계되지 않는 직업 능력 개발 사업의 개선을, 보건복지부는 일자리 정책과 연계되지 않는 사회 안전망의 개선을, 기획재정부는 노동 개혁에 따른 중장기적 재정 수요를 예측하는 작업을 해야 한다.

지휘와 연주가 조화를 이뤄야 훌륭한 오케스트라가 탄생하듯 행정부 부처들이 합심해 조화를 이루어야 국가 정책을 효율적으로 진행할 수 있다. 그래야 효과가 극대화되고 문제점이 최소화된다.

정책 추진 과정에서 저지르는 대부분의 실수는 '부분'을 '전체'로 해석하는 경우다. 그러나 노동 개혁은 '전체'를 '부분'으로 착각해 생기는 실수다.

한 일과 하지 않은 일: 어떤 선택에 더 큰 후회를 할까?

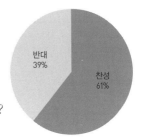

박근혜 대통령의 중국 전승절 열병식 참석 찬반 여부?
(2015년 9월)

2015년 9월, 중국 베이징시 톈안먼天安門 광장에서 '중국 인민 항일 전쟁 및 세계 반파시즘 전쟁 승리 70주년 기념 대회'가 열렸다. 2015년 8월, 북한의 DMZ 도발에 따른 남북 대치 상황을 평화롭게 해결할 수 있도록 중국이 막후에서 영향력을 발휘했다는 소문이 힘을 얻는 가운데 열리는 행사이기도 했다. 그래서 전승절 행사의 일환으로 추진되는 인민 해방군 열병식에 박근혜 대통령이 참석할지 초미의 관심사로 떠올랐다.

여론조사 전문기관 우리리서치는 '박근혜 대통령의 중국 전승절 열병식 참석 찬반 여부'를 인터넷 포털 사이트 '네이버'와 '다음'에 실린 기사와 블로그 등을 통해 소셜 여론을 분석했다. 결과는 참석에 찬성하는 여론이 61%, 반대하는 여론이 39%였다.

참석에 찬성하는 주요 이유는 다음과 같다. 실리 균형 및 자주 외교(21%), 북한 문제 및 통일에 중국의 역할이 필요(11%), 한미 관계 훼손 미비(8%), 중국의 부상에 따른 한중 우호 협력 강화의 필요성(6%), 미일동맹 견제(5%) 순이다.

부정 여론의 주요 이유는 이렇다. 한미동맹 훼손 우려(10%), 중국의 대외 전략에 이용당할 수 있음(8%), 한국전쟁 참전 국가(6%), 자유 진영 선진국을 무시하는 행사(5%) 순이다.

비교적 자세하고 꼼꼼한 이유로 찬성 여론과 반대 여론이 형성된 상태였다. 일국의 외교 정책을 국내 여론만 듣고 결정할 수는 없지만, 쉽사리 무시해서도 안 된다. 현명한 결정이 필요한 상황이다.

진정 현명한 결정은 후회할 일을 애초에 하지 않는 것이다. 그렇다면 어떤 결정을 해야 후회하지 않는가.

영희는 A사의 주식을 팔아 B사의 주식을 살까 고민하다 결국 사지 않았다. 그런데 곧바로 B사의 주가가 크게 올랐다. 반대로 철희는 B사의 주식을 팔아 A사의 주식을 샀는데 곧바로 B사의 주가가 크게 올랐다. 영희와 철희 중 누가 더 크게 후회할까?

사람들은 간혹 "내가 왜 그런 짓을 했지?"라며 자신이 저지른 행동을 후회한다. 하지만 '할까 하다가 하지 않은 일'을 떠올리며 더 크게 후회한다고 한다.

남녀 간의 연애도 이와 비슷하다. 사랑하는 여인과 헤어진 것보다 아예 교제할 기회 자체를 잡지 못한 것에 대한 후회가 더 크다.

박근혜 대통령의 중국 전승절 열병식 참석 여부에 따른 논란도 같은 맥락으로 이해할 수 있다. 박근혜 대통령은 2015년 9월에 중국을 방문해 전승절 기념식에 참가했다. 만약 대통령이 아예 중국 방문을 진행하지 않거나 전승절 기념식에는 참석하지만, 열병식에는 불참했다면 어땠을까? 단기적으로는 한미동맹을 훼손하지 않았으니 다행이라는 안도감이 들겠지만, 장기적으로는 후회할 결정이 될 가능성이 높다.

'중국 인민 항일 전쟁 및 세계 반파시즘 전쟁 승리 70주년 기념 대

박근혜 대통령 중국 전승절 열병식 참석 소셜 여론

긍정적: 실리·균형외교, 북한·통일 중국역할, 한중 우호
부정적: 한미동맹 훼손, 중국에 이용, 한국전쟁·분단 책임

(우리리서치 2015.8.28)

긍정 반응 61%	부정 반응 39%
북한문제 일본견제 통일 한미동맹견고 **실리·균형외교** 美日친밀견제 한중 우호 항일의미 북중관계대체	한국전쟁 중국비신뢰 후진국형 행사 **한미동맹 훼손** 사회주의 이용당함 자존심 위상 **동맹고립우려**

긍정 반응 61%	실리·균형·자주외교 필요	21%
	북한문제·통일 위해 중국 역할 중요	11%
	한미─한중관계 모두 중요(한미관계 훼손 미미)	8%
	한중 우호협력 강화 필요(중국 부상 등)	6%
	미일동맹 강화·미일 친밀화 견제	5%
	항일의 역사적·현재적 의미	5%
	극일·일본견제 중국과 협력	3%
	조중동맹 차단, 한중관계 진전 기회	2%
부정 반응 39%	한미동맹 중요(동맹훼손·균열·고립 우려)	10%
	중국 비신뢰, 중국 대외전략에 이용	8%
	한국전쟁참전·분단책임 국가	6%
	자유진영·선진국은 무시하는 행사	5%
	혈맹·영원한 우방인 미국이 중요	5%
	위상·자존심 등 대통령 참석 부적절한 행사	3%
	사회주의 승전행사	2%

회' 참석은 우리나라가 가치 외교와 북한에 미치는 중국의 영향력을 고려한 실리 외교를 동시에 실현할 수 있는 기회였다. 동북아의 정치 경제적 상황과 지도자의 성향이 일치하는 외교적 상황이었다. 이보다 더 좋은 조건의 외교 환경이 또 어디 있는가.

　미국의 세계 철학은 민주주의와 평화가 공존하는 인류이다. 비록 미국이 중국에게 호감이 많지는 않지만, 미국은 민주주의와 평화를 지키기 위해 중국은 물론 어느 나라와도 손을 잡을 수 있다. 따라서 우리나라가 중국과 협력 체계를 강화해 북한이라는 변수를 안정적으로 관리한다면 미국도 박근혜 대통령의 행보를 반대할 이유가 없다.

못하는 일을 잘하라고 다그칠 때 당신의 선택은?

대통령 직무평가 긍정과 부정의 이유?
(2015년 8월, 한국갤럽)

대통령 직무수행 긍정평가 이유. 상위 3개		대통령 직무수행 부정평가 이유. 상위 3개	
열심히 한다. 노력한다.	25%	소통미흡/너무 비공개/투명하지 않음	19%
외교/국제관계	11%	경제정책	11%
주관. 소신/여론에 끌려가지 않음	10%	국정운영이 원활하지 않음	10%

못하는 일을 잘하라고 다그치면 십중팔구 이런 반응이 나온다.

"삐뚤어질 테다!'

2015년 여름, 한국갤럽이 대통령 직무 수행 평가 결과를 발표했다. 긍정 평가가 33%, 부정 평가가 56%로 나타났다. 긍정 평가는 7월 첫째 주부터 줄곧 32~34%로 그래프가 거의 일직선이었다. 더운 여름 도시 전봇대에 늘어진 전깃줄처럼 보이기도 하고, 뜨거운 햇볕을 피해 나무그늘 아래 평상에 누운 사람이 꿈적도 하지 않는 모습 같기도 하다.

대통령이 일을 잘한다고 대답한 응답자의 의견은 다음과 같다. '열심히 한다, 노력한다'(25%), '외교·국제 관계'(11%), '주관, 소신 여론에 끌려다니지 않음'(10%)이 나왔다.

반대로 대통령이 일을 못한다고 대답한 응답자의 의견은 이렇다.

'소통 미흡·너무 비공개·투명하지 않음'(19%), '경제 정책'(11%), '국정 운영이 원활하지 않음'(10%)이 나왔다.

긍정 평가에 있는 '주관과 소신', 부정 평가에 있는 '소통 미흡'은 2013년 초 당선인 시절부터 박근혜 대통령을 따라다니는 꼬리표다. 이것은 국민이 단기적 또는 일시적으로 판단한 결론이 아니다. 대통령은 처음부터 그랬다.

누군가가 당신이 잘할 수 없는 일을 강요하며 잘하라고 다그친다면 기분이 어떤가.

대통령도 답답할 것이다. 대통령제의 폐해를 논할 때마다 '제왕적'이라는 수식어가 붙고 집권 3년 차 '레임덕'까지 생각하면 당시 상황이 참 억울했을 것이다. '불통 트라우마'가 생겼을지도 모른다.

극과 극은 통한다고 했다. 차라리 불통의 제왕적 대통령이 가장 잘할 수 있는 일을 찾아보는 것은 어떤가. 불통과 제왕적이라는 단점을 과단성 있는 결정 능력과 흔들림 없는 추진력으로 승화시키는 것도 좋겠다. '대통령 직할 국책 과제'를 선정해 대통령 직무의 효율성을 극대화하고 일반 정책은 국무총리와 내각에 맡기고 대통령은 대한민국의 명운이 달린 일에만 집중하는 건 또 어떨까?

대통령에게 3개의 조직을 설치할 것을 조심스레 제안해본다. 대통령 직할로 운영되는 '아시아평화위원회', '산업전략위원회', '재정혁신위원회'다.

아시아평화위원회 한반도의 분단은 우리나라 불행의 근원이자 우리나라 비전의 잠재 동력이다. 지금은 미국, 중국, 일본과 쌓아온 정치경제적 관계를 재정립할 시점이다. 대통령 직무 긍정 평가에도 '외교·

국제 관계'가 있지 않은가!

산업전략위원회 반도체, 자동차, 조선 등 중화학공업 육성 전략은 이미 30년 전에 세운 전략이다. 우리나라 주력 산업은 이미 중국 및 제3국가의 맹렬한 추격을 받고 있다. 따라서 산업구조 개편을 체계적으로 설계하고 차근차근 실행해야 한다. 이것은 대통령이 특별 담화로 밝힌 노동 개혁의 마지막 단계이거나 산업구조 개편의 일부분일 수도 있다.

재정혁신위원회 복지는 이제 진보의 의제도 보수의 의제도 아닌 보편적인 국가 과제가 되었다. 불과 15년 전만 해도 복지는 좌파 정책(심지어 진보도 아니다)으로 인식되었다. 이제는 달라졌다. '행정부의 재정 패러다임'을 바꿔야 한다. 국가 세입 관리체계를 개편하고 행정부 사업의 우선순위를 조정해 재정 혁신을 이루어야 한다. 이 또한 현재 추진하는 노동 개혁의 그림자를 최대한 줄일 수 있는 길이다.

노벨물리학상 수상자 리차드 파인만Richard Feynman 교수는 "현상은 복잡하다. 하지만 그중에 어떤 것을 버려야 할지 알게 되면 법칙은 단순해진다. 따라서 핵심을 잡으려면 버릴 줄을 알아야 한다"고 했다. 핵심에 잘 집중한다는 것은 잘 버린다는 말과 일맥상통한다.

가장 하고 싶은 일을 하자!

새해에 이루고 싶은 일?
(2016년)

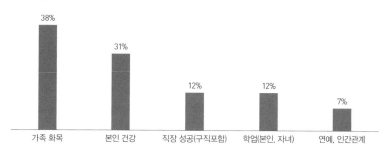

한국사회여론연구소는 설 명절을 앞두고 '2016년에 가장 하고 싶은 일'이 무엇인지 휴대전화와 집 전화로 여론조사를 실시(전국 성인 남녀 1,000명을 대상)했다. '가족의 화목에 좀 더 신경 쓰고 싶다'는 응답이 38%로 가장 높게 나타났다. 그 외로 '본인의 건강에 좀 더 신경 쓰고 싶다'(31%), '충실한 직장 생활 또는 구직 성공'(12%), '본인 또는 자녀의 학업 성취'(12%), '연애 또는 주변 관계를 좀 더 좋게 하기'(7%) 등의 응답이 나왔다.사람들이 한 해의 시작과 함께 새로운 다짐을 한다. 금연과 금주 등 자신의 단점을 보완하기 위한 다짐이 주를 이룬다. 비록 오래가지 못하더라도 다짐은 세울 만한 가치가 있다. 나 자신과 우리 사회에 긍정적인 영향을 미치니 말이다. 이 다짐을 1년 단위로만 하지 말고 한 달에 1번, 일주일에 1번씩 자주 해보자. 성공의 가능성이 한층 늘어날 것이다.

사람은 결심한 대로 생각하고 생각한 대로 믿는 경향이 있다. 힘들고 불행하다고 느낄수록 그 생각이 괴물로 변해 우리의 정신과 마음에 똬리를 튼다. 그러나 그것이 무조건 나쁜 것만은 아니다. 이 경향은 인간의 생물학적 한계를 극복하게 하는 원동력이 되기도 한다.

70대 어르신과 20대 청년의 기억력을 테스트해보자. 70대와 20대의 50% 정도가 기억력의 차이를 보인다. 한창나이 20대의 기억력이 70대보다 좋은 것은 당연하다. 그런데 기억력 차이가 거의 나지 않은 나머지 50%에 속한 그룹에서 흥미로운 사실이 나타났다. 해당 그룹에 속하는 70대는 스스로를 '젊다'고 인식하고 있다는 점이다. 삶의 주인인 내가 결심하고 생각한 대로 삶은 흘러가기 마련이다.

이 조사 결과가 설문 문항이 제시한 방향에 맞춰 나온 단순한 결과물일 수도 있다. 하지만 많은 사람이 가장 바라는 새해 소망이 '행복'임은 분명하다.

행복을 느끼는 요인은 크게 3가지다. 첫째, 목표 성취와 그에 따라 느끼는 보람. 둘째, 원활한 대인 관계. 셋째, 경제적 안정. 하지만 경제적 안정은 어느 정도 수준을 넘어서면 행복과 비례하지 않는다는 문제점이 있다. 부富가 2배로 늘어난다고 2배로 행복해지지 않는다. 오히려 행복이 줄어드는 경우가 허다하다.

목표 성취도 우리가 쉽게 느끼거나 얻을 수 있는 만족감이 아니다. 건강은 행복의 중요한 구성 요소지만 아프지 않으면 건강의 소중함을 잘 느끼지 못한다. 그럼에도 건강은 개인의 행복과 근본적으로 맞닿아 있다. 두 번째로 높은 응답률을 보인 것이 '건강'이다. 그렇다면 행복에 가장 큰 영향을 미치는 요인은 무엇인가. 바로 원활한 대인 관계다. 가족 및 주변과 맺는 좋은 관계는 행복에 직접 영향을 준다. 개인의 행복과 가족의 화목 중 어떤 것이 원인이고 결과인지 명확히 규정하기 어려울 수도 있다. 하지만 개인이 행복해야 가족의 화목을 이끌어낼 수 있고 가족이 화목해야 개인도 행복해진다. 분명한 사실은 개인의 행복과 가족의 화목이 깊은 관계를 맺고 있으며 적금 이자가 붙듯 서로 상승효과를 보인다는 점이다.

이때 주의할 점이 있다. 자신의 행복과 가정의 화목을 절대로 다른 이들과 '비교'해서는 안 된다. 타인과 비교하는 순간, 만족감은 떨어질 수밖에 없다.

나만의 방식으로 행복하기, 우리 가족의 스타일로 화목하기. 이것이 행복과 화목의 노하우다.

03

개인적 특성과 선택

이재용 부회장의 리더십 스타일은?

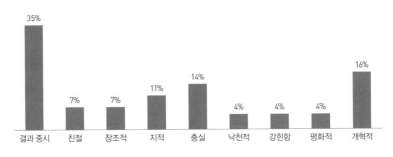

삼성그룹 이재용 부회장은 정체성 이미지는?
(2015년)

- 결과 중시: 35%
- 친절: 7%
- 창조적: 7%
- 지적: 11%
- 충실: 14%
- 낙천적: 4%
- 강인함: 4%
- 평화적: 4%
- 개혁적: 16%

해마다 국정감사 시즌이 되면 대기업은 깊은 고민에 빠진다. 그룹을 책임지는 오너가 국정감사 증인으로 채택되었다면 더욱 그렇다. 2015년 국정감사에서는 삼성그룹 이재용 부회장의 증인 출석 여부가 초미의 관심사로 떠올랐다. 메르스 사태 당시 미온적으로 대응했다는 지적을 받은 삼성병원, 삼성물산과 제일모직의 합병 등 국감의 이슈가 될 사안이 많은 그룹의 오너여서다.

대기업 오너는 성향에 따라 CEO(대리인 성격을 갖는 최고 경영자)는 상황에 따라 기업을 경영한다. 이 경향은 위기관리 과정에서 뚜렷하게 드러난다. 대리인과 오너의 포지션 차이가 의사결정의 차이로 나타나기 때문이다.

삼성그룹 입장에서는 국정감사 증인 출석 명단에 '이재용'이라는 이름이 올라간 것만으로도 이미 비상사태였을 것이다. 국정감사에 출석하면 분명 조롱을 받게 되고 불출석하면 여론의 비난을 피하기 어렵다. 그룹 입장에서는 골치 아픈 사안이 아닐 수 없다.

한국사회여론연구소는 이재용 부회장의 '정체성 이미지'를 묻는 여론조사를 했다(전국 성인 남녀 유무선 50%씩 1,000명 전화 조사. RDD. 오차 범위 ±3.1%). 기업가의 정체성 이미지는 PI(President Identity)라고도 한다. 오너 또는 CEO의 PI는 기업의 가치와 연관성이 높다. 최근 대기업 오너와 CEO가 트위터나 페이스북을 직접 운영하며 대중과 소통하는 이유도 같은 맥락이다.

이번 조사는 '애니어그램'(자기 성찰 프로그램 또는 인재 발굴 및 육성 등에 활용하는 테스트 방법)을 활용했다. 애니어그램은 인간을 가슴형, 장형, 머리형으로 나눈 다음 3가지 힘의 중심과 그에 따른 9가지 하부 유형을 나누어 분석하는 방법이다.

'애니어그램'을 활용한 이재용 부회장의 정체성 이미지 조사 결과는 이렇다.

이재용 부회장에 대해 '친절하다'는 응답이 7%, '결과를 중시한다'는 응답이 35%, '창조적이다'는 응답은 7%가 나왔다. 가슴형에 속하는 응답으로 총 49%다.

'지적이다'는 응답은 11%, '충실하다'는 응답은 14%, '낙천적이다'는 응답은 4% 나왔다. 머리형에 속하는 응답으로 총 28%다.

마지막으로 '강인하다'는 응답은 4%, '평화적이다'는 응답은 4%, '개혁적이다'는 응답은 16%가 나왔다. 장형에 속하는 응답이며 23%로 수치가 가장 낮았다.

위 조사를 토대로 분석한 이재용 부회장의 '정체성 이미지'는 전체적인 힘의 중심이 가슴(심장)에 있고 결과를 중시하며 개혁적이고 충실한 유형이다.

그렇다면 이재용 부회장은 어떤 유형의 리더일까?

기본적으로 이재용 부회장은 환경에 적응하는 능력이 뛰어나고 활발하며 실용적이고 낙관적이며 목표 지향적이다. 하지만 때로는 무정하고 허영에 빠져 다른 사람들이 나를 어떻게 볼까 두려워하는 편으로 예측된다. 일중독에 인기를 갈구하고 사회적 지위에 대한 욕구도 강하다.

다음 같은 요인들을 고려한다면 이재용 부회장은 성장할 수 있다. 난관에 봉착했을 때 현실을 직시하는 훈련을 해야 한다. 협동심도 키우는 것이 좋겠다. 반면 자신감을 잃고 비효율적이 되거나 노력은 하는 데 목적을 잃게 되는 상황에 부딪히면 장점보다 단점이 더 부각될 수 있다. 이럴 때는 천천히 보고 듣고 걷는 여유로움을 가질 것을 (일과 생활 모두) 권한다.

이재용 부회장은 내면에 아직 형성되지 않은 자아가 엿보인다. 내면에 존재하는 에너지인 '친절함'과 '창조성'에서 뚜렷한 성장세가 보이지 않는다. 물론 어느 한쪽만 선택할 필요는 없다. 기업 경영 과정에서 둘 다 균형 있게 구축할 수 있어서다. 계발되지 않은 사실 자체보다 계발 방향을 결정하는 것이 더 중요하다. 그 순간 성장의 여정이 시작된다.

결과를 중시하는 사람은 동물에 비유하자면 독수리와 같다. 일반적으로 새는 아래를 내려다보는데 독수리는 태양을 바라보는 유일한 새다. 상승 욕구와 성장 요구가 그만큼 강하다는 의미다. 하늘의 제왕인 만큼 큰 책임도 뒤따른다.

2015년 국정감사에 이재용 부회장이 증인으로 출석했다면 어땠을까? 분명히 긍정적인 효과를 거두었을 것이다. 이유는 크게 3가지다.

첫째, 타이밍이다. 삼성그룹은 창업부터 2015년 8월 삼성물산과 제일모직을 합병하기까지 국민의 도움으로 성장했다. 따라서 이재용 부회장은 국민을 대표하는 국회에 직접 나와 성실한 자세를 보여야 했다. 국민에게 존경과 감사의 마음을 전할 좋은 기회였다. 타이밍을 놓치면 반감을 살 가능성이 높다.

둘째, PI로 분석해본 이재용 부회장은 개혁적이고 충실하며 낙관적이고 활발하다. 우리나라 대기업 1세대는 대부분 장형이며 소수만 머리형이다. 주어진 사회적 환경도 다르다. 과거와 단절은 새 출발의 중요한 동기가 된다. 이재용 부회장이 스스로에게 국정감사 출석 여부를 질문할 기회가 있었다면 '출석'이라는 결정을 내릴 가능성도 있지 않았을까? 머리형에 가까운 이재용 부회장이지만 가끔 가슴(심장)이 하자는 대로 따르는 것도 좋지 않은가.

셋째, 우리 국민은 이재용 부회장처럼 가슴형이 많다. 같은 조사에서 응답자의 42%가 가슴형, 30%가 장형, 29%가 머리형이라는 결과가 나왔다. 우리는 예로부터 풍류를 즐기고 문화를 중시했다. 변화에 민감하고 창조적이다. 사랑을 주제로 한 드라마가 흥행하는 이유도 같은 맥락이다. 우리 국민은 반전과 스토리를 좋아한다. 이러한 국민의 기대에 부응하는 것도 나쁘지 않다.

법적 논리적 측면에서 보자면 이재용 부회장이 굳이 증인으로 출석하지 않아도 큰 문제가 없다. 하지만 지금까지 대기업 총수들이 보여주지 못한 새 모습으로 국정감사 증인 출석 문제에 접근했으면 어땠을까 하는 아쉬움이 남는다.

스타트 업 삼성,
스마트 삼성을 위한 3가지 제언

이재용 부회장이 삼성그룹을 이어받는 것에 대해
어떻게 생각하나? (2015년 11월)

2015년 5월, 많은 기대와 우려 속에 삼성물산과 제일모직이 합병에 성공했다. 이제 세간의 시선은 합병된 삼성물산의 행보에 쏠리고 있다. 글로벌 대기업으로 성장한 삼성그룹이 무엇을 결정하고 발표할지에 따라 국가의 미래와 삼성을 바라보는 국민의 시각이 변화할 가능성이 높다. 물론 시류에 편승하는 것은 좋은 방법이 아니다. 잠시 편할 수는 있지만, 장기적으로 보면 손해다. 삼성그룹은 자기 정체성을 분명히 하고 인류와 공존하는 기업적 사명에 충실해야 한다.

국민은 이 영리한 기업의 새로운 시작을 어떻게 생각하는가. 한국사회여론연구소는 삼성에 대한 국민의 생각을 물었다(20015년 11월 9~10일. 전국 성인 남녀 1,000명 유무선 전화 조사).

우선 과제: 주주 권익 vs. 사회 공헌

첫 번째 질문 '삼성물산이 합병한 직후 결정한 주주 보호와 사회 기여 가운데 무엇부터 시행하는 것이 좋을지'를 물었다. '소액주주 등 손해를 입은 주주의 권익을 보호가 먼저'라는 응답(14%)보다 '통합 과정에서 빚진 사회에 기여하는 것이 먼저'라는 응답(62%)이 압도적으로 높았다. '잘 모르겠다'는 응답도 23%였다. 삼성그룹의 본향인 대구, 우리나라 경제의 허리를 담당하는 40대, 국내에서 소액주주로 상당 부분 참여하는 '전문직'과 '사무직'도 사회적 기여가 먼저라고 응답했다. 합병 과정에서 보여준 국민연금의 결정적 역할도 이러한 여론 형성에 한몫한 것으로 보인다.

1970년부터 삼성그룹의 성장 과정으로 볼 때 삼성의 최대 주주가 국민이고 소비자라는 데 이견을 달 사람은 거의 없다. 삼성그룹이 또 다른 변곡점에 섰을 때 주주는 이익을, 국민은 삼성그룹을 걱정할 것이다. 주주의 요구가 부당하다거나 국민이 공정한 시장경제에 관심이 없다는 뜻이 아니다. 그만큼 통합적 사고가 필요하다는 말이다.

캐나다 토론토 대학의 로저 마틴Roger Martin 교수는 "이제 주주 자본주의를 폐기하고 제3의 시대인 소비자 자본주의 시대로 나아갈 때"라고 했다. 단기 이익 중심의 불가피한 기업 경영이 미래를 위한 투자에 방해되어 기업을 위기에 빠뜨린다는 주장이다. 이번 기회에 삼성의 경영 철학과 인류 공존의 철학이 서로 다르지 않음을 천명해보면 어떨까?

사회 공헌: 순수하게 vs. 기업답게

두 번째 질문 '합병한 삼성물산이 어떤 형태의 사회적 기여를 하면 좋을지' 물었다. '시민 단체 및 지역사회를 순수하게 지원하거나 장학금을 출연하는 방식'이라는 응답이 22%인 데 반해 '기업답게 일자리를 만들고 벤처 창업을 지원하는 방식'이라는 응답이 78%로 압도적으로 높았다. 서울과 대구·경북에 거주하는 국민과 대학생 응답층에서 주로 '일자리 창출 및 벤처 창업 지원'을 꼽았다. 심지어 정치적 진보층에서도 2배 이상 큰 차이로 기업답게 사회적 기여를 해야 한다고 응답했다. 마케팅의 대가 피터 드러커Peter F. Drucker는 "정부는 통치하고 기업은 혁신하며 사회는 정부와 기업의 지지를 바탕으로 발전한다"고 했다. 기업의 초창기 사회적 기여는 단순히 '지원' 중심이었다. 최근에는 지역사회 및 해당 산업 분야에 관련해 '관계'를 맺는 방식으로 변모하고 있다. 하지만 이런 방식의 사회적 기여는 예기치 못한 문제점을 낳는다. 비영리 목적으로 운영하니 비영리적인 성과를 내야 한다는 잠재 오류가 비효율적 성과 관리로 이어지는 것이다.

차세대 기업의 사회적 기여는 '혁신을 유도하는 방식'으로 전환이 절실하다. 물론 사회 전반에 혁신을 불어넣어야 한다. 기업답게 CSR!

경영 능력: 현실 감각 vs. 문제의식

마지막 질문 '삼성전자 이재용 부회장이 그룹을 이어받는 것에 대해 어떻게 생각하는지'를 물었다. '경영 능력이 있으니 당연하다'는 응답이 44%로 가장 높았다. 그다음으로 '능력이 검증되지 않았다'(20%), '부자지간 기업 승계는 안 된다'(19%), '이건희 회장의 아들이므로 당연하다'(18%)는 순으로 나타났다. 주주 권익보다는 사회기여가 시급하고, 단순한 지원보다는 혁신형 CSR(Corporate Social Responsibility: 기업의 사회적 책임)이 필요하다고 응답한 국민도 경영능력을 가장 높게 꼽았다. 2015년 6월에 실시한 같은 조사에서 경영능력을 꼽았던 규모(30%)보다 14% 증가했다. 삼성물산의 무난한 합병과 메르스 사태 당시 삼성병원의 미흡한 조치에 대해 신속히 행한 대국민 공식 사과 등이 조사 결과에 영향을 미친 것으로 보인다.

리더의 조건에서 능력과 품성은 떼어놓을 수 없는 조합이다. 김대중 전 대통령이 남긴 명언이 있다. "정치인에게는 상인의 현실 감각과 선비의 문제의식이 필요하다."

이 말은 기업 리더에게도 통용된다. 기업이 새로운 사업을 창출할 때도 경영할 때도 사회에 기여하는 방식을 고민할 때도 무엇이 옳고 그른지 실현이 가능한지 불가능한지를 가늠하는 선비의 문제의식과 상인의 현실 감각을 반드시 갖춰야 한다.

박근혜, 김무성, 문재인: 무엇이 이들의 판단과 행동을 결정할까?

박근혜·김무성·문재인 애니어그램

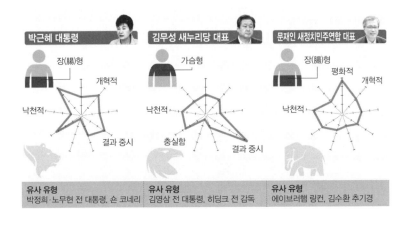

2015년 8월, 박근혜 대통령은 전승절 열병식 참석에 대한 찬반 논쟁을 뒤로한 채 중국을 방문했다. 문재인 의원은 재신임 여부를 놓고 당내 갈등이 극에 달했지만 이내 거취 논란을 잠재웠다. 김무성 대표는 총선 후보 공천 방식을 놓고 청와대와 실랑이를 벌였다. 무엇이 이들의 판단과 행동을 결정하는가.

단지 주어진 상황에 의존해 판단하고 행동하는 데는 한계가 있다. 그렇다고 객관적인 상황을 무시할 수도 없다. 상황에 대처하는 리더의 성향이 신의 한 수 또는 패착이 된다.

20대 총선 예비 후보자 등록이 시작됐다. 동네마다 선거철이 다가 왔다는 것을 느낄 수 있는 징후들이 곳곳에 감지된다. 지역구 후보들 이 제아무리 열심히 뛴들 '지상전'만으로는 어렵없다. 공중전을 병행 해야 승기를 잡을 수 있다. 각 당의 공중전을 지휘할 박근혜 대통령과 김무성 대표 그리고 문재인 의원의 성향에 따라 싸움의 양상이 달라 지고 승패가 갈릴 수 있다.

세 사람의 성향을 알아보기 위해 '애니어그램'을 활용해 여론조사 를 실시했다(9월 셋째 주, 전국 성인 남녀 800명을 대상으로 전화 조사).

앞서 언급했지만 '애니어그램'은 글로벌 대기업에서 인재 등용 및 관리를 위한 프로그램으로도 활용한다. '3개의 자아', 그 아래 존재하 는 '9가지 유형', 해당 유형의 '날개'와 '화살표 방향' 등의 추가적 개념 등으로 심층적 성향 분석을 할 수 있다.

복잡한 개념을 일일이 설명하기보다는 조사한 데이터에 세 사람의 스토리와 사례를 입혀 쉽고 재미있게 풀어볼 것이다.

조사 결과에 대한 의문점이 하나 있다. 조사 결과가 과연 세 사람의 실제 정체성과 일치한다고 볼 수 있는가다. 본인들이 답한 조사결과도 아닌데 말이다. 이 의문에 실마리를 제시하는 적절한 예가 있다. 영국 의 과학자 프랜시스 골턴Francis Galton은 소의 겉모습만 본 실험 참가자 800명에게 소의 무게를 쪽지에 적어내도록 하는 실험을 했다. 결과 는 놀라웠다. 실제 소의 무게는 1,200파운드다. 800명의 응답자가 적 어낸 무게의 평균값은 1,199파운드다. 이번 조사 결과도 '집단 지성'에 맡겨본다.

박근혜 대통령부터 살펴보자. 박근혜 대통령의 리더십 스타일은 전통적 성향이 짙다. 강인하며 안전을 추구하는 스타일이다. 그래서 고집이 세고 의심도 많다. 본능적으로 독립심이 강하고 통제받기를 꺼린다. 박정희 대통령과 노무현 대통령 그리고 386세대 운동권이 이 유형에 속한다. 영화 〈007〉 주인공 '제임스 본드' 역을 맡은 숀 코네리Sean Connery, 〈에어리언Alien〉 시리즈의 시고니 위버Sigourney Weaver와 비슷하며, 동물에 비유하면 '곰'에 가깝다. 특히 '분노' 감정 관리를 잘해야 하는 유형이다.

최근 가장 의미 있는 박근혜 대통령의 국정 수행 성과는 '북한 도발에 대한 대응'이다. 박근혜 대통령은 대범하고 침착하며 인내심이 강하다. 박근혜 대통령이 평상시에도 자신의 강점을 잘 드러내고 싶다면 좀 더 쾌활하고 열정적인 모습을 보여줘야 한다. 박근혜 대통령은 헌신하는 조력자(이타적이고 관대하며 남을 잘 돕는 사람)를 곁에 두는 것이 좋다. 반기문 유엔사무총장은 앞서 말한 조력자에 가까운 유형인 듯하다. 반대로 이념적이고 기민하며 지각이 뛰어난 사람과 상극이니 곁에는 두뇌 적당히 거리를 두는 편이 좋다. 그런 사람도 수용해야 성장할 수 있다. 유승민 전 원내대표의 낙마가 적절한 예다. 박근혜 대통령에게는 유승민 전 원내대표와 비슷한 스타일의 사람이 있어야 한다. 불가근불가원이다.

박근혜 대통령의 성향 조사에 참여한 주요 응답자는 서울 및 광주·전라, 60세 이상, 블루컬러다. 특히 대전·충청 거주자 상당수는 박근혜 대통령의 리더십 스타일을 '따뜻한 마음'에서 찾고 있었다.

김무성 대표는 어떨까? 김무성 대표는 박근혜 대통령과 사뭇 다른 스타일이다. 한 번 손댄 일에는 반드시 성과를 내야 직성이 풀린다. 그렇다고 고지식한 성격은 아니며 실용적이다. 자신의 대중적 이미지를 관리할 줄 안다. 그만큼 지위를 향한 욕구도 강하다. 힘이 좋고 자신감이 넘친다. 낙천적이며 목표 지향적이다. 김영삼 대통령, 영화 〈펄프 픽션Pulp Fiction〉의 '빈센트 베가' 역을 맡은 영화배우 존 트라볼타John Travolta, 엘비스 프레슬리Elvis Presley가 이 유형에 가깝다. 동물에 비유하면 '독수리'와 비슷하다. 때로는 허영을 부리고, 가끔은 무정한 태도도 보여 주변 사람들을 당황하게 한다. 감추고 관리해야 하는 감정은 '수치심'이다. 사위 문제가 언론에 불거졌을 때 내색하지는 않았지만, 마음고생이 심했을 듯하다. 이 사건이 누구의 패착으로 연결될지 지금으로서는 알 수 없다.

2005년 김무성 대표는 당시 새누리당 박근혜 대표의 부름을 받아 사무총장직을 수락했다. 김무성 대표는 박근혜 대표를 '동지'로 여겼지만, 박 대통령은 김무성 대표를 '심복'으로 여긴 듯하다. 지금은 총선 공천권을 두고 청와대와 다투는 모양새지만, 현실 감각이 뛰어난 김무성 대표가 갈등을 해소할 대안을 제시할 가능성이 높다. 박근혜 대통령이 이미 선을 그어놓은 상태가 아니라면 말이다.

김무성 대표는 남을 잘 돕는 성품과 다분히 창조적인 개성을 지녔다. 이런 강점을 대중에게 어필하고 싶다면 김무성 대표는 좀 더 튼튼한 논리와 가치, 배려로 무장해야 한다.

김무성 대표는 아이디어를 잘 내고 꼼꼼히 일을 추진하는 사람을 곁에 두는 것이 좋다. 반대로 '물에 물 탄 듯 술에 술 탄 듯'하는 사람과는 상극이다.

김무성 대표의 성향 조사에 참여한 주요 응답자는 고향인 부산·

울산·경남 거주자, 상대적으로 지지도가 낮은 20대와 30대, 광주·전라 거주자, 전문직 종사자와 학생, 중산층이다. 박 대통령의 고향인 대구·경북 거주자들은 김무성 대표를 '머리가 똑똑해서 꾀를 잘 내는 사람'으로 인식하는 듯하다.

마지막으로 문재인 의원이다. 문재인 의원은 박근혜 대통령과 스타일이 비슷하면서도 조금 다르다. 문재인 의원은 온순해 보이지만 냉정하고 솔직하다. 하지만 결정을 과감히 내리지 못하는 경우가 간혹 있어 허무주의적으로 보이기 쉽다. 장기전에서 지치면 특히 그렇다. 미국 대통령 에이브러햄 링컨Abraham Lincoln, 영화 〈스타워즈Star Wars〉의 감독 조지 루카스George Lucas, 고 김수환 추기경이 이 유형에 가깝다. 동물에 비유하면 '코끼리'다. 코끼리는 평소에는 유순하지만 일단 화가 나면 물불을 가리지 않는다. 이럴 때는 아군이라도 유탄을 맞을 수 있으니 조심해야 한다. 잘 감추고 관리해야 하는 감정은 '분노'다. 박근혜 대통령과 같다.

문재인 의원은 물줄기를 바꾸기보다 흐름에 잘 따른다. 2012년 대선과 2015년 당 대표 출마 결심도 자신의 의지보다 주변 권유가 더 크게 작용한 것으로 보인다. 그렇다고 1번 결정한 사안을 후회하는 법도 없다. 실리보다 명분을 쫓는 스타일로 개혁성이 강하다. 개혁성보다 통합과 조화를 훨씬 더 중시한다. 낯가림이 조금 있어 사귀는 데 시간이 걸리기는 해도 한 번 친분이 생기면 오래 두고 사귀는 스타일이다.

문재인 의원이 자신의 강점을 잘 활용하려면 좀 더 부지런해져야 한다. 한 번 꽂힌 사안에서 잘 헤어나지 못하는 성격도 고쳐야 한다.

문재인 의원은 김무성 대표처럼 성과를 내고 효율을 중시하는 참모를 곁에 두는 것이 좋을 듯하다. 그래야 궁합도 잘 맞고 일에 권한도 확실히 이양할 수 있다.

문재인 의원의 성향 조사에 참여한 주요 응답자는 서울 및 대전·충청, 30대, 자영업자, 고소득자, 진보층이다. 고향인 부산·울산·경남과 세대 갈등선인 40대 및 보수층에서는 문재인 의원을 '똑똑한 변호사'로 인식했다.

경쟁 구도지만 때로는 협력도 해야 하는 이 세 사람의 궁합은 과연 어떤가. 누가 창이고 누가 방패인가. 현재 권력인 곰(박근혜 대통령)과 미래 권력인 독수리(김무성 대표)가 싸우면 누가 이길까? 협력한다면 어떤 형태일까?

곰과 독수리는 싸움을 피해야 한다. 승패에 상관없이 둘 다 심한 부상을 입을 것이 분명하다. 어차피 함께 일해야 한다면 서로의 역할을 명확히 나누었으면 한다. 같은 업무 안에서 역할을 나누는 방식은 소모적일 수 있다.

김무성 대표가 작은 성과에 연연하지 않고 문재인 의원이 균형과 조화를 유지한다면 두 사람의 정치적 협상은 국민의 이목을 끌기에 충분하다. 각자 가지고 가려는 빵이 다르니 경쟁도 어느 선까지는 윈-윈win-win할 수 있다.

박근혜 대통령의 강점(강인함)이 문 대표의 약점(나약함)이고 문 대표의 강점(소통과 낙천성)이 박 대통령의 약점(고집과 의구심)이다. 이 세 사람이 경쟁한다면 '어게인 2012'가 불가피해 보인다. 누가 먼저 국민의 신뢰와 정책 이슈를 업그레이드하느냐에 승패가 달렸다.

스타일에는 좋고 나쁨이 없다. 그 자체로 받아들이면 된다. 자신이 어떤 스타일이며 강점과 약점이 무엇인지를 이해하는 자체가 중요하다. '애니어그램'은 성찰적 심리학이다. 정치 리더가 스스로를 성찰하면 행복해진다. 정치 리더가 행복하면 나라도 국민도 행복해진다.

당신은 진료 차트와 환자 중
어디에 관심이 많은 의사인가

정치인 상관계수

문재인과 박원순:	−0.754(상관성 높음)
문재인과 박근혜:	−0.482(상관성 있음)

2015년 5월, 메르스 사태가 일어난 지 며칠 뒤 박원순 서울시장이 긴급 기자회견을 열어 정부의 메르스 대응에 반기를 들었다. 서울시는 독자적으로 메르스 정보를 수집 및 공개하고 대응했다.

당시 박원순 서울시장은 원내 제1당의 김무성 대표와 원내 제2당의 문재인 의원(당시 당 대표)을 따돌리고 갤럽과 리얼미터의 대선 후보 선호도 조사에서 1위를 차지했다.

박원순 서울시장에게는 3가지 공적 지위가 있다. 정치인으로서 박원순, 단체장으로서 박원순, 리더로서 박원순이다. 그중 어떤 지위가 국민의 마음을 움직였는가.

정치인으로서 박원순을 살펴보자. 정치인은 상대성이 중요하다. 박원순 서울시장의 지지율과 다른 대선 후보들의 지지율을 비교하기 위해 통계 프로그램을 활용해 상관관계 분석을 해보았다. 가장 강력한 상관관계를 보인 정치인은 문재인 의원이다. 상관계수 값이 무려

-0.754(상관성이 높음)다. 상관계수 값이 마이너스로 나온다는 것은 이들이 경쟁 관계라는 의미다. 문재인 의원과 박근혜 대통령의 상관계수 값은 -0.482(상관성이 있음)다. 이 수치만 봐도 박원순 서울시장과 문재인 의원의 경쟁이 얼마나 치열한지 알 수 있다.

문재인 의원의 지지율이 올라가면 박원순 서울시장의 지지율이 내려간다. 반면 박원순 서울시장의 지지율이 올라가면 문재인 의원의 지지율이 내려간다.

2015년 9월 중순, 새정치민주연합(현재 더불어민주당) 박영선 원내대표와 문재인 의원이 비대위원장 외부 인사 영입을 두고 진실 공방을 벌였다. 이후 문재인 의원의 지지율은 13%로 내려갔고 박원순 서울시장의 지지율은 22%까지 올라갔다.

2015년 2월 중순, 문재인 의원이 새정치민주연합(현재 더불어민주당) 당 대표가 된 뒤 지지율이 25%까지 올라갔지만, 박원순 서울시장의 지지율은 11%까지 내려갔다. 박원순 서울시장의 정치적 지위는 과거형이며 주로 반사이익으로 얻었다.

이번에는 단체장으로서 박원순을 살펴보자. 단체장은 안정감이 중요하다. 박원순 서울시장은 단체장으로 제도권에 입문했다. 여의도 정치와 비교적 거리가 있어 노출 빈도가 적은 지방자치단체장들에게는 안정감을 통해 지지층을 유지하는 것이 중요하다. 박원순 서울시장의 지지율을 받치는 계층은 야권의 핵심 지지층이다. 서울과 호남 거주자, 남성, 30~40대 사무직 종사자가 주를 이룬다. 2015년 2월 중순에 조사한 11%의 낮은 지지율과 현재 17%의 높은 지지율 모두 지지층이 바뀌지 않았다. 규모만 늘었을 뿐이다. 단체장 지위는 현재형으로 지지율 상승보다 지지율을 유지하는 데 더 필요하다.

리더로서 박원순은 어떤가. 리더는 개혁성이 중요하다. 박원순 서울시장이 한 차원 높이 성장하려면 안정 속에 변화를 꾀하는 경기·인천 거주자, 50대 자영업 종사자들에게 희망의 메시지를 주어야 한다. 실제로 이들은 박원순 서울시장의 인기가 최고점에 있을 때 잠시 박원순 시장의 지지율을 떠받친 계층이다. 박원순 시장의 지지층은 시대 담론이나 바람에 기댄 개혁보다 삶의 질을 높이는 데 도움이 되는 개혁과 개혁의 성과를 원한다. 따라서 박원순 서울시장의 리더로서 지위는 아직 미래형이다.

많은 국민이 메르스 사태를 불안해하며 정부 대응에 불만을 토로했다. 박근혜 대통령과 박원순 서울시장이 메르스에 대응하는 방식에 큰 차이가 있다. 바로 소통 방식이다.

박근혜 대통령은 환자 앞에서 진료 차트만 바라보며 진찰 결과와 처방전에 쓰인 글을 있는 그대로 읽는 의사지만, 박원순 서울시장은 환자와 눈을 보며 환자가 어떤 상태에 놓여 있고 앞으로 어떤 치료가 진행될 것인지 설명해주는 의사다. 병리학에 관심이 많은 의사와 환자에게 관심이 많은 의사, 여러분은 둘 중 어떤 의사에게 진료를 받겠는가.

박원순, 남경필, 안희정, 원희룡: 4인의 정치심리학

1위	안희정
2위	남경필
3위	안철수
4위	원희룡
5위	유승민

〈시사저널〉 '차세대 리더 100인'
(2015년)

넥센 히어로스의 박병호(홈런 53개), NC 다이노스의 테임즈(타율 0.381), 기아 타이거즈의 양현종(평균자책점 2.44), 2015년은 이 세 선수가 그라운드를 지배했다. 2016년 시즌에는 어떤 선수가 퓨처스 팀(2군)에서 발군의 실력을 발휘하며 새롭게 등장할지 궁금하다.

그렇다면 정치는 어떤가. 박근혜 대통령, 김무성 새누리당 대표, 문재인 새정치민주연합(현재 더불어민주당) 대표, 이 세 사람의 말과 행동은 정치면에 실리는 사건들과 인과관계 및 상관관계를 맺는다. 그만큼 세 사람의 지배력은 타의 추종을 불허한다.

우리나라 정치는 2016년 국회의원 선거를 시작으로 2017년 대통령 선거, 2018년 시도지사 선거라는 한국시리즈 3연전에 돌입했다. 이 3연전을 통해 대한민국은 새로운 변화를 맞이할 것이고 각 팀(정당)은 3연전의 승리를 위해 주전 선수를 보강해야 한다. 그렇다면 각 팀의 주전 선수로 누구를 꼽을 것인가.

〈시사저널〉은 매년 1번 '차세대 리더 100인'을 발표한다. 조사 방식의 차이는 있지만 30년이 넘는 역사를 지녔다. 2015년 조사에서 차세대 리더로 명부에 이름을 올린 정치인 면면을 들여다보자. 1위 안희정 충남지사, 2위 남경필 경기지사, 3위 안철수 새정치민주연합(현재 더불어민주당) 의원, 4위 원희룡 제주지사, 5위 유승민 새누리당 의원 등이다.

순위에서 광역단체장들의 약진이 눈에 띈다. 미국은 의원보다 주지사가 대통령에 도전하는 경우가 흔하다. 의원내각제인 독일은 주정부의 역할이 막중하다. 바야흐로 세계화 시대다. 지방화는 우리나라에도 중요한 대안이 될 수 있다. 박원순 서울시장은 이미 대선 후보 반열에 올랐다.

주전 선수 예상 후보군을 정확히 예측하는 일은 어렵다. 그렇다고 갑자기 하늘에서 후보가 뚝 떨어지는 것은 아니다. 따라서 박원순 서울시장, 남경필 지사, 안희정 지사, 원희룡 지사로 한국시리즈 3연전 주전 선수 예상 후보군을 압축할 수 있을 듯하다.

한국사회여론연구소는 앞서 거론한 주전 선수 예상 후보군의 정체성 이미지를 알아보는 여론조사를 했다(10월 말, 전국 성인 남녀 800명 모바일 조사). 이번에도 '애니어그램'을 이용해 구조화된 설문지를 작성했다.

첫 번째 선수 남경필 경기지사를 살펴보자. 남경필은 부드럽고 매력적인 미소로 사람들의 시선을 모은다. 타인에게 사랑받기를 좋아하지만, 질투도 강하다. 개혁적(22%)이고 성과(21%)를 중시한다. 보수 정치인이 성과와 효율을, 진보 정치인이 개혁과 명분을 중시하는 데 반해 남경필 경기지사는 2가지를 취하고 있다. 상대에 대한 배려심(16%)이 강해 박근혜 대통령과 정치적 궁합이 잘 맞을 수 있다. 하지만 남경필 지사에게 박근혜 대통령의 강인함은 부담스러운 덕목이다. 유행에 민감하고 직관적 성향의 참모를 곁에 두기를 권한다.

경기도에서 추진하는 야권과의 연정도 균형과 조화(10%)에 기초를 두고 있기보다 개인의 이타성과 경기도정 성과에 초점을 맞췄을 가능성이 높다. 앞으로도 도정 성과를 내는 데 집중하겠지만 선거가 3년 내내 있어 상황이 녹록지 않다. 하지만 어려울수록 성급해하지 말고 낙천적 태도를 유지하는 것이 좋다. 패러다임을 바꿀 만한 중장기 수도권 비전을 진보와 보수 가릴 것 없이 모아 대규모 토론회를 여는 것도 방법이다. 조심해야 할 성향은 소유욕, 중독성, 독단성이다.

두 번째 선수 박원순 서울시장은 어떤가. 박원순 서울시장 역시 개혁적(26%)이다. 독립성이 강하고 주어진 사명에 충실(12%)하고 낙천적(11%)이다. 하지만 후보에 오른 다른 세 사람에 비해 강인함(6%), 성과를 중시(13%)하는 경향이 낮은 수치로 나왔다. 반면 창조성(9%)은 상대적으로 가장 높다. 이 특징이 서울시정에 그대로 반영되는 듯하다. 박원순 서울시장은 성실하고 충실하다는 측면에서 김무성 대표와 정치적 궁합이 잘 맞을 수 있다. 김무성 대표가 성과를 내려고 지나치게 무리하지 않으면 말이다. 박원순 서울시장은 사교적이고 낙천적 성품의 참모를 곁에 두는 편이 좋다.

서울시정은 다른 시도에 비해 복잡하고 다양한 문제가 산적해 있다. 정체성 이미지로만 평가한다면 박원순 서울시장은 적격인 서울시장이다. 9개 문항에서 산출한 각 이미지 값의 표준편차(5)가 가장 적은 인물이 박원순 서울시장이다. 따라서 박원순 서울시장은 다른 세 후보와 비교해 가장 깊이 있는 성찰적 시각을 가졌을 가능성이 높다. 반면 박원순의 다양성은 약점으로도 작용한다. 많은 일에 충실히 대응하다 보니 막상 무엇을 하는지에 대한 큰 그림이 보이지 않는다. 박원순 서울시장은 선이 굵을 필요가 있다. 서울시는 광역지방자치단체 중 예산이 가장 많으며 최근 적자를 큰 폭으로 줄이기도 했다.

박원순 서울시장은 자신의 창조성을 다음 같은 방법으로 발휘하면 어떨까? 독일의 니더작센 주(Niedersachsen: 독일 16개 연방주 중 하나로 독일에서 두 번째로 면적이 큰 주)는 폭스바겐의 대주주다. 일본 정부는 연기금을 해외 관광사업에 투자해 퇴직자들의 일자리를 창출하고 수익을 낸다. '공공적 시장 투자'를 적극 검토해 적자를 줄이는 방법을 모색하는 것이 좋다.

세 번째 선수는 안희정 충남지사다. 예상 후보군 중 가장 개혁적(29%)이고 평화적(10%)이다. 문제를 평화적으로 바라보고 진단하며 대안을 제시한다. 반면 간혹 피상적이거나 산만해지는 성향 있다. 그런데 도민들이 생각은 달랐다. 도민들은 안희정 지사를 안정적이고 충실한 스타일(23%)이며 열심히 일하는 사람(19%)으로 본다. 좀 더 가까이서 지켜본 충남 도민의 판단이 더 옳을지도 모른다. 안희정 지사는 분석적이며 객관적인 참모와 추진력이 강한 참모를 곁에 두는 것이 좋다.

충청남도는 외부에서 자금과 시설을 유치하지 않으면 성장하기 어려운 척박한 지역이다. 30%밖에 되지 않는 낮은 재정 자립도도 안희정 충남지사의 발목을 잡는 요인이다. 따라서 단기 성과에만 집중하면 실패할 수밖에 없다. 충남도민의 눈에 젊은 도백(한 도道의 장관長官을 일컫는 말)은 충실하고 성실한 사람이다. 자신이 추진하는 3농(농민·농촌·농업) 혁신에 단기 성과를 기대해서는 안 된다. 꾸준함이 최고 무기다. 2014년 도지사 선거 마지막 유세 때 안희정 후보는 "우리나라의 미래를 책임지겠다"고 했다. 많은 것을 가지지 못한 충남도민에게 희망과 꿈은 가장 중요한 성장 동력이 될 것이다.

네 번째 선수는 원희룡 제주지사다. 원칙주의자(25%) 또는 이상주의자로 보이지만 적응력이 뛰어나고 효율적이며 목표 지향적(21%)이다. 반면 리더십의 색이 없고 밋밋하다는 평을 받을 수 있다. 원희룡 제주지사는 개혁적(25%)이다. 같은 당의 남경필 지사에 비해 상대적으로 강인(-4%)하거나 이타적(-5%)이지는 않지만 지적(+8%)이다. 특이하게도 문재인 의원과 정치적 궁합이 잘 맞을 수 있다. 문재인 의원은 창조력과 자신감이 있고 낙관적이며 부지런한 사람을, 원희룡 제주지사는 넓게 받아들이고 냉정하며 침착한 사람을 매력적으로 느낄 것이다.

4명의 후보군 중 원희룡 제주지사는 가장 공격적 행정을 펼칠 수 있고 반드시 펼쳐야 하는 위치에 있다. 물론 제한된 예산과 중앙정부 중심의 규제 탓에 많은 어려움을 겪을 것이다. 하지만 언젠가 열악한 환경이 개선된다면 분명 누군가에 의해 극복 과정을 거쳐서다. 디폴트(default: 채무 상환 불능 상태)를 선언하는 상황까지 가능하면 빠른 시일 안에 혁신을 주도해야 한다. 그것이 원희룡 지사와 제주도가 사는 길인지 모른다.

남경필과 원희룡은 가슴형, 박원순과 안희정은 장형

예상 후보군 모두 학구적이고 통찰력 있으며 현명하다. 상대를 대하는 태도도 언제나 정중하다. 내성적이고 조용한 편이기도 하다. 자신의 감정을 쉽게 드러내지 않는다. 환경에 저항한다. 같은 당 소속이라도 틀린 것은 틀렸다고 지적한다. 남경필 지사와 원희룡 지사는 성과를 중시한다. 반면 박원순 서울시장과 안희정 지사는 명분을 더 중시한다.

현실에서는 어떤 것이 더 중요할까? 어려운 질문 같지만, 답은 생각보다 쉽다. 둘 다 중요하다. 실천하기가 어려울 뿐이다. 정치인은 민주주의자로서 과정을 중시해야 하는 동시에 그에 따른 결과도 책임져야 한다. 정치인은 둘 중 어느 하나가 좋지 않아도 문제가 된다.

박원순 서울시장과 안희정 지사는 야권 인사로 재선에 성공했고 재야 활동을 활발히 했다. 남경필 지사와 원희룡 지사는 초선이지만 국회의원 경력이 화려하다. 남경필 지사는 5선, 원희룡 지사는 3선이다. 박원순 서울시장을 제외하면 모두 386세대다. 노무현 대통령, 박정희 대통령, 링컨 대통령 등은 박원순 서울시장, 안희정 지사와 비슷하다. 빌 클린턴 대통령, 이재용 삼성전자 부회장, 가수 마이클 잭슨 등이 남경필 지사와 원희룡 지사 두 사람과 비슷한 스타일이다.

'개혁'이라는 관성항법 장치

사람이나 조직, 도시, 공동체, 국가는 자유비행을 한다. 한 번 형성된 관성은 쉽게 없어지지 않는다. 바꾸려면 대가를 치러야 한다. 예상 후보군들은 '개혁'이라는 관성항법 장치를 달고 본능적으로 자유비행을 할 것이다. 네 후보 모두 '개혁성'이 가장 높이 평가되어서다. 여야 불문이다.

이들이 언제 국가를 책임지겠다며 나올지는 아직 모른다. 어쩌면 그 여정이 이미 시작되었는지도 모른다.

남경필	가슴형-개혁	%	
장형	강인함	10	41
장형	평화적임	9	
장형	개혁적임	22	
가슴형	이타적임	22	44
가슴형	성과 중시	16	
가슴형	창조적임	21	
머리형	지적임	7	
머리형	충실함	3	15
머리형	낙천적임	6	
균형편차			12
날개편차			4

원희룡	가슴(장)형-개혁	%	
장형	강인함	6	38
장형	평화적임	7	
장형	개혁적임	25	
가슴형	이타적임	11	39
가슴형	성과 중시	21	
가슴형	창조적임	7	
머리형	지적임	5	23
머리형	충실함	7	
머리형	낙천적임	11	
균형편차			6.9
날개편차			7.1

박원순	장혁-개혁	%	
장형	강인함	6	41
장형	평화적임	9	
장형	개혁적임	26	
가슴형	이타적임	11	33
가슴형	성과 중시	13	
가슴형	창조적임	9	
머리형	지적임	3	26
머리형	충실함	12	
머리형	낙천적임	11	
균형편차			5
날개편차			7

안희정	장형-개혁	%	
장형	강인함	6	45
장형	평화적임	10	
장형	개혁적임	29	
가슴형	이타적임	13	34
가슴형	성과 중시	15	
가슴형	창조적임	6	
머리형	지적임	5	21
머리형	충실함	10	
머리형	낙천적임	6	
균형편차			8.2
날개편차			7.8

남경필-원희룡				비교
장형	강인함	4	3	남경필
장형	평화적임	2		
장형	개혁적임	−3		
가슴형	이타적임	5	5	
가슴형	성과 중시	0		
가슴형	창조적임	0		
머리형	지적임	−2	−8	원희룡
머리형	충실함	−1		
머리형	낙천적임	−5		

박원순-안희정				비교
장형	강인함	0	−4	안희정
장형	평화적임	−1		
장형	개혁적임	−3		
가슴형	이타적임	−2	−1	비슷함
가슴형	성과 중시	−2		
가슴형	창조적임	3		
머리형	지적임	−2	5	박원순
머리형	충실함	2		
머리형	낙천적임	5		

모두 개혁적	안희정 > 박원순 > 원희룡 > 남경필		
균형편차	박원순 > 원희룡 > 안희정 > 남경필		
날개편차	남경필 > 원희룡 > 박원순 > 안희정		
(9번 날개)	안희정 > 남경필 > 박원순 > 원희룡		
(2번 날개)	남경필 > 안희정 > 원희룡 > 박원순		
성과 중시	원희룡 > 남경필 > 안희정 > 박원순		
(절박함)	"지적임 "원희룡 1등		
상관관계	박금혜 강함	김무성 성과	문재인 평화
	남경필	박원순	원희룡

	남경필	원희룡	박원순	안희정	평균
강인함	10	6	6	6	7
평화적임	9	7	9	10	9
개혁적임	22	25	26	29	26
이타적임	16	11	12	13	13
성과 중시	21	21	13	15	18
창조적임	7	7	9	6	7
지적임	3	5	4	5	4
충실함	6	7	12	10	9
낙천적임	6	11	11	6	9
균형편차값	5.70	5.28	3.93	5.26	5
균형편차순	4	3	1	2	3

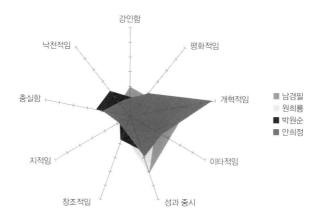

04

**클래스가
다르면
선택도 다르다**

18~21세 사회적 자유주의:
연령 효과인가 세대 효과인가

18~21세의 정치 성향

가치 성향별 태도 비교분석(%)

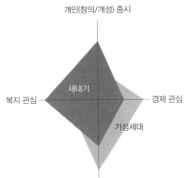

주요 이슈별 태도 비교분석

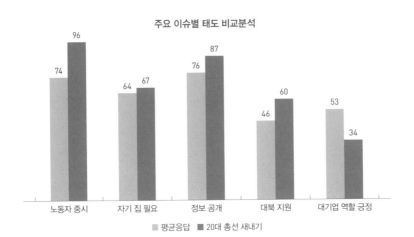

한국사회여론연구소는 현재 18~21세로 총선 투표 경험이 없는 20대 총선 유권자 새내기(n=57명)를 대상으로 여론조사를 했다(전국 성인 남녀 유무선 50%씩 1,000명 전화 조사. RDD. 오차 범위 ±3.1%).

새내기의 가치 성향을 확인하기 위해 4분면으로 나누어 분석할 수 있도록 질문을 설계했다.

개인과 공동체 중 어느 가치를 더 중시하는지 물었다. 개인을 중시하며 자유와 창의와 개성이 중요하다는 응답이 49%로 공동체를 중시하며 도덕성과 질서와 전통이 중요하다는 응답(51%)과 비슷하게 나왔다. 하지만 개인을 중시한다는 응답이 같은 질문에 대한 기성세대의 응답(22%)보다 27% 더 높았다.

다음은 경제와 복지 중 더 관심이 있는 분야를 물었다. 새내기들은 경제(22%)보다 복지(78%)에 더 많은 관심을 보였다. 같은 질문에 대한 기성세대의 응답과 상반된 결과(경제 49% : 복지 47%)다.

새내기들은 복지를 중시하며 자유주의적 성향을 보였다. 이 성향을 보통 '사회적 자유주의', '복지자유주의'라고 부른다. 사전적 의미를 그대로 정리하면 이렇다.

사회적 자유주의는 자유주의적 가치 실현을 통해 사회정의까지 폭넓게 보장해야 한다는 정치 철학이다. 존 스튜어트 밀John Stuart Mill의 공리주의처럼 복지나 사회보장을 중시한다는 측면에서는 사회주의적 요소가 가미되어 있으나 해당 정책을 자유주의 안에서 실현하고자 한다는 측면에서는 자유주의에 기반을 둔다. 이들은 고용과 임금, 거시경제도 복지 정책의 필수 관리 요소로 간주한다. '케인즈식 복지'라고 할 수 있다.

새내기들의 이슈별 태도를 기성세대와 비교하면 기성세대에 비해

'노동자를 중시'하고 '정부의 투명한 정보 공개'와 '자기 집 소유'를 원하며 '대북 지원에 적극적'이다.

반면 기성세대보다 대기업의 사회적 역할에 부정적 시각을 가지고 있다. 하지만 반反기업 정서를 가진 세대는 아니다. 오히려 기업의 성장 원천인 공정 경쟁과 패자 부활을 중시하는 세대다. 이들은 현재 대기업이 공정 경쟁과 패자 부활에 적극적이지 않다고 생각할지 모른다.

복지자유주의 사회자유주의는 이념 좌표로 볼 때 중도주의 또는 중도 좌파로 볼 수 있다. 20대 총선에는 이런 가치를 대변할 만한 정당이 없어 보인다. 그래서 새내기 유권자가 '꿩 대신 닭'이라는 심정으로 투표하거나 투표장에 아예 나오지 않을 수도 있다.

이번에는 새내기들의 정치 성향을 물었다. 스스로를 진보라고 생각한다는 응답(76%)이 보수(24%)라고 생각한다는 응답보다 무려 52%나 높았다. 지지하는 정당은 새누리당(6%)보다 새정치민주연합(현재 더불어민주당)(38%)을 지지한다는 응답이 더 높았다. 특히 상황에 따라 투표하겠다는 응답이 42%로 가장 높았다. 적은 샘플임을 감안해 '대체로 그렇다'는 단서를 달아도 결과는 바뀌지 않는다.

3년 연속 전국 선거가 이미 시작되었다. 새내기들은 2016년 총선, 2017년 대선, 2018년 지방선거에서 소중한 한 표를 행사할 권리가 있다. 어쩌면 이들은 신新인류일지도 모른다. 시장경제와 민주주의의 균형적 지성과 감각을 지닌 새내기들이 우리나라의 주류 사조를 사회적 자유주의로 변모시킬 수 있을지 지켜보자.

전쟁 세대, 산업 세대, 민주화 세대 다음 주인공인 30대: 과연 이들의 생각은?

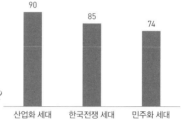

각 세대가 대한민국 발전에 기여한 점수는?
(2015년)

1948년, 외세의 억압과 독재 체제를 거부하고 민주주의 정신을 바탕으로 만들어진 헌법의 정신대로 우리나라 역사가 쓰였다. 헌법을 제정한 후 우리나라는 한국전쟁과 산업화 그리고 민주화 등 격동의 시대를 쉼 없이 달렸다.

2015년 하반기에 한국사회여론연구소는 한국전쟁 세대, 산업화 세대, 민주화 세대가 '대한민국 발전에 얼마나 기여했다고 생각하는지'를 묻는 국민 여론조사를 했다(전국 성인 남녀 유무선 50%씩 1,000명 전화 조사. RDD. 오차 범위 ±3.1%).

'1960~1970년대 산업화 세대'는 90점을, '1950년대 한국전쟁 세대'는 85점을, '1980~1990년대 민주화 세대'는 74점을 얻었다.

조사 결과가 응·답별로 차이를 보이지만 각 세대가 그 시대의 과제에 충실했다고 고생했다고 서로를 위로하는 모습이다.

'한국전쟁 세대'라고 응답한 주요 계층은 서울 거주자, 30대, 화이트 컬러다. 이들은 민주주의와 시장경제 체제 맨 앞줄에 서 있는 계층인데 체제의 이상보다 현실의 한계를 몸소 체감하고 있었다.

'산업화 세대'라고 응답한 주요 계층은 대구·경북 거주자, 50대, 블루컬러다. 이들은 세계화의 물결에 큰 타격을 입은 계층이다. 과거 섬유 메카였던 대구·경북도, IMF 사태로 대량 실직을 경험한 베이비붐 세대인 50대도, 일자리를 중국과 동남아시아에 빼앗긴 블루컬러도 과거의 향수를 잊지 못하는 듯하다.

'민주화 세대'라고 응답한 주요 계층은 대전·충청 거주자, 40대, 학생이다. 이들은 시장경제보다는 정부 역할과 정책 방향에 더 많은 관심을 보이는 계층이다. 특히 경제 민주화에 높은 관심을 보였다. 대전·충청은 복지 정책에, 40대는 주거와 교육 정책에, 학생은 일자리와 사회 정책에 민감하며 합리적 정책에 수용성이 높다.

한 가지 재미있는 결과가 눈길을 끈다. 자신의 정치 성향은 진보라고 응답한 계층이 민주화 세대(86점)보다 산업화 세대(90점)에게 더 많은 점수를 주었다. 진보는 경제보다 민주주의를 더 중시한다는 고정관념을 깨는 결과다. 이념을 넘어 역사를 있는 그대로 평가한 결과일지도 모른다.

흥미로운 결과가 나온 응답 계층은 30대다. 30대는 한국전쟁 세대를 가장 높이 평가했다. 심각한 취업 대란에 시달리고 3포 세대(연애·결혼·출산 3가지를 포기한 세대를 일컫는 말)라는 별명이 붙을 정도로 힘겨운 싸움을 하는 30대가 목숨을 걸고 나라를 지킨 할아버지 세대를 높이 평가했다는 사실이 놀랍다.

'하고 싶은 일을 할 수 있는 곳보다 월급을 많이 주는 곳을 택하겠느냐'는 질문에서 하고 싶은 일보다 월급을 택하는 비율이 가장 높은 대상층은 30대다. 30대가 꿈을 잃어버린 것은 아닌지 걱정이다.

한국전쟁 세대, 산업화 세대, 민주화 세대는 시대별로 각자의 역할에 최선을 다했다. 하지만 우리나라에는 여전히 많은 숙제가 남아 있다. 특히 신경 써서 풀어야 할 숙제는 살인적인 사회경제적 환경의 조속한 개선(30대를 비롯한 우리 젊은이들을 옥죄는)이다.

30대는 한국 근대화가 열린 후 탄생한 첫 세대이자 우리나라의 미래를 책임지고 이끌 다음 세대다. 헌법의 사각지대에 놓인 30대에게 꿈과 희망이 필요하다. 우리나라의 미래는 30대에게 달려 있다. 힘내라 대한민국, 힘내라 30대!

대통령 제조기,
자영업자의 경제적 비애

대한민국에서 자영업자 비율의 변화는?

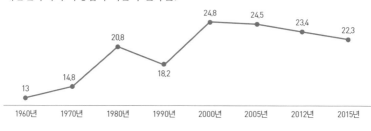

많은 경제 전문가들이 국내 경기가 심각하게 하락했다는 분석을 내놓고 있다. 메르스 여파와 수출 부진, 실업률 상승으로 소비가 큰 폭으로 준 탓이다. 이럴 때 가장 큰 타격을 받는 직업군이 자영업자다. 자영업자는 1950년부터 1990년대 초반까지 직업군 분포 중 16.7%를, 1990년 초반에는 18.6%를 차지했다. 그런데 IMF 사태 이후 자영업자 비율이 24.8%로 급등했다. 대량 실업 사태로 거리로 내몰린 직장인들이 너도나도 자영업에 뛰어든 탓이다.

현재 그 비율이 조금씩 줄고는 있지만, 우리나라 자영업자 비율은 경제협력개발기구OECD 국가 중 상위권이다. 비정상적인 규모를 계속 유지하는 셈이다.

한때 국내 경기 활성화의 주체였던 자영업자는 이제 가계 부채 관리 대상으로 전락했다. 어디 그뿐인가. 소득 증명조차 제대로 안 되어 금융권에서 돈을 빌리기도 어렵다. 이러지도 저러지도 못하는 처지가 된 것이다.

불행 중 다행으로 정부는 올해부터 자영업자 관련 국가 통계를 정비하겠다고 발표했다. 하지만 정부가 지금까지 구체적이고 정확한 자료와 통계를 바탕으로 자영업자 정책을 추진하지 않았다는 방증이기도 하다. '새로 창업한 자영업자 10명 중 7명은 5년 안에 폐업한다'는 수준의 단순 통계만 존재했을 뿐이다.

이렇게 홀대받는 자영업자가 강자로 군림하는 분야가 있다. 바로 선거다. 자영업자는 선거의 절대 강자이며 대통령 제조기다. 1997년 이후 열린 역대 대통령 선거에서 자영업자(타 직업군과 비교해)는 모든 당선자를 결정한 유일한 집단이다.

자영업자는 박근혜 대통령의 든든한 후원자이기도 하다. 2012년 대선 당시, 자영업자의 60%가 박근혜 대통령을 지지했다. 자영업자들은 지금도 박근혜 대통령의 국정 지지율을 떠받치는 기둥이다.

2015년 초 대통령 국정 지지율은 역대 최저인 30%를 기록했다. 이 수치를 두고 많은 이들이 연말정산 증세 논란이 결정타라고 분석했다. 하지만 연말정산 증세 논란과 관계가 없는 자영업자의 지지율이 36%에서 28%로 수직 하락했다. 따라서 국정 지지율 하락에 큰 영향을 미친 것은 증세 논란이 아니다. 그러면 자영업자의 지지율이 하락한 이유를 어디서 찾아야 하는가.

연말정산 증세 논란 탓에 큰 주목을 받지 못했지만, 당시 지역가입자 건강보험도 체계 개편이 거론되었다. 정부는 직장인이 민감해하는 연말정산 증세 논란에는 적극 대처하면서 자영업자의 이해가 걸려 있는 지역건강보험 체계에 대한 여론 관리는 등한시했다. 이것이 자영업

노동부 직업별 취업자 현황

1960년부터 2015년 6월까지 직업군 분포의 변화

직업별	1960년	1970년	1980년	1990년	2000년	2005년	2012년	2015. 6월
사무직	7.5	15.5	19.5	27.4	30.5	34.8	37.7	37.9
자영업	13.0	14.8	20.8	18.2	24.8	24.5	23.4	22.3
현장직	8.9	16.9	22.6	30.6	29.7	21.9	20.6	21.0
도시 영세민	6.6	8.0	5.9	6.2	7.6	10.9	13.0	13.4
농어민	64.0	44.7	31.3	17.5	9.7	7.9	6.5	5.5
합계	100	100	100	100	100	100	100	5.5

갤럽 여론조사 결과

(단위: %)

1997년~2012년 대통령선거 양대 정당 후보의 직업군별 득표율

전체		새정치민주연합 후보(전신 포함)				새누리당 후보(전신 포함)			
		97년	02년	07년	12년	97년	02년	07년	12년
		40.3	48.9	26.1	48.0	38.7	46.6	48.7	51.6
직업군	농림수산	46.3	40.3	28.6	30.0	30.9	58.1	48.6	63.6
	자영업	41.5	47.8	21.0	39.2	36.4	45.2	54.0	59.5
	화이트컬러	42.5	50.7	23.3	60.8	30.6	39.0	48.0	37.6
	블루컬러	37.5	48.7	22.7	51.8	40.2	44.0	46.4	42.4
	전업주부	38.3	47.5	25.7	36.3	46.1	49.4	49.1	62.0
	학생	46.7	59.0	22.4	62.5	29.0	32.3	39.3	36.5
	그외	30.7	46.7	27.4	31.4	47.0	51.0	53.2	64.7

자의 역린을 건드린 셈이다.

자영업자는 스스로를 불안한 서민경제 한가운데 서 있는 그리고 누구에게도 관심받지 못하는 정책 소외 계층이라고 느끼는지도 모른다. 자영업자들의 서운함과 아쉬움이 분노로 바뀌지 않게 정부는 조속한 관심과 꾸준한 노력을 기울여야 한다.

여야를 불문하고 '자영업의 부진이 가계 부채의 뇌관이 될 수 있다'고 지적했다. 부디 정부가 정책 그림자에 가려진 계층에게 관심을 기울이길 바란다.

진보 성향의 386세대가
보수 정당을 지지하는 이유

한국 386세대의 정치의식은?

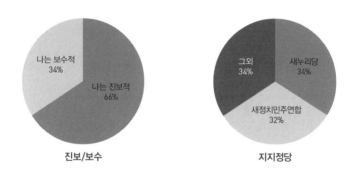

'6·29민주화 선언'(1987)은 민주 헌법을 쟁취하고 대통령 직선제를 이끌어낸 우리나라 역사의 거대한 전환점이다. 당시 주역이 바로 386세대다. 그렇다면 제법 긴 세월을 거쳐 오늘을 살고 있는 386세대는 어떤 생각을 하고 있는가.

한국사회여론연구소는 40세~54세까지 386세대를 중심으로 국민 여론조사를 했다(전국 성인 남녀 유무선 50%씩 1,000명 전화 조사. RDD. 오차 범위 ±3.1%).

스스로를 '진보적이라고 생각한다'는 응답(66%)이 '보수적이라고 생각한다'는 응답(34%)보다 압도적으로 높았다. 하지만 새누리당을 지지한다는 응답(34%)이 새정치민주연합을 지지한다는 응답(32%)보다 오차 범위 안에서 높았다.

여기서 한 가지 의문이 들지 않을 수 없다. 그들은 왜 보수 정당인 새누리당을 더 많이 지지하는가. 스스로를 진보라고 여기면서 말이다. 이런 현상은 도대체 언제부터 생겨났는가.

386세대는 2012년부터 50대에 들어섰다. 386세대는 2002년 대선에서는 이회창 후보(30%)보다 노무현 후보(60%)를, 2004년 총선에서는 한나라당(38%)보다 열리우리당(41%)을 더 지지했다. 2007년 대선에서는 정동영 후보(23%)보다 이명박 후보(47%)를, 2008년 총선에서는 민주당(29%)보다 새누리당(41%)을 더 지지했다. 2012년 대선에서 50대 지지율은 박근혜 후보 65%, 문재인 후보 32%로 박근혜 후보가 문재인 후보를 크게 앞섰다.

여야 모두 2017년 대선을 앞두고 있다. 여야는 386세대에 관심과 기대를 놓을 수 없는 상황이다. 386세대는 정치적으로는 다양성과 자유로움을 추구하고 경제적으로는 혁신을 요구받는 20~30대와 정치와 경제 등 대부분의 사회 분야에서 정상의 자리에 있는 60~70대 사이에 끼여 있다. 그래서 자녀 문제로는 20~30대와 노후 문제로는 60~70대와 정책 연합을 하기도 한다.

다시 여론조사 결과로 돌아가 보자. 386세대(81%)는 20~30대(60%)에 비해 개인보다 공동체를 더 중시한다. 하지만 386세대(17%)는 60~70대(9%)에 비해 공동체보다 개인을 더 중시한다. 다른 세대보다 개인과 공동체를 바라보는 시각이 더 균형적이다.

386세대(47%)는 20~30대(42%)에 비해 복지보다 경제를 더 중시하지만 60~70대(31%)와 비교했을 때는 경제보다 복지를 더 중시한다.

386세대는 능력과 성과를 중시한다. 20~30대가 개혁을, 60~70대가 안정을 중시하는 것과 또 다른 양상이다. 386세대는 무엇인가 해낼 수 있는 리더와 세력을 원한다. 그 대상이 박근혜 대통령일 수도 노무현 대통령일 수도 있다. 삼성그룹일 수도 카카오일 수도 있다.

386세대는 진보주의자라기보다 합리주의자에 더 가깝다. 2015년에 갤럽이 발표한 여론조사 결과 중 50대 응답을 살펴보자.

문재인 의원의 박정희 전 대통령 묘소 참배가 잘한 일인지 묻는 질문에 72%는 잘했다, 10%는 그렇지 않다고 응답했다. 통진당 해산 판결에 대해서는 72%는 옳은 판결이라고, 17%는 잘못된 판결이라고 응답했다. 천안함 사건이 북측의 책임이라 생각하느냐는 질문에는 동감한다(76%), 동감하지 않는다(11%)는 보수적 입장이면서도 정부의 SNS 검열에 대해서는 63%가 우려한다고, 34%가 우려하지 않는다고 응답했다. 대체 복무제 시행에는 70%가 찬성, 24%가 반대했다. 이산가족 상봉에는 64%가 찬성을, 28%가 반대를 표하며 진보적 성향을 드러냈다.

정부의 경제 우선 정책은 71%가 찬성하고 21%가 반대했다. 정규직의 과보호에는 53%가 동의하고 27%는 동의하지 않았다.

하지만 빈부 격차 해소를 위해 고소득층의 세금을 2배 이상 증액하는 문제는 75%가 찬성, 21%가 반대했다. 앞의 응답과 다르게 이 응답에서는 진보적 입장이다.

증세 없는 복지 실현은 불가능하다는 의견에는 76%가 찬성, 19%가 반대했다. 다른 연령층에 비해 찬성이 월등히 높았다. 현실 감각이 타 세대의 추종을 불허한다.

386세대는 베이비붐 후반부에 속한 세대라 그 수가 많다. 해당 세대의 지속적인 유입이 예상되는 50대의 연령 분포도 차츰 늘어나는 추세다. 2002년 대선에서는 12.9%였는데 2012년 대선에서는 19.2%로 6.3%나 늘어났다. 2016년 총선에서는 22%까지 늘어날 전망이다. 반면 20대, 30대, 40대는 갈수록 분포가 줄어드는 추세다. 50대의 정치적 영향력은 점점 더 커질 것이다.

2015년 말, 청와대 문건 유출 사건으로 시작된 권력 암투가 유승민 원내대표의 사퇴 종용으로 번지는 모양새다. 50대는 권력의 부당함에 민감하므로 50대가 2016 총선에서 박근혜 정부에게 등을 돌릴 가능성이 심심찮게 대두되고 있다. 그렇다고 50대가 지금 당장 새로운 파트너를 찾을 것 같지는 않다. 당분간은 관망할 것이다.

최근 선거에서 386세대는 정치 이슈는 진보 쪽을, 경제 이슈는 보수 쪽을 지지하는 성향을 보였다. 여야가 총선과 대선에서 승리하려면 386세대의 관심을 끄는 이슈에 대한 대안 능력을 입증해야 한다.

20대는 동원 대상이 아니라 동반자다

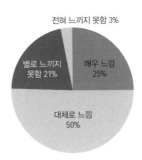

전혀 느끼지 못함 3%
별로 느끼지 못함 21%
매우 느낌 25%
대체로 느낌 50%

대한민국 국민으로서 자부심을 느끼나?

여론조사 전문기관 리서치앤리서치가 광복절을 기념해 KBS와 공동으로 '대한민국 국민으로서 자부심을 느끼냐'고 질문했다. '매우 자부심을 느낌' 25%, '대체로 자부심을 느낌' 50%, '별로 자부심을 느끼지 못함' 21%, '전혀 자부심을 느끼지 못함' 3%다. 자부심을 느낀다는 여론(75%)이 자부심을 느끼지 못한다는 여론(24%)보다 월등히 높았다. 연령별로 보면 20대의 자부심이 모든 연령대에서 가장 낮았다. '매우 자부심을 느낌'이 10%에 불과했다. 통일 문제도 '반드시 통일해야 한다'는 응답이 21%로 모든 연령대에서 가장 낮았다.

우리나라 1세대는 건국과 산업화에 성공했고 2세대는 자유화와 민주화에 성공했다. 하지만 3세대인 20대는 선배들의 성공이 불러들인 필연적 위기에 직면해 있다. 그러나 각 정당은 선거 승리에만 목을 맨 채 진보는 정치 담론으로, 보수는 경제 담론으로 위기에 처한 20대를 동원하기에 급급하다. 20대는(물론 20대에 국한된 것은 아니지만) 개인의 존엄성을 보호받고 공동체에 소속감을 느끼며 사회적 도전의 기회를 보장받아야 한다. 이것은 기성세대가 20대에게 빚진 사회적 책임이다.

20대 총선에서 바라는 바가 있다. 적어도 20대의 문제만큼은 여야 모두가 정치적 이해관계를 떠나 대타협을 이끌어내면 어떨까? 각 정당의 법정 홍보물 맨 마지막 장은 여야 모두 같은 내용의 '20대를 위한 공약'을 넣어보자. 20대를 동원 대상으로만 보지 말고 미래의 동반자로 대하자. 여야 모두에 '20대를 위한 9가지 공약'을 제안해본다.

이제 다시 조사 결과를 살펴보자. 20대가 가장 시급하게 생각하는 현안(중복 응답)은 일자리 창출(68%), 비정규직 처우 개선(53%), 대학 등록금 부담 완화(31%), 학력 위주 채용 타파(30%), 신혼 거주 비용 경감(18%) 순이다. 응답 결과를 토대로 작지만, 실천 가능한 공약을 제안해본다.

첫째, 군 복무 대체 공익 근무의 범위를 비영리 시민 단체(NGO)와 사회적 기업까지 확대하자.

둘째, 한국국제협력단(KOICA) 해외 봉사단 파견을 개별 청년들의 비전과 현지 개발 원조의 성격을 적절히 결합해 대폭 확대하자.

셋째, 미취업 졸업자를 대상으로 한 대학의 A/S 도입을 제도화하자.

넷째, 군부대 인근에 위치한 대학이나 어학 교육기관과 연계해 부대 내 주말 영어 교육을 실시해 복무 중에도 세계화 능력을 키울 수 있도록 지원하자.

다섯째, 민간 리더십 센터와 대학에서 민주 시민 & 리더십 교육을 실시하고 해당 과정을 수료하면 예비군 및 민방위 훈련(남성)과 주택 청약 가산점제(여성) 인센티브를 제공하자.

여섯째, 재학생 및 직장인이 방학 또는 주말에 일정 기간 농촌 봉사 활동을 하면 학자금 대출금 감면 또는 이자 면제를 지원하자.

일곱째, 정치 관계법을 개정해 해당 지역이 아니더라도 정당 활동에 일상적으로 참여할 수 있는 구조를 마련하자. 예를 들면 온라인 당원 협의회를 인정하는 방식처럼 말이다.

여덟째, 대학, 기업, 공공 기관, 고용노동부 및 산하 지청에서 직업 전망 교육을 의무적으로 실시하자.

아홉째, 재취업 시 이전 보수의 90%까지 최대 2년간 지원하고 전문 교육비도 별도로 지원하는 재고용 대책을 추진하자.

05

이념, 가치
그리고
사회 변화의
방향

보수의 다변화

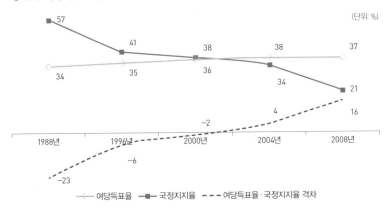

총선별 여당득표율과 국정지지율 및 그 격차

(단위: %)

- 57 → 41 → 38 → 38 → 37 (국정지지율)
- 34 → 35 → 36 → 34 → 21 (여당득표율)
- −23 / −6 / −2 / 4 / 16 (여당득표율·국정지지율 격차)

연도: 1988년, 1996년, 2000년, 2004년, 2008년

—×— 여당득표율 —■— 국정지지율 - - - 여당득표율·국정지지율 격차

역대 정권들은 대부분 집권 3년 차에 레임덕을 맞이했다. 갤럽 조사를 들여다보면 2015년 상반기 4월의 국정 지지도는 37%를, 여당 지지도는 39%를 기록했다. 2015년 초에도 연말정산 파동으로 한동안 국정 지지도(30%)가 여당 지지도(42%)보다 낮았다. 박근혜 정부 들어 처음 있는 일이다. 대통령의 국정 지지도는 대체로 여당 지지도를 견인한다. 그런데 왜 이런 현상이 이어질까? 레임덕 탓일까? 아니면 정설이 깨진 것일까?

이에 의문을 품고 1987년 대통령 직선제 실시 이후의 총선별 여당 득표율과 당시 국정 지지도를 살펴보았다. 대통령의 힘이 확연히 빠져 여당 득표율과 비교할 수 없는 국정 운영 5년 차에 치러진 1992년과

2012년 총선은 분석에서 제외했다.

1988년과 1996년 두 차례 총선에서 국정 지지도(57%, 41%)가 여당 득표율(34%, 35%)을 견인하는가 싶더니 2004년과 2008년 두 차례 총선에서는 여당 득표율(38%, 37%)이 국정 지지도(34%, 21%)를 앞섰다.

지지도 역전 격차(-23%→16%)도 지속적으로 벌어졌다. 레임덕 현상이라기보다 장기적 추세에서 정설이 깨졌다. 왜 이런 변화가 생겼는가. 이유는 크게 3가지다.

첫째, 우리나라 사회의 다변화다. 우리나라는 단기간에 산업화와 민주화에 성공했고 탈근대 사회로 빠르게 진입했다. 1997년 IMF 사태를 계기로 다변화는 속도를 냈다. 이로써 대통령이 모든 문제를 해결할 수 있다는 신화도 깨졌다.

둘째, 보수의 다변화다. 보수의 다변화는 우리나라 사회의 다변화에 그 원인이 있다. 2002년에 탈권위주의를 대표하는 노무현 정부가 탄생하면서 보수는 안보 보수, 도덕 보수, 경제 보수 등으로 다변화했다. 특히 경제 보수는 사회경제적 이해관계에 민감하게 반응하고 능력을 중시하는 스윙 보터(swing voter: 상황에 따라 지지하는 정당과 후보를 바꾸는 유권자)다. 경제보수는 지금 여당에는 있고 대통령에게는 없다. 간혹 진보적 선택도 서슴지 않는다. 보수가 대통령과 여당을 하나로 보지 않게 된 것이다.

셋째, 리더십의 다변화다. 보수의 다변화는 리더십의 다변화를 가져왔다. 2007년에 안보가 아니라 경제를 대표하는 최초의 보수 정부가 들어섰다. 여당 내에도 자기 색깔이 강한 차세대 리더가 하나둘 모습을 드러냈다. 대통령이 당을 좌지우지할 수 없게 된 것이다.

이 변화가 박근혜 대통령에게 시사하는 바는 다음 같다. 장기적으로는 다변화된 환경에 능동적으로 대응할 수 있는 정치 시스템을 마련해야 한다. 권력 구조의 분산, 다양한 계층과 분야를 대변할 수 있는 국회 역량 확보, 중앙정부에게 권한을 획기적으로 넘겨받은 광역 지방자치단체의 역량 강화 등이다. 단기적으로는 국가 리더십을 포트폴리오해야 한다. 새누리당과 청와대가 서로를 보완하며 실질적인 협치를 하는 것이다. 물론 야당도 파트너가 될 수 있다.

지지도 역전 현상은 앞으로 점점 더 심해질 것이다. 따라서 야당도 20대 총선이 정말 박근혜 정부를 심판하는 선거인지 한 번 더 생각해 볼 일이다.

진보와 보수, 누가 더 인도적일까?

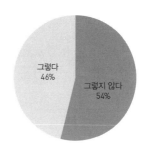

그렇다
46%

그렇지 않다
54%

북한의 핵 위협과 도발이 있음에도
경제적 지원을 계속해야 하나?

6·15남북공동선언 15주년(2015) 공동 기념식이 메르스 사태의 여파로 취소됐다. 박정희 정부 시절 7·4남북기본합의서와 김대중 정부 시절 6·15남북공동선언은 냉전 시대와 탈냉전 시대를 대표하는 한반도 평화와 번영의 전략적 대화였다.

하지만 북한의 핵 위협과 국지적 도발로 남북 간 긴장이 고조되면서 합의는 무색해졌다. 그에 따른 갈등이 진보와 보수의 이념 갈등으로 번져 대북 정책에 대한 합리적 판단과 결정을 어렵게 만들고 있다. 그렇다면 진보와 보수가 한반도의 평화와 번영을 위해 초점을 맞춰야 하는 화두는 무엇인가.

결론부터 이야기하자면 '인도적 개입'에 초점을 맞춰야 한다. 모두가 북한과 경제 협력이 계속 이어지길 바라고 전쟁도 반대한다. 따라서 친북이니 반북이니 하는 소모적 논쟁에서 빨리 벗어나야 한다. 정의롭고 효과적인 인도적 개입에 초점을 맞춰야 한다.

인도적 개입은 2가지 양상으로 나타난다. 대북 지원(경제적 개입)과 북한 인권 문제의 거론(정치적 개입)이다. 한국사회여론연구소는 이 문제와 관련해 3가지 여론조사를 했다(전국 성인 남녀 유무선 50%씩 1,000명 전화 조사. RDD. 오차 범위 ±3.1%).

'대북 지원을 계속해야 한다'는 질문에는 반대한다는 의견(54%)이 동의한다는 의견(46%)보다 높았다. '대한민국이 북한 인권 문제에 개입해야 한다'는 질문에는 개입해야 한다는 의견(51%)이 개입하지 말아야 한다는 의견(27%)보다 높았다. '국내 인권에 더 관심을 보이는 세력은 진보와 보수 중 어느 쪽이라고 생각하느냐?'라는 질문에는 진보라는 응답이 47%, 보수라는 응답이 28% 나왔다.

이번 조사 결과의 밑바닥에는 북한에 대한 우리 정부의 인도적 개입을 국민이 어떻게 생각하는지에 대해 알 수 있는 신호가 담겨 있다. 신호 자체가 결론이자 새로운 질문을 도출한다.

국내 인권 문제에는 적극적 관심을 보이는 진보가 왜 북한 인권 문제에는 관심을 보이지 않는가. 반대로 북한 인권 문제에는 적극적인 관심을 보이는 보수가 어째서 국내 인권 문제에는 관심을 보이지 않는가. 그렇다면 그들의 행동을 과연 정의롭다 말할 수 있는가.

여기서 한발 더 나아가 생각해보자. 진보가 지속적인 대북 지원의 필요성을 주장하면서도 북한 인권 문제에 소홀한 이유는 북한 정권에 우호적이어서가 아닐까? 보수가 정치군사적 상황에 따라 대북 지원을 중단하면서도 지속적으로 북한 인권 문제를 제기하는 이유는 북한 정권을 자극해 불안한 안보 정국을 조성하려는 의도가 아닐까?

진보는 북한 인권 문제를 국민의 관심사로 끌어올려야 대북 지원 사업에 대한 국민 신뢰도를 높일 수 있다. 반대로 보수는 국내 인권 문

172

제를 수면 위로 끌어올려야 북한 인권 문제에 대한 설득력을 높일 수 있다.

민주주의 정신을 관철하는 일에 국경이 있을 수 없다. 특히 경제적 궁핍과 정치적 박해에 대한 인도적 개입은 더욱 그렇다. 인도적 개입을 해야 할 타이밍을 놓치면 더 크고 복잡한 군사적 개입을 검토해야 하는 상황이 발생할 수 있다. 미연에 방지하는 것이 최선이다. 우리가 위험에 빠지지 않으려면 균형 잡힌 인도적 개입을 해야 한다.

훗날 북한 주민이 진보 세력에게 우리의 생명과 인권이 반인류적 방식으로 박해받을 때 당신들은 무엇을 했느냐고 묻는다면 어찌하겠는가. 보수 세력에게 우리가 비참하게 굶어 죽어갈 때 당신들은 무엇을 했느냐고 묻는다면? 보수와 진보 모두 그 대답을 미리 준비해둬야 할지도 모른다.

남북통일이 늦춰진다면 답변은 다음 세대의 몫이 될 것이다. 남북 문제는 현재 시점에서 다루기보다 미래 시점에서 다루는 편이 더 정의롭고 효과적일 수도 있다.

비록 6·15남북공동선언 15주년 기념식은 메르스 사태로 취소됐지만, 균형 잡힌 인도적 개입은 그 어떤 이유에서든 계속 이어져야 한다. 이념 논쟁으로 울퉁불퉁해지고 구멍이 난 운동장은 이제 버리고 새 운동장에서 한반도의 평화와 번영을 위한 시합을 해보는 것은 또 어떨까 싶다.

무능한 정치는 이념 논리에서 시작

대한민국의 낡은 시스템은 어떻게 유지될 수 있었을까?

정치 무능!

싱크홀sink hole은 도시 안전을 위협하는 심각한 문제다. 싱크홀은 낡은 하수관에서 흘러나온 많은 양의 물이 지반을 약화시켜 발생한다고 알려져 있다. 현재 우리나라 곳곳에는 싱크홀이 많다. 낡은 시스템 밖으로 흘러나온 수많은 갈등이 만들어낸 싱크홀이 말이다.

우리나라는 단기간에 산업화와 민주화에 성공했다. 하지만 사회 시스템은 그 성공을 제대로 쫓아 가지 못한 채 낡아버렸고 각종 구조적 갈등을 토하고 있다. 고용주와 노동자, 대기업과 중소기업, 정규직과 비정규직, 도시와 농촌 등이 말이다.

이런 낡은 시스템이 어떻게 지금까지 유지되었을까? 바로 정치가 무능한 탓이다. 무능한 정치는 이념 논리에서 비롯된다. 이념 논리를 진영 논리로 포장하는 순간 대안은 없어지고 무책임이 묵인되고 용납된다. 홍준표 경남지사가 불을 지핀 무상급식 논쟁부터 세월호 사건의 진상 규명, 미사일 방어 시스템 사드의 배치 논쟁까지 이슈가 진영 논리라는 싱크홀을 만들고 있다.

2015년 〈중앙일보〉가 창간 50돌 특집으로 '진영 논리 극복을 위한 좌담회'를 열었다. 새누리당 유승민 의원, 새정치민주연합 원혜영 의원(현재 더불어민주당 소속), 진보정의당 심상정 의원(현재 정의당 소속)이 소속 정당을 넘어 각자의 문제점을 성찰하고 우리 사회의 미래 과제를 해결하기 위해 서로 힘을 합치겠다는 뜻을 밝혔다.

2015년 상반기 임시국회는 북한 인권법, 최저임금법, 하도급 거래 공정법 개정과 노동시장 구조 개선 등 이미 구멍 난 싱크홀에 대한 대책을 세우느라 바빴지만 결실을 맺지 못했다.

앞으로 계속 발생할 싱크홀의 피해를 최소화하려면 국회 기능을 강화하는 일이 시급하다.

미국 의회가 설립했고 예산 전액을 지원하는 '미국평화연구소The U. S. Institute of Peace'는 초당적 대안을 제시해 국가적 여론을 형성하는 역할을 한다. 이라크 문제로 국론이 분열되었을 때도 맡은 바 기능을 다했다. 핀란드 의회 소속 '미래연구소'는 미래 성장 동력을 찾아내고 민생 문제를 장기적인 관점에서 접근해 해결할 수 있는 국가전략을 제시하고 의회를 돕는다.

국가전략은 행정부보다 국회가 수립하는 편이 더 효과적이다. 정부 출연 연구 기관은 부처 간 칸막이로 융합적이고 체계적인 연구가 어렵고 5년 단임 대통령제라는 한계가 있다. 국가전략은 일방적 방향이 아닌 국민적 공감대를 형성해야 하는데 조직의 특성상 국회가 행정부보다 유리하다.

곧 '국회미래연구원'을 설립하는 법안이 상정될 것으로 보인다. 여야 합의에 기초해 채택된 국가전략은 누가 정권을 잡든 누가 원내1당이 되든 상관없이 추진하고 관리되어야 한다.

국회미래연구원법 제정은 진영 논리를 넘어 시스템 밖에서 방황하는 갈등을 공론의 장으로 불러들일 기회다. 비용이 아니라 투자라는 관점에서 모두의 관심이 우리 사회 곳곳에 위태롭게 존재하는 제2, 제3의 싱크홀을 막을 수 있다.

친일과 종북, 정치 발전의
첫 번째 지체 요인

친일 시비와 종북 시비를 앞으로 어떻게 해야 할까?

2015년은 광복 70주년이자 남북이 분단된 지 70주년이 되는 해다. 박근혜 대통령은 7월 22일 한일 심포지엄에서 '과거를 치유하고 미래로 나아가자'는 메시지를 전했다. 7월 23일에 열린 민주평화통일자문회 행사에서는 '우리 사회 내부에 통일 논의 갈등과 반목의 벽을 없애야 한다'는 메시지를 전달했다. 참 반가운 메시지다.

현실은 기대와 거리가 있다. 한쪽은 다른 한쪽을 친일로, 다른 한쪽은 또 다른 한쪽을 종북으로 몰아세운다. 친일 시비는 대상이 되는 자손의 위신이 깎이는 것 외에는 별다른 의미가 없어 보인다. 종북 시비도 마찬가지다. 과거 실패한 좌익에 대한 되새김 정도일까. 이렇게 딱히 의미가 없는 갈등이 현실에서 반복된다.

한국사회여론연구소는 일반 국민을 대상으로 정치권 그리고 진보와 보수 세력 간의 친일 시비와 종북 시비를 어떻게 생각하는지 물었다(전국 성인 남녀 유무선 50%씩 1,000명 전화 조사. RDD. 오차 범위 ± 3.1%).

'소모적 논쟁을 그만두어야 한다'는 응답(65%)이 '시시비비를 정확하게 가리려면 논쟁해야 한다'는 응답(25%)보다 2배 이상 높았다. '소모적 논쟁을 그만두어야 한다'는 응답은 진보(68%)와 보수(63%) 성향에 관계없이 과반 이상에 달할 정도로 응답률이 높았다. 그렇다면 누가 이런 소모적 갈등을 부추기는가.

친일 시비와 종북 시비는 사회적 공격성으로 나타난다. 상대방에게 해를 입히고 고통을 주려는 의도다. 이런 종류의 집단 간 갈등은 집단 이익 외에는 사회적 가치를 찾기 어렵다.

우리는 세계적으로 유례를 찾아볼 수 없을 만큼 빠른 근대화 과정을 거쳤다. 너무 빠르게 달린 탓일까. 반드시 해결하고 가야 할 중요한 것들을 지나는 길에 방치하고 말았다. 식민지와 남북 분단의 아픔이 바로 그것이다. 아픔은 제때 적절한 치료를 받지 못한 채 우리 안에 쌓여만 갔다.

우리나라 사회의 구조와 시스템은 점점 낡아만 갔고, 수많은 문제가 방치되었다. 고용주와 근로자, 정규직과 비정규직, 중소기업과 대기업, 도시와 농촌, 기성세대와 신세대 등 여러 균열 구조가 고착화되어 우리나라는 몸살을 앓고 있다. 친일 청산을 강조하는 진보는 물론 종북 척결을 외치는 보수도 이 책임에서 결코 벗어날 수 없다.

사회적 갈등과 균열의 고착화가 단순히 무능한 정치만의 문제일까? 정치가 무능해서라기보다 낡은 이념 논리에서 벗어나지 못한 탓이 더 크다. 이념 논리를 진영 논리로 포장하면서 정치의 대안 부재와 무책임은 용인되었다.

178

종북과 친일 시비는 애국주의 심리에서 출발한다. 하지만 미래 지향적이지는 않다. 이 시대가 필요로 하는 애국이란 무엇인가. 이웃을 위해 헌혈을 하고 기부를 하며 궂은 봉사를 마다하지 않은 사람들, 남이 보지 않아도 질서를 준수하는 사람들이야말로 이 시대의 진정한 애국자다. 친일과 종북이 정말 문제라고 생각한다면 독립운동가의 후손과 민주화에 헌신한 사람들이 세상에서 존경받고 사회경제적 지원을 받는 데 관심을 기울이자.

발전 담론, 진보가 보수보다 더 분명해야 하는 이유

진보에 발전 담론이 없으면?

① 민주주의가 후퇴한다
② 사회경제적 약자에게 희망을 줄 수 없다
③ 경제 정책이 파편화된다

2015년 8월, 새정치민주연합 혁신위원회는 '민생제일주의'를 당의 정체성으로 표방하겠다는 내용을 주요 골자로 한 혁신안을 발표했다. 얼마 후 원내에서는 '재벌 개혁'을 주제로 한 공개 토론회가 열렸고, 6월에는 '유능한 경제정당위원회'가 출범했다.

특히 이번에 발표한 '민생제일주의' 노선은 좌우의 이념적 노선에서 벗어나 국민의 먹고사는 문제에 깊이 관심을 쏟자는 절박함이 담겨 있다. 당내 민생 연석회의도 제안한 상태다. 핵심 목표는 민생 정당이다.

그런데 무엇인가 이상하다. 실질적인 당 컨트롤타워인 당 대표와 혁신위원장의 경제 구상이 비슷한 듯하면서 다르다. 일반적으로 경제 정당은 재화의 생산 과정에, 민생 정당은 재화의 분배 과정에 초점을 맞춘다. 왜 이런 문제가 발생하는가.

바로 진보에 발전 담론이 없어서다. 발전 담론 없는 진보는 복지 담론 없는 보수보다 더 위험하다. 이유는 크게 3가지다.

첫째, 진보에 발전 담론이 없으면 민주주의가 후퇴한다. 민주주의는 이념이나 가치가 아니라 사회 운영 시스템이다. 기차가 발전 담론이라면 민주주의는 기차가 지나가는 레일과 같다. 기차가 없는데 좋은 레일이 무슨 소용이 있을까! 그 순간부터 민주주의는 투자 대상에서 사회적 비용으로 전락한다. 민주화 이후 민주주의에 대한 국민 여론과 인식이 예전만 못한 것은 이런 이유가 상당 부분 포함되어 있다.

둘째, 진보에게 발전 담론이 없으면 사회경제적 약자에게 희망을 줄수 없다. 진보적 산업 정책, 진보적 금융 정책, 진보적 재정 정책 같은 것이다. 기차에 실을 화물(구체적인 정책)이 없으면 기차와 레일도 아무짝에 쓸모가 없다. 그 순간부터 진보는 정책은 없고 대책만 있게 된다. 발전 담론에 대한 진보의 안티테제(Antithese: 정립의 부정 또는 반대를 말하며 사물의 발전에 있어 최초의 상태가 부정되고 새로이 나타난 상태)는 여기서 출발한다.

셋째, 진보에 발전 담론이 없으면 경제 정책이 파편화된다. 새정치민주연합(현재 더불어민주당)의 경제 정당 만들기와 민생 정당 만들기가 양립한 단적인 예다. 프랑스의 소장 경제학자 토마 피케티Thomas Piketty는《21세기 자본Capital in the Twenty-First Century》(글항아리, 2014)에서 2015년 말 큰 화제를 일으켰다. 방대한 데이터를 활용해 경제적 불평등을 심화시키는 현대 자본주의에 대한 고찰이 담겨 있는 책이다.

피케티의 주장에 먼저 관심을 보인 정당은 새정치민주연합이 아니라 새누리당이다. 새누리당이 두 차례나 토론회와 세미나를 연 후에야 새정치민주연합도 관심을 보이기 시작했다.

경제 정책이 파편화되면 조직 노선이나 정책 노선은 해체주의적 길을 걷거나 이와 반대로 전체주의적 길을 걷게 된다. 이러한 길을 걷게 되면 '극좌'의 유혹에 빠지기 쉽다. 진보에 발전 담론이 없을 때 가장 많은 고통을 겪는 계층은 서민이다. 이것이 진보가 발전 담론을 소홀히 해서는 안 되는 이유다.

폴 슈메이커와
한국 사회 정의담론과의 대화

8가지 진보·보수 이념으로 본 한국 사회의 정의담론 여론,
우리는 어떤 정의담론 속에 살고 있을까?

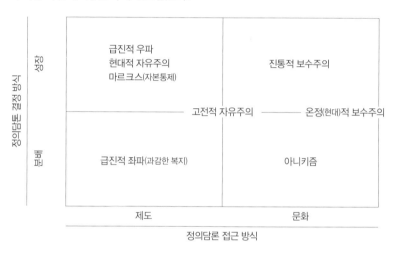

다변화된 한국 사회에서 정의담론이 어떤 이념적 토대에 근거하고
있는지 여론조사를 통해 시간여행을 떠나봤다. 근현대사에 나타난
다양한 이념 속에 녹아 있는 정의담론을 파악하기 위해 세계적인 정
치학자 폴 슈메이커의 저서인 '진보와 보수의 12가지 이념'을 바탕으
로 조사를 설계했다. 현실적인 상황을 고려하여 고전적 자유주의, 전
통적 보수주의, 아나키즘, 마르크스주의, 현대 자유주의, 급진적 좌파,
현대 보수주의, 급진적 우파의 8가지 이념 체계만을 선택하여 조사했

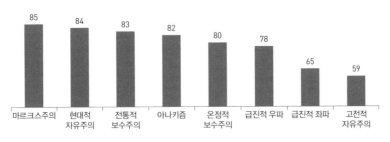

진보·보수 이념으로 본 정의론에 대한 현실 공감여론

(단위: %)

마르크스주의	현대적 자유주의	전통적 보수주의	아나키즘	온정적 보수주의	급진적 우파	급진적 좌파	고전적 자유주의
85	84	83	82	80	78	65	59

다(2016년 5월 중순. 전국 성인 남녀 1,000명 휴대폰과 집 전화 여론조사).

8가지 이념 속 정의담론을 8개 문항으로 물었다. 질문 순서와 관계없이 높은 공감 여론이 형성된 정의담론부터 소개한다.

첫 번째 정의담론 마르크스주의에 입각하여, '불평등을 해소하려면, 기업에 대한 정부의 강력한 규제가 필요하다'는 의견에 얼마나 공감하는지를 물었다. 공감한다는 여론(85%)이 공감하지 않는다는 여론(15%)보다 70% 높게 나타났다. 성장 정책과 제도적 장치를 요구하는 마르크스주의적 정의담론이 가장 높은 호응을 얻었다. 마르크스는 생산수단의 사적 소유를 반대했지만, 분배의 공정성보다는 생산방식의 효과성과 효율성 제고에 더 많은 관심을 보인 점을 감안하더라도, 자본의 통제가 필요하다는 근본적 인식은 200년의 시간을 뛰어 넘어 살아 있다. 그만큼 한국 사회에서 자본주의적 요소가 긍정적 영향보다는 부정적 영향을 미치고 있다는 방증일지도 모른다.

두 번째 정의담론 현대적 자유주의에 입각하여, '불평등을 해소하려면, 경제가 성장하여 일자리가 늘어나고 일할 기회가 많아져야 한다'는 의견에 얼마나 공감하는지를 물었다. 공감한다는 여론(84%)이 공감하지 않는다는 여론(15%)보다 69% 높게 나타났다. 현대적 자유주의는 성장 정책과 제도적 장치를 요구하는 정의담론으로 분류했다. 특별한 대안이 없는 한 성장과 일자리의 순환적 가치가 지속적으로 통용되는 모습니다.

세 번째 정의담론 전통적 보수주의에 입각하여, '불평등을 해소하려면, 부를 축적한 사람들의 사회적 책임감을 높아야 한다'는 의견에 얼마나 공감하는지를 물었다. 공감한다는 여론(83%)이 공감하지 않는다는 여론(16%)보다 높게 나타났다. 전통적 보수주의 정의담론은 성장 정책에 우선하며, 문화적 접근을 꾀한다. 불평등의 문제를 사회구조적 문제로 보기보다는 자본의 윤리적 문제로 접근하고 있다. 응답자 특성으로 보면, 연령이 낮고 이념적으로는 소극 진보(자유 진보)와 소극 보수(경제 보수) 성향을 보이는 계층의 공감 여론이 높았는데, 이러한 인식에는 의외로 질서에 순응하는 태도로도 보였다.

네 번째 정의담론 아나키즘에 입각하여, '불평등을 해소하려면, 법과 제도보다는 도덕적으로 정직하고 관대한 사람들이 사회에 많아야 한다'는 의견에 얼마나 공감하는지를 물었다. 공감한다는 여론(82%)이 공감하지 않는다는 여론(16%)보다 높게 나타났다. 분배 정책과 문화적 접근을 중시하는 아나키즘에 공감 여론을 주도하는 계층은 의외로 50대와 60세 이상 및 이념적으로 보수 성향의 응답자였다. 이들은 사회구조 개혁에 대한 기대보다는 개인의 도덕적 책임감을 중시하는 계층이기도 하다.

마르크스, 현대적 자유주의, 전통적 보수주의, 아나키즘 맥락으로 정의담론을 해석하고 적용할 수 있는 현실적 대안들을 고려할 때, 아나키즘을 제외하고는 성장 정책과 제도적 접근을 중시하고 있다. 지금까지 우리가 알고 있는 정의 실현의 통념적 여론 환경과는 조금 다른 조사결과일 수 있다. 다양한 정의담론의 결정 방식과 접근 방식을 이해하고 인정하는 것이 정의담론에 대한 여론을 알아가는 가장 기초적인 과정일 수도 있겠다.

그 외 온정적 보수주의에 입각하여, '불평등을 해소하려면, 부유층뿐만 아니라 빈곤층에게도 책임과 의무가 뒤따라야 한다'는 의견에 얼마나 공감하는지를 물었다. 공감한다는 여론(80%)이 공감하지 않는다는 여론(20%)보다 높았다.

또 급진적 우파(불평등을 해소하려면, 전 세계적인 경제 교류가 자유롭게 이루어져야 한다)에 입각한 질문에 공감(78%)이 비공감(21%)보다 높았다.

급진적 좌파의 정의담론(불평등을 해소하려면, 일할 기회보다는 직접적이고 과감한 복지 정책이 필요하다. 공감 65%, 비공감 34%)와 고전적 자유주의의 정의담론(사람들은 평등하게 태어났지만, 개인의 능력에 따른 불평등한 삶이 불가피하다-공감 59%, 비공감 39%)에 대한 공감대는 상대적으로 높지 않았다.

같은 조사에서 두 가지를 더 물었다. 2016년 한국 사회의 불공평 정도와 2017년 대선의 비전과 정책 방향을 물었다. '어떤 비전과 정책을 가지고 나온 후보를 선호하거나 지지 하겠냐'는 질문에 경제성장과 산업 발전이라는 응답(48%)이 양극화 및 불평등 해소(42%)라는 응답보다 높게 나왔다. 또 '한국 사회에서 금전 및 사회적 재화가 얼마나 공평하게 분배된다고 생각하는지'에 대해 불공평하다는 여론(77%)이 공평하다는 여론(21%)보다 매우 높게 나타났다.

조사 결과를 종합해보면 이렇다. 대한민국은 경제성장을 위한 새로운 산업 발전 전략이 마련되어 일자리를 만들고 복지를 확대하는 것이 필요한데, 이를 위해선 기업과 자본의 국가적 통제가 중요하다는 여론으로 들린다. 그렇다고 기업과 자본의 통제에 여론의 방점이 찍혀 있는 것은 아니다. 진보·보수의 8가지 이념으로 본 정의담론의 여론에서 성장 정책과 제도적 장치를 원하는 요구가 분배 정책과 문화적 접근보다 더 많았기 때문이다. 이러한 여론은 문제를 해결하는 데 전체적인 대안을 제시한다기보다는 실타래를 풀기 위한 첫 매듭의 의미가 더 클 것이다. 성장과 분배 모두가 정체되어 있는 시점에서 산업 정책과 기업 정책 그리고 복지 정책은 2017년 대선의 중요한 화두가 될 가능성이 높다.

돈으로 살 수 없는 것들, 시장도 알고 있다

민주주의 단상

2005년 **민주주의**	민주주의는 내 생활과 관계없는 것, 민주주의는 복잡하고 혼란스러운 것, 민주주의는 젊은 엘리트 정치인의 것, 민주주의는 반대하는 것.
2012년 **민주주의**	민주주의는 반대를 위한 반대, 민주주의자는 그 나물에 그 밥, 같은 싸움만 반복하는 제도, 무능한 제도.

위의 표는 2005년과 2012년에 민주주의를 주제로 우리나라에서 둘째가라면 서러운 여론조사 전문기관 M사의 좌담회focus group interview 녹취록 내용이다.

이 2번의 좌담회 사이에 최장집 교수의 《민주화 이후의 민주주의》 (후마니타스, 2010)가 출간되었다. 우리나라 근현대사 속에서 민주주의가 시대별로 어떤 역할을 해왔는지 앞으로 어떤 상황에 직면할지 이야기하는 책이다. 시장경제 체제에서 민주주의와 세계화 이후 민주주의의 역할도 함께 조망했으면 더 좋았을 것이라는 아쉬움이 들긴 해도 민주주의에 대한 심층적인 고찰이라는 면에서 타의 추종을 불허하는 저서다.

하지만 여기서 풀리지 않는 의문점이 있다. 민주주의는 자본주의의 한계와 문제점을 토로하며 경제 체제의 변화를 요구한다. 그런데 왜 자본주의는 민주주의의 문제점에 대해서는 말하지 않을까? 민주주가 완벽해서일까? 아니면 있는데도 말하지 않는 걸까? 만약 그렇다면 왜 말하지 않을까?

더 좋은 민주주의가 어떻게 가능할지는 잘 모르겠다. 자본주의는 지금의 민주주의가 불편할 수는 있어도 근본적으로 나쁘지 않다고 생각하는 듯하다. 그러니 굳이 건드릴 필요도 없다. 반면 민주주의는 민주주의를 생각하는 시간보다 자본주의를 생각하는 시간이 더 많은 것 같다. '더 좋은 민주주의'를 위해 어떤 행동의 변화가 필요한가 보다 '더 나쁜 시장경제'를 어떻게 하면 변화시킬 수 있는가에 더 많은 관심을 보인다. 정치권의 대중서가 된 조지 레이코프George Lakoff의 《코끼리는 생각하지 마Don't think of an elephant!: know your values and frame the debate》(와이즈베리, 2015)가 머릿속에 뱅뱅 돈다.

기업이 만인을 대상으로 하는 활동을 한 사람 한 사람을 대상으로 하는 활동으로 방향을 바꾼 지 꽤 오래되었다. 기업이 사람을 생각하기 시작했다는 방증이다. 기업은 이처럼 다품종 소량 생산을 하는데 정치는 여전히 소품종 대량 생산 체제를 고수한다. 정치가 기업보다 '더 좋은 서비스'를 제공할 수 없는 중요한 이유다. 여기서 의문이 더 생긴다. 기업과 시장경제가 서비스에 비非시장적 요소를 투입하는 것과 마찬가지로 민주주의는 비민주적 요소(공공 서비스)라고 생각하는 것들을 얼마나 차용하고 있을까?

정치 공학, 선거 기술, 경영과 마케팅 기법, 여론조사 등은 근엄한 민주주의 앞에서 대부분 초라해진다. 한반도에 제한해 설명되고 해석되는 민주주의와 세계사적 변화 속에 설명되고 해석되는 자본주의 중 능력과 인류사적 측면에서 누가 더 높은 점수를 받을까? 이것은 더 좋은 민주주의를 이루기 위한 숙제다.

메이저리그에는 30개 구단이 있다. 가난한 구단도 있고 부자 구단도 있다. '뉴욕 양키스'는 부자 구단에 속한다. '뉴욕 양키스'는 데려오고 싶은 선수가 있으면 돈으로 해결할까?

놀랍게도 돈이 1순위가 아니라고 한다. 뉴욕 양키스는 영입 희망 선수를 대상으로 미국 프로야구에 대한 구단의 역사 인식과 책임감에 대한 프레젠테이션을 선행한다. 돈으로는 살 수 없는 가치부터 선수에게 전하는 것이다. 실제로 더 많은 연봉을 제시한 구단의 제안을 거절하고 뉴욕 양키스에 입단한 선수들이 꽤 있다고 한다. 자본이 돈으로 살 수 없는 가치를 역설해 소기의 목표를 달성한 적절한 예다.

'더 좋은 민주주의'가 직면한 문제도 이런 것이라는 생각이 든다. 자본이 비자본적인 요소들과 융합하듯 민주주의도 비민주적인 요소들과 융합해 더 좋은 민주주의의 출발점을 만드는 것은 아닐까?

성찰 없는 발전은 없고 기업과 시장은 흥망성쇠를 겪는다. 민주주의도 마찬가지다. 모두가 아는데 민주주의만 모르는 비밀일지도 모른다. 집회·결사·출판의 자유, 보통선거, 평등선거, 직접선거, 비밀선거가 보장되는 21세기 민주주의가 성공하리란 보장이 어쩐지 시간이 흐를수록 줄어든다는 느낌이 드는 이유가 뭘까?

190

애국심엔 애국愛國심이 없다

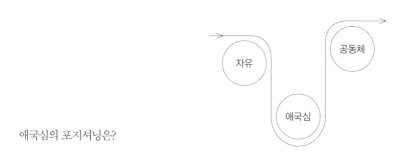

애국심의 포지셔닝은?

최근 애국심이 영화 소재로 자주 등장한다. 〈명량〉(2014)은 누적 관객 1,700만 명을 돌파하며 우리나라 영화사상 최다 관객을 동원했다. 〈연평해전〉(2015)은 누적 관객 600만 명을 넘겼으며 〈암살〉은 누적 관객 1,200만을 넘어서며 흥행했다. 애국심이 문화적 가치뿐 아니라 경제적 부가 가치도 창출하는 셈이다.

애국심은 예상치 못한 곳에서도 그 모습을 드러낸다. 삼성그룹은 삼성물산과 제일모직을 합병하는 과정에서 엘리엇 매니지먼트가 낸 가처분 소송에 휘말렸다. 엘리엇 매니지먼트는 집요하게 삼성그룹을 공격했지만, 국민연금과 국내 소액주주들은 글로벌 기업이자 국내 기업인 삼성그룹의 손을 들어주었다.

스포츠는 일상에서 가장 명쾌한 방식으로 애국심을 고취시킨다. 국제대회에 출전한 국가대표 선수들을 응원할 때 우리는 가슴 벅찬 기쁨을 안고 기꺼이 하나로 똘똘 뭉친다.

애국심은 문화 및 정치경제적 단결을 촉진하는 힘을 지녔다. 한 나라의 공동체를 유지하는 데 큰 역할을 하는 셈이다. 그래서 애국심이 공공 영역과 시장 영역 모두의 마케팅 대상이 된 지 오래다.

2015년 초, 정부는 대대적으로 3·1절 태극기 달기 운동을 벌였다. 당시 한국갤럽의 여론조사 결과를 살펴보자. 대한민국 성인 남녀 10명 중 6명이 정부의 태극기 달기 캠페인에 찬성하는 것으로 나타났다. 새누리당 지지자 10명 중 8명이, 새정치민주연합(현재 더불어민주당) 지지자 10명 중 5명이 이 운동에 찬성했다.

애국심은 진보의 것일까 아니면 보수의 것일까.

일반적으로 진보의 애국심은 자유 수호에서 나타나고 보수의 애국심은 주로 공동체 수호에서 나타난다. 애국심은 우리를 하나로 묶어주지만, 짝을 잘못 만나면 바로 '잘못된 만남'이 되기도 한다.

그렇다면 국민을 억압하는 국가의 국민도 애국심을 가져야 하는가. 이 질문은 우리를 딜레마에 빠뜨린다. 애국이란 '자유와 공동체 수호가 모두를 위한 이익'이며 평화·인권·환경같이 보편적이고 동등한 가치다. 과거에 총과 칼을 들고 나라를 지키는 것이 애국이었다면 이것은 국민과 백성 개개인의 자유를 지키기 위해서였다. 그래서 애국심에는 애국愛國심이 없다.

애국심은 크게 2가지로 나눌 수 있다. 사적 애국심과 공적 애국심이다. 사적 애국심은 일상생활에서 문화나 스포츠 향유, 주변을 대하는 태도에서도 확인할 수 있다. 사적 애국심은 덕성이다. '어질고 너그러운 마음'이다. 공적 애국심은 사회화된 애국심이다. 때로는 사적 애국심보다 더 중요하게 여겨진다. 민주주의와 시장경제에 대한 확신이 공적 애국심이다.

'국기에 대한 맹세문'에서 바뀐 내용	
새로운 맹세문	나는 자랑스런 태극기 앞에 **자유롭고 정의로운 대한민국의** 무궁한 영광을 위하여 몸과 마음을 바쳐 충성을 다할 것을 굳게 다짐합니다.
이전 맹세문	나는 자랑스런 태극기 앞에 **조국과 민족의** 무궁한 영광을 위하여 몸과 마음을 바쳐 충성을 다할 것을 굳게 다짐합니다.

우리나라 사회에 만연한 연공서열, 지역 연고, 동기동창끼리 뭉치는 계파주의는 정치권이 안고 있는 문제와 흡사하다. 이런 문제로 책임 전가와 보신주의가 만연하는 사회에는 애국심이 그 어느 것보다 필요하다.

애국심은 어느 한 국가, 민족, 풍습, 인종, 언어에 갇히지 않는다. 그 예는 2007년에 공포 및 시행된 '국기에 대한 맹세문'의 변화에서 찾아볼 수 있다. '나는 자랑스러운 태극기 앞에'로 시작하는 맹세문은 '조국과 민족'에서 '자유롭고 정의로운 대한민국'으로 바뀌었다.

애국심은 진보가 오인할 수 있는 배타적 민족주의를, 보수가 오인할 수 있는 국가주의를 향한 맹목적 충성이 아니다. 그저 이웃을 사랑하는 마음 하나도 애국심을 설명하는 데 어떤 부족함도 없다.

당신은 박정희와 노무현 중
누구 편인가

한국인이 가장 좋아하는 대통령은?
(2015년)

리처치앤리서치 박정희 (38%)

한국갤럽 노무현(32%)

해마다 뜨거운 7월이 오면 대통령들은 농촌 들녘을 찾아가 농민들의 일손을 도우며 격려한다. 역대 대통령을 평가하는 여론조사 결과를 살펴보면 박정희 대통령과 노무현 대통령이 수위를 달리고 있다.

2015년 리서치앤리서치가 실시한 조사에서는 박정희(38%) 대통령이, 갤럽 조사에서는 노무현(32%) 대통령이 1위를 차지했다. 그만큼 두 전직 대통령이 국민에게 사랑받는 지도자이자 시대를 대표하는 지도자라는 의미로 보인다.

그런데 의문이 든다. 역대 대통령을 평가하는 여론조사는 어째서 매번 경쟁 구도일까? 설마 박정희 대통령을 좋아하는 국민은 노무현 대통령을 싫어하고 노무현 대통령을 좋아하는 사람들은 박정희 대통령을 싫어해서인가. 두 전직 대통령을 동시에 좋아하는 국민은 얼마나 될까?

한국사회여론연구소는 박정희 대통령과 노무현 대통령에 대한 여론조사를 했다(전국 성인 남녀 유무선 50%씩 1,000명 전화 조사. RDD. 오차 범위 ±3.1%). 이번에는 두 전직 대통령을 각각 얼마나 선호하는지 물었다. 그중 65%가 노무현 대통령을, 65%가 박정희 대통령을 좋아한다고 응답했다.

노무현 대통령에게 호감을 보인 주요 계층은 호남 거주자, 20대, 화이트컬러, 진보 성향의 응답자다. 박정희 대통령에게 호감을 보인 주요 계층은 대구·경북 거주자, 60세 이상, 농림수산업 종사자, 주부, 보수 성향의 응답자다.

조사 중 재미있는 사실을 발견했다. 노무현 대통령을 좋아하는 사람 중 박정희 대통령을 좋아하는 사람(51%)이 절반이나 나왔다. 박정희 대통령을 좋아하는 사들 중 노무현 대통령을 좋아하는 사람(53%)도 절반을 조금 넘었다.

노무현 대통령에게 호감을 보인 주요 계층인 호남 거주자의 45%, 20대의 46%, 화이트컬러의 47%, 진보층의 47%가 박정희 대통령에게도 호감을 표시했다. 반대로 박정희 대통령에게 호감을 보인 주요 계층인 대구·경북 거주자의 56%, 60세 이상의 36%, 농림수산업 종사자의 66%, 주부의 51%, 보수층의 44%가 노무현 대통령에게도 호감을 표시했다.

조사 결과의 설득력을 높이기 위해 몇 가지 질문을 더 했다. 그 결과 두 전직 대통령을 동시에 가장 많이 좋아한 응답자는 '공동체를 중시하는 계층'이다. 이들 중 65%가 노무현 대통령을, 69%가 박정희 대통령에게 호감을 표했다. 가족과 이웃을 사랑하고 우리 사회를 걱정하는 사람들의 의견으로 보인다.

박정희 대통령은 빈곤의 시대를 극복하고 근대화의 기틀을 닦았으며 산업화에 성공했다. 노무현 대통령은 권위주의를 타파하고 국민소득 2만 달러를 달성했다. 이것을 토대로 우리나라는 선진국 대열에 들어섰다. 두 대통령은 시대를 초월해 밖으로는 민족자강을 안으로는 지역 균형 발전을 염원했다. 그러나 현실에서는 두 전직 대통령의 관계가 배타적으로 설정되어 있다. 누가 이 두 사람을 이런 관계로 만들었는가. 그로 인해 어떤 집단이 이익을 얻는가 말이다.

2015년 광복 70주년을 맞았다. 제국주의 압제에 고난을 겪고 한국전쟁과 분단 상황을 경험하고 산업화와 민주화의 고된 여정도 거쳤다. 숨 가쁘게 헤쳐왔지만, 우리나라는 현대 국가의 모습을 갖춘 지 고작 70년밖에 되지 않았다. 어쩌면 박정희와 노무현의 시대는 500년 왕조 국가를 벗어나려고 몸부림친 현대 국가 건설의 70년 역사에 불과할지 모른다.

경제성장 없는 민주주의, 민주주의 없는 경제성장을 상상할 수 없듯이 성찰과 관용으로 역사를 재조명해보자. 영웅 박정희와 바보 노무현이 불러일으킨 대중의 열망과 열정이 둘로 쪼개져 있는 한 우리나라에 진정한 변화와 개혁이 일어나기는 쉽지 않다. 당신은 영웅 편인가 바보 편인가.

경제체제보다 시민의식이 더 중요한 이유

대한민국 각 분야 수준 인식 국민여론조사
(R&R, KBS)

■ 선진국 ■ 중견국 ■ 개발도상국 ■ 후진국

2015년 하반기에 여론조사 전문기관 리서치앤리서치와 한국방송공사가 공동으로 '대한민국 분야별 수준에 대한 국민 인식 여론조사'를 실시했다. 정치, 경제, 과학 기술, 문화·예술, 교육, 국방, 시민의식 총 7개 분야와 각각에 대한 국가의 발전 정도에 따라 선진국인지 중견국인지 또는 개발도상국인지 후진국인지 물었다.

과학 기술 분야와 문화·예술 분야가 선진국이라는 응답이 가장 많았다. 경제 분야와 국방 분야는 중견국이라는 응답이 가장 많았다. 반면 정치 분야와 시민의식 분야는 후진국이라는 응답이 가장 많았다. 조사 결과, 우리나라는 '중견국'이라는 인식이 폭넓게 분포되어 있었다.

국가는 하나의 인격체라 할 수 있다. 자연과 인간의 원리와 유사한 시스템과 구조를 지녔다. 위의 조사 결과는 근대 국가가 탄생하면서 새롭게 대두된 교육론인 지智·덕德·체體 교육 모형(완전한 인간형을 지향하는)을 그대로 반영한 듯하다.

선진국이라는 응답이 나온 과학 기술 분야와 문화·예술 분야는 지·덕·체 중에서 지智, 중견국이라는 응답이 나온 경제 분야와 국방 분야는 체體, 후진국이라는 응답이 나온 정치 분야와 시민의식 분야는 덕德과 유사하다.

해당 조사 결과로 말하자면 우리나라는 다른 나라에 비해 '머리는 똑똑하고 몸은 정상 체격인데 통이 작고 감싸주는 능력은 떨어지는 편'이라는 말이다. 도전과 조화 그리고 통합 능력이 부족하다는 의미이기도 하다. 그렇다면 우리에게 부족한 덕德이 국부 창출과 국가 발전에 얼마나 중요한 역할을 하는가.

마케팅 대부라는 별칭을 가진 세계적 석학 필립 코틀러Philip Kotler 교수의 저서 중에 《국가 마케팅The Marketing of Nations》(세종연구원, 1998)에서 일부 내용을 발췌했다. 번역된 지 오래되었지만 지금도 의미하는 바가 크다.

코틀러 교수는 근대국가가 국부를 창출하고 발전하는 데 시민의 사고방식과 가치관을 중요한 요소로 꼽는다. 브라질·아르헨티나·나이지리아·러시아는 천연자원을 풍부하게 보유했지만 한정된 천연자원과 좁은 영토를 지닌 일본·스위스·싱가포르에 비해 낮은 수준의 생활을 영위한다. 특히 아르헨티나는 제1차 세계대전이 발발하기 전에는 미국 다음으로 국민총생산(GNP)이 높은 나라였지만 무능한 정부는 국가 경제를 스위스의 10분 1수준으로 떨어뜨렸다.

사람들의 특정한 사고방식과 가치관은 국가 경제 관행과 성장에 영향을 준다. 영국은 엘리트 중심의 사고로 인해, 프랑스는 국수주의로 인해, 미국은 저축은 연기된 만족이라는 식의 단기적이고 향유적인

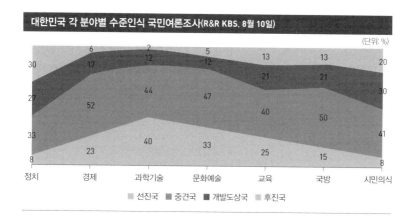

대한민국 각 분야별 수준인식 국민여론조사(R&R KBS, 8월 10일)

(단위: %)

■ 선진국 ■ 중건국 ■ 개발도상국 ■ 후진국

사고로 인해 국가 전체가 흔들리는 위기를 겪었다.

필립 코틀러 교수는 한 국가의 과학 기술과 문화적 일체감(언어· 종교·민족 등)도 중요한 요소로 여긴다. 우리나라에 대해서도 언급했다. 코틀러 교수가 첫 번째로 꼽은 주제는 '사고방식과 가치관'이다. '일단 시작하고 보자', '그 정도면 됐다'는 관행이 우리나라 발전을 이끈 사고 방식과 가치관이라고 설명한다.

일단 시작하고 보자는 도전정신과 그 정도면 됐다는 중용의 마음. 필립 코틀러 교수가 우리나라 현대사를 조망하면서 본 정치와 시민의식은 산업화의 도전 정신과 공동체 의식이 아니었을까? 예전의 우리는 지금보다 통이 크고 감싸주는 능력이 뛰어났던 듯하다.

우리는 영리한 머리에 건강한 몸을 가졌다. 허리를 펴고 가슴을 크게 열자. 일단 시작해보자. 모자라지도 넘치지도 않게 살아보는 거다!

중도는 보수적일까 진보적일까?

한국인의 이념 성향은? (2015년 11월)

진보 25%	중도 진보 32%	중도 보수 13%	보수 31%	적극 진보 15%	소극 진보 41%	소극 보수 31%	적극 보수 13%
진보 25%	중도 44%		보수 31%	진보 56%(적극+소극)		보수 44%(적극+소극)	

이념 논쟁은 선거 때마다 구도를 만들었다. 이념 논쟁 안에는 북한이라는 변수가 언제나 똬리를 틀고 있었다. 2000년대 초반부터 북한의 국지적 도발로 발생하는 차가운 북서풍과 대북 인도적 지원으로 불어오는 따뜻한 남동풍은 이념적 접점 지역에 강한 비를 뿌렸다. 그렇다면 지금은 어떤가.

예전처럼 단일한 이념 전선으로 설명하기에는 지금의 이념 지형이 복잡해졌다. 이념 지형은 자유화, 세계화, 지식정보화 시대를 맞으며 자연선택에 의해 탈이념적으로 분화되고 진화했다.

진보와 보수 안에서는 기존의 진보와 보수의 강점은 취하고 약점은 버린 '소극 진보'와 '소극 보수'가 분화된 형태로 나타났다. '중도'는 현대화된 소극 진보와 소극 보수의 장점을 취하며 전혀 다른 종으로 진화했다.

'중도'는 모호한 입장과 태도를 보이는 이념적 중간 지대가 아니다.

200

각 정당은 저마다 '중도화 전략'을 고민한다. 하지만 중도로 달려가면 아무도 없을 공산이 크다.

중도, 보수보다 진보에 더 가까워

한국사회여론연구소는 2번에 걸쳐 '이념 지형'에 대해 묻는 여론조사를 했다(각각 전국 성인 남녀 1,000명 유무선 전화 조사). 6월 조사에서는 이념 지형을 적극 진보, 소극 진보, 소극 보수, 적극 보수로 나누어 물었다. 11월 조사에서는 진보, 중도, 보수로 나누어 물었다. 첫 번째 조사 결과는 적극 진보 15%, 소극 진보 41%, 소극 보수 31%, 적극 보수 13%로 나타났다. 소극 진보가 가장 많았고 적극 보수가 가장 적었다.

두 번째 조사 결과는 진보 25%, 중도 44%, 보수 31%로 나타났다. 중도가 가장 많았고 진보가 가장 적었다. 그다음 두 조사를 비교 분석했다. 진보와 보수 두 갈래로만 보면 진보 56%, 보수 44%다. 이와 별도로 '중도'(44%)는 중도 진보 32%, 중도 보수 13%로 나뉘었다.

위 결과가 현실에서 의미하는 바는 비교적 분명하다. 이제는 각 정당이 각자 유리한 고지를 선점하기 위해 이념을 동원하는 전략이 먹히지 않을 수도 있다는 의미다. 개별 유권자들이 가지고 있는 고유한 '성향'보다 시시각각 변하는 '상황'이 정치적 의사결정에 더 많은 영향을 미치고 있다는 뜻으로 풀이할 수 있다. 자연선택에 의한 분화와 진화는 원래 외부 환경의 영향을 받아 진행된다. 정치적 요인보다 경제·사회적 요인이 미치는 영향도 확대되고 있다. 그렇다면 누가 진보이고 중도이며 보수인가.

성별과 소득보다는 연령과 직업이 이념 성향과 상관관계가 높아

성별로 보면 진보는 여성(55%)이 보수는 남성(54%)이 더 많다. 중도는 남녀 각 50% 대 50%로 비율이 같다. 연령별로는 진보는 20대, 중도는 30대와 40대 및 50대, 보수는 60세 이상이 많다. 특히 30대(62%)와 40대(53%)의 중도 비율이 상당히 높다.

이번에는 '월 평균 가구 소득' 규모로 살펴보자. 150만 원 미만에서 보수(37%)가 중도(34%)나 진보(29%)보다 조금 많았을 뿐 그 이상의 소득규모에서는 모두 '중도'가 가장 높다. 이념과 계층은 관계가 있다는 통념을 깬 결과다. 이번 조사에서는 이념 성향과 사회경제적 계층을 나눌 수 있는 소득 규모에서 별다른 상관관계가 나오지 않았다.

그렇다면 직업군에서는 어떨까. 전문직(29%)과 화이트컬러(27%)는 진보가, 자영업(34%)과 전업주부(39%) 및 블루컬러(33%)는 보수가 상대적으로 많았지만, 전체적으로 모든 층에서 중도가 가장 높다. 중도의 범위는 어디까지인가. 어떨 때는 진보적 색채로 또 어떨 때는 보수적 색채로 변신하는 것인가. 위 그래프를 보면 중도는 중도 진보와 중도 보수의 상당 부분을 차지한다. 이들을 파악해보면 해답을 찾을 수 있을 것이다.

소극 진보와 소극 보수는 '공공의 영역'에서 이종교배 가능

아래 그림은 복지와 경제 중 무엇을 더 중시하는지 공공과 개인 중 무엇을 더 중시하는지 질문한 뒤 이를 4분면으로 재구성해 적극 진보, 소극 진보, 소극 보수, 적극 보수를 응답 규모에 따라 배치해 만든

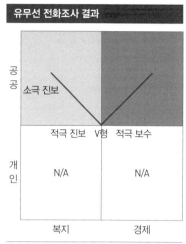

유무선 전화조사 결과

공공

소극 진보

적극 진보   V형   적극 보수

개인

N/A   N/A

복지   경제

2015년 6월 전국 성인 남녀 1,000명 유무선 전화조사
결과를 재구성함

자료다. 분화된 각각의 소극 진보와 소극 보수는 기존의 적극 보수와 적극 진보보다 공공의식이 높았다. 적극 보수보다 소극 보수가 경제를 더 중시했고 적극 진보보다 소극 진보가 복지를 더 중시하는 경향을 보였다. 공공 영역에서는 'V' 자형으로 대형을 맞추듯 나타났다. 반면 아직까지는 자유주의적 성향을 보이는 진보와 보수의 존재는 미미한 것으로 보인다.

도덕 보수+복지 진보=공평과 공동체

우리나라 사회가 다원화되면서 보수와 진보는 각각 세 갈래로 나뉘었다. 보수는 이념 보수, 도덕 보수, 경제 보수로 나뉘었다. 진보는 이념 진보, 자유 진보, 복지 진보로 나뉘었다. 적극 진보와 적극 보수는 이념 성향이 강해 상호 대립 관계에 놓이지만, 소극 보수 중 가족과 공동체 그리고 전통과 법을 중시하는 '도덕 보수'는 소극 진보 중 '복지를 지향하는 층'과 '공평과 공동체'라는 이슈로 통합적 관계를 맺을 수 있다. 소극 보수 중 '경제 보수'는 소극 진보 중 개인과 자유, 창의와 개성을 중시하는 '자유 진보'와 '공정과 자율 경쟁'이라는 이슈로 통합적 관계를 맺을 수 있다.

이념&가치 프레임. 조사 결과를 프레임으로 재구성	적극	소극	
보수	이념	도덕	경제
진보	이념	자유	복지
	갈등구조	공정&경쟁 (통합 가능)	공평&공동체 (통합 가능)

소극 진보, 적극 진보보다 소극 보수와 더 가까운 관계

4분면 분석과 프레이밍 분석은 이념 성향에 따른 이슈별 입장의 통합과 차이를 잘 드러내고 있다.

'친일-종북 논쟁을 멈춰야 한다'는 주장에 대해 소극 진보(43%)와 소극 보수(32%)가 적극 진보(15%)와 적극 보수(10%)보다 높은 응답률을 보였다. '우리나라 사회에서 대기업이 긍정적 역할을 한다'는 응답

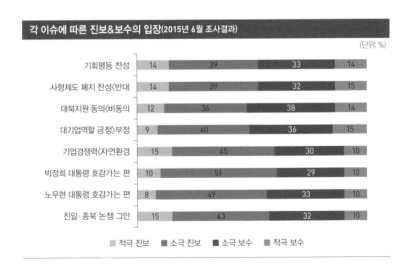

각 이슈에 따른 진보&보수의 입장(2015년 6월 조사결과)

(단위: %)

	적극 진보	소극 진보	소극 보수	적극 보수
기회평등 찬성	14	39	33	14
사형제도 폐지 찬성(반대)	14	39	32	15
대북지원 동의(비동의)	12	36	38	14
대기업역할 긍정(부정)	9	40	36	15
기업경쟁력(자연환경)	15	45	30	10
박정희 대통령 호감가는 편	10	51	29	10
노무현 대통령 호감가는 편	8	49	33	10
친일·종북 논쟁 그만	15	43	32	10

에서도 소극 진보(40%)와 소극 보수(36%)가 적극 진보(9%)와 적극 보수(15%)보다 높았다. '사형제 폐지 반대'는 소극 진보(39%)와 소극 보수(32%)가 적극 진보(14%)와 적극 수(15%)보다 높았다. '기회 평등'에 대해 소극 진보(39%)와 소극 보수(33%)가 적극 진보(14%)와 적극 보수(14%)보다 높았다. 제3의 길로 대표되는 진보의 합리적 기준에 적극 진보보다 소극 보수가 더 많이 동의하는 셈이다.

'대북 지원에 비교적 부정이다'는 응답에서도 소극 진보(19%)와 소극 보수(20%)가 적극 진보(7%)와 적극 보수(8%)보다 높았다. 특히 대북 지원과 관련한 진보층의 여론은 '평화적 남북통일'이 아닌 '한반도 상황의 안정적 관리'로 그 목표가 하향되었다.

대통령 평가

노무현 대통령의 긍정 평가는 적극 진보보다 소극 보수가 더 높으며 반대로 박정희 대통령 긍정 평가는 소극 보수보다 소극 진보가 더 높다는 흥미로운 분석 결과가 있다.

상대평가가 아닌 호오도(절대평가)로 '박정희 대통령 호감도'를 물으니 적극 보수(10%)나 소극 진보(29%)보다 소극 진보(51%)의 평가가 더 높았다. 반면 '노무현 대통령 호감도'에서는 적극 진보(8%)보다 소극 보수(33%)의 평가가 더 높았다. '기업의 경쟁력보다 환경 보호가 더 중요하다'는 응답이 적극 진보(9%)보다 소극 보수(15%)에서 더 많이 나왔다. 기존 관념에서 벗어난 결과다.

각 당이 자구적 함정

새누리당의 역사 교과서 국정화와 새정치민주연합(현재 더불어민주당)의 노동 개혁 반대는 자구적 함정이라고 할 수 있다.

역사 교과서 국정화: 보수는 이 문제가 역사 바로 세우기의 보수적 해법이라고 생각하는 것일까? 이 현안에 보수가 결집할 것이라는 판단은 오판이 될 수 있다.

노동 개혁의 반대: 진보는 이것이 사회개혁의 진보적 해법이라고 생각하는 것일까? 진보가 노동으로 결집할 것이라는 판단도 오판일 수 있다.

진보와 보수는 이미 다원화되었다. 단순히 이념 전선 하나로 세상이 가르는 시대는 이미 오래전에 끝났다. 정치권이 그것을 깨닫지 못한 채 낡은 이념 지형을 끄집어낸다면 우리나라의 미래를 생각하지 않고 당리당략적 접근만 한다는 국민의 비판을 피할 길이 없을 것이다. 비소극 보수에 속한 경제 보수는 새누리당의 역사 교과서 국정화에, 소극 진보에 속한 자유 진보는 노동 개혁 반대에 동의하지 않을 가능성이 높다.

좋은 정치란 과학에 기초한 예술

소극 진보와 소극 보수는 '좋은 정치'에 핵심 지지 기반이다. 갈등 구조를 만들기보다 사회 통합을 이끄는 데 더 노력을 기울이는 것이 바람직한 정치 모습이다. 사회 통합은 과학적 기초(과거와 현재의 데이터가 진단한 현실)에서 시작되지만 결국 예술적 판단(인간의 창조적 입

206

장과 태도)으로 미래를 만든다. 사회 통합은 세밀하고 정밀한 과정을 거쳐야 한다. 한 음도 버리지 않고 한 음도 허투로 버리지 않겠다는 작곡가의 마음, 1mm의 작은 폭 안에 10개의 선을 그리는 건축가의 정성을 생각해보라. 비가 억수같이 쏟아지는 날 밤에 지붕에 올라가 얻은 장승업의 통찰처럼! 천체물리학자가 상상할 수 없이 넓은 우주 공간을 보며 작디작은 인간의 존재를 통해 신을 만나듯 좋은 정치를 펼치고자 하는 여정에 중도, 소극 진보 그리고 소극 보수는 오선지가 되고 펜이 되고 붓이 될 것이다.

배워서 남 주는 적자생존

공부하는 이유는 남을 주기 위한 것이다?
(2016년 1월)

　예전 학생들은 부모에게 "공부해서 남 주냐! 제발 공부 좀 해라"는 말을 자주 들었다. 유행어처럼 번졌고 지금도 간혹 듣는 사람이 있다.

　솔직히 듣기 좋은 말은 아니지만 틀린 말도 아니다. 공부를 열심히 해서 좋은 성적으로 졸업하면 좋은 직장을 얻기가 한결 쉬워지고 행복한 가정을 꾸릴 가능성도 높아진다. 그러나 요즘은 상황이 달라졌다. 어지간히 공부해서는 성공을 장담할 수 없다. 그런 이유로 학부모의 '레퍼토리'에 "공부해서 남 주냐!"는 사라졌다. '배움'이라는 연금술을 동원해도 적자생존과 자연선택이라는 용광로가 흙수저를 금수저로 바꾸지 못하고 있다. 따로 대안도 없다. 여전히 공부는 남에게 주기 위함이 아니라 나를 위한 것이라는 인식이 팽팽한 것 같다.

　2016년 1월 중순, 한국사회여론연구소는 전국 성인 남녀 800명을 대상으로 모바일 여론조사를 해 '공부하는 이유는 남을 주기 위한 것이다'는 주장에 동의 여부를 물었다. 응답자의 39%만이 동의했고 나머지 61%는 동의하지 않았다.

홍미로운 결과도 있다. 연령이 높을수록(34%→43%) 공부는 남에게 주는 것이라는 이타적 관점을 보였다. 소극적인 진보 성향(33%)을 보인 응답자와 소극적인 보수 성향(38%)을 보인 응답자보다 적극적인 진보 성향(53%)과 적극적인 보수 성향(42%)을 보인 응답자가 공부에 대한 이타성이 높았다. 경제(34%), 문화(21%), 교육(30%), 과학(43%) 분야에 관심이 많은 응답자보다 정치(56%)에 관심이 많은 응답자의 이타성이 더 높았다. 마지막으로 소득 수준이 낮을수록(29%→47%) 공부에 대한 이타적 동의율이 높았다.

자신의 정체성과 공공성에 인식이 분명하거나 경륜이 높은 응답자가 더 이타적 경향을 보였다. 하지만 공부는 나를 위한 것이라는 응답자를 비난할 수는 없다. 공부는 남에게 주는 것이 아니라 나의 성공을 위한 교두보일 뿐이라는 생각을 이 사회가 우리 아이들에게 심어준 것이다. 공부와 관련된 책을 찾아봤다. 공부해야 하는 이유보다는 어떻게 하면 공부를 잘할 수 있는지에 대한 방법론을 다룬 책이 훨씬 많았다. 10권 중 9권, 아니 10권 모두가 그런 주제였다. 이제부터라도 남에게 줄 수 있는 공부를 준비해보면 어떨까? 초·중·고등학교 정규 과목에 '자원봉사 교육', '헌법 교육', '민주시민 교육', '응급치료 교육', '공정 경쟁 시장 교육', '준법 납세 교육', '환경보호 교육', '평화와 인권 그리고 자유 철학 교육' 등을 넣으면 어떨까. 다가올 미래는 창조의 시대, 융합의 시대, 2개 이상의 가치가 공존해 발전하는 시대다. 자신보다는 다른 사람을 사랑할 때, 받을 때보다 줄 때 더 행복한 인류가 되자. 공부해서 남 주자!

제 3 부

상황 분석
Condition Mining

'무엇이 우리의 판단과 행동을 결정하는가?'라는 화두는 정치심리학, 경제심리학이 던지는 첫 질문이다. 동시에 2가지 유형의 공통적 답안을 제시한다. 상황과 성향이다. 상황은 과거에 겪었던 경험에서 얻은 정보를 토대로 판단과 행동을 결정한다는 논리다.

여론은 변화하려는 가변성, 옳고 그름이 없는 가치 중립성, 얽매이지 않으려는 탈규범성을 띤다. 무엇이 옳은 방향의 정책인가를 여론으로 파악하기란 불가능하다. 여론은 단기적 추세이지만 민심은 장기적 흐름이다. 여론은 평상시 표면화되지만, 민심은 특별한 계기나 사건이 없으면 노출되지 않는다. 그래서 여론과 민심은 간혹 달라 보인다. 대중은 자신이 궁극적으로 원하는 바를 잘 모르는 경우가 많다. 그래서 민심을 정확히 파악하기란 무척 어렵다. 민심은 물 위에 떠오른 윗부분보다 몇십 배 더 큰 아랫부분을 지닌 거대한 빙산과 같아서다.

3부에서는 우리가 처한 사회적 공간에 개인, 공동체, 경제 활동, 정치적 의사결정, 혁신의 측면을 통해 변화하는 환경과 예측 가능한 환경에 대해 살펴볼 것이다. 또 처한 현실을 가급적 성향과 무관하게 '있는 그대로' 보는 훈련도 곁들인다.

06

시민과
공동체

안보의 패러다임을 바꾸자

일상에 가장 위협이 되는 문제'가 무엇인가?

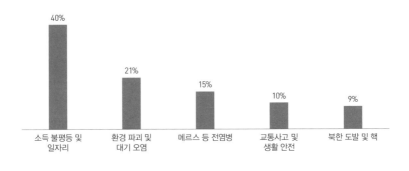

세계적 석학 울리히 벡Ulrich Beck이 출간한 《위험사회Risikoges-
ellschaft》(새물결, 2006)라는 책은 매우 인상 깊다. 과학 기술의 발전이
산업화 시대를 열어 세상은 풍요로워졌지만, 새로운 위험도 증가하고
있다. 이 위험은 선진국에서 주로 나타나는데 특별한 상황이 아니라
일상에서 발생하는 위험이라는 데 있다.

우리나라는 한국전쟁, 산업화, 민주화를 거쳐 불과 반세기 만에 최
빈국에서 선진국으로 도약했다. GDP 세계 13위, 휴대전화 시장 점유
율 세계 1위, 조선 수주량 세계 1위, 반도체 시장 점유율 세계 3위, 자
동차 및 석유화학 생산량 세계 5위를 달리는 선진국이다.

반면에 OECD 국가 중 노인 자살률 1위, 청소년 자살률 1위, 사교
육비 지출 1위, 보행자 교통사고 1위, 주당 근로시간 1위, 저출산률

1위, 조세 불평등 개선 지수는 최하위다. 잘살게 되었지만, 행복해지지는 않았다.

이뿐만이 아니다. 성수대교 붕괴를 시작으로 삼풍백화점 붕괴, 세월호 침몰 사고, 예비군 훈련장 총기 사고, 메르스 사태까지 수많은 일상의 위협에 노출되어 있다.

한국사회여론연구소는 '일상에 가장 위협이 되는 문제'가 무엇인지 묻는 여론조사를 했다(전국 성인 남녀 유무선 50%씩 1,000명 전화 조사. RDD. 오차 범위 ±3.1%).

'소득 불평등 및 일자리 문제'라는 응답이 40%로 가장 높았다. 그 외 의견으로는 '환경 파괴 및 대기 오염 문제'(21%), '메르스 같은 전염병 문제'(15%), '교통사고 및 생활 안전 문제'(10%), '북한의 도발 및 핵 보유 문제'(9%) 등이 나왔다.

체감도가 높고 일상적인 위험일수록 응답률도 높았다. 그중에서도 개인이 처해 있는 상황이지만 개인의 노력보다는 사회구조적 노력이 필요한 위험일수록 응답률이 더 높았다. 주로 탈근대적 과제들에 집중되어 나타났다.

1994년 국제연합개발계획(UNDP)에서 '인간 안보'라는 개념을 처음 도입했다. 전통적인 국가 안보 개념에서 벗어나 개개인의 생명과 존엄을 중시하는 새로운 패러다임의 안보 개념이다. 전쟁과 분쟁 같은 폭력뿐 아니라 기아, 빈곤, 환경 파괴, 생명 무시, 불평등, 경제 위기 등 개개인의 상황에서 다양하게 벌어지는 문제를 21세기 새로운 안보의 영역으로 인정해야 한다는 주장이다.

우리나라는 남북 분단과 군사적 대치라는 특수한 상황에 놓여 있어 전통적 국가 안보가 매우 중요하다. 민주주의와 시장경제를 수호하고 국민 개인의 생명과 재산을 지켜야 해서다.

이런 관점에서 보면 인간 안보는 튼튼한 국가 안보의 선행 정책이자 예방 정책의 기능을 한다. 수신제가치국평천하修身齊家治國平天下라는 말도 있지 않은가!

한국형 인간 안보 정책은 3가지로 나눌 수 있다. 도시 안전, 사회 안정, 계층 건강이다. 도시 안전 정책의 핵심은 안전한 이동, 안전한 학교, 안전한 음식, 생명과 자연의 공존 등이다. 사회 안정 정책의 핵심은 복지, 일자리, 주거, 교육, 공동체 가치 등이다. 계층건강 정책의 핵심은 청소년 건강, 어르신 건강, 여성 건강, 질병 통제, 공공 의료 등이다.

안보 정책은 보수를 대표하는 정책이자 박근혜 정부가 중시하는 정책이다. 2012년에 문재인 대선 후보는 슬로건의 주제를 '사람'으로 잡았다. 새 패러다임의 인간 안보는 보수와 진보 모두에게 블루오션이다. 진보든 보수든 상관없다. 누구든 상관없이 안보의 새 패러다임을 서둘러 열었으면 하는 바람이다.

메르스 대책 본부의 외부 전문가가 모두 의사였던 이유

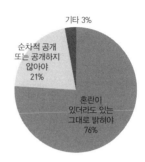

기타 3%

순차적 공개
또는 공개하지
않아야
21%

혼란이
있더라도 있는
그대로 밝혀야
76%

정부의 메르스 정보 공개와 관련해
어떻게 생각하는가? (2015년 6월)

'무엇이 우리의 판단과 행동을 결정하는가?'라는 화두는 정치심리학과 경제심리학이 던지는 첫 질문이다. 2가지 유형의 공통된 답을 제시한다. 상황과 성향이다. 상황은 과거에 겪은 경험에서 얻은 정보를 토대로 판단과 행동을 결정한다는 논리다. 성향은 지속적이고 일관된 가치관으로 편향과 편견이 우리의 판단과 행동을 결정한다는 논리다.

메르스 사태를 보면 국민이 처한 상황과 정부의 일관된 성향의 간극이 좀처럼 좁혀지지 않고 있다. 2015년 6월 한국사회여론연구소는 정부의 메르스 정보 공개와 관련해 국민 의견을 묻는 여론조사를 했다(전국 성인 남녀 유무선 50%씩 1,000명 전화 조사. RDD. 오차 범위 ± 3.1%).

'사회적 혼란이 있더라도 사실을 있는 그대로 밝혀야 한다'는 응답

(76%)이 '순차적으로 공개하거나 공개하면 안 된다'는 응답(21%)에 비해 압도적으로 많았다. 대통령 국정 평가와 여야 지지, 이념 성향의 차이와 상관없이 나타났다. 그런데 정부는 왜 정보 공개를 꺼리는가.

이유는 혼란에 대한 우려에서 찾을 수 있다. 가뜩이나 메르스를 통제하기 어려운데 정보까지 공개하면 사회적 혼란이 가중된다고 생각한 것이다. 이것을 방증하는 예가 있다. 정부가 종합 대응 컨트롤타워 control tower에 참여시킨 외부 전문가는 모두 의사다. 눈앞에 닥친 전염병을 막는 데 급급한 것이다. 정부의 대응은 진료 과정에서 환자의 상태보다 차트에만 신경을 쓰는 실수와 비슷하다. 세계보건기구(WHO)에는 전염성이 높은 질병을 대처하는 사회적 커뮤니케이션 매뉴얼이 있는데 보건 당국의 신뢰감 유지를 가장 중요한 요소로 꼽았다.

우리 정부가 신뢰감을 확보할 수 있는 방법은 3가지가 있다. 여기에는 정부와 언론, 병원의 역할이 동시에 필요하다. 첫째, 정부는 사회심리학 전문가, 도시통계학 전문가, 커뮤니케이션 전문가, 기록관리학 전문가 등을 종합 대응 컨트롤타워에 참여시켜야 한다. 의학 외적 문제를 파악하고 조언할 수 있는 전문가들이 의사결정 구조에 참여해야 한다. 정부가 메르스와 싸우는 이유는 단순히 메르스를 퇴치하기 위함만이 아니다. 국민의 안전과 생명을 지키는 것이 무엇보다도 중요하다.

둘째, 언론은 신속 보도보다는 과학 보도, 데이터 저널리즘에 더 많은 관심을 쏟아야 한다. 병원에서 확진된 환자만 모수로 해 사망자를 계산하면 치사율은 높아질 수밖에 없다. 병원에 입원하지 않은 예상 확진 환자까지 확률적으로 계산해 치사율을 계산하는 것이 현실적이다. 한때 언론이 메르스 치사율을 40%로 보도했다. 시간 단위로 추가 사망자를 보도하는 것만큼이나 사망자가 메르스에 걸리기 전의 인구

사회학적 특징과 주변 상황, 건강 상태 등을 종합해 보도해야 한다. 이는 정부가 메르스 확진 병원의 이름을 밝히는 것만큼 중요하다.

마지막으로 병원이다. 병원은 격리 상태에 놓인 환자에게 어떤 환경에서 무슨 치료를 받는지 전 과정을 자세히 설명해줘야 한다. 그래야 메르스 의심 환자도 안심하고 병원을 찾을 수 있고 추가 감염도 최소화할 수 있다. 시민의 입장에서 격리라는 단어는 가치 중립적이고 부정적인 단어다. 심지어 공포감까지 느낄 수 있다.

여론조사를 하나 더 실시했다. '미군의 탄저균 실험을 어떻게 생각하느냐?'는 질문에 '최소한 우리 정부의 동의를 얻어 실험을 했어야 한다'는 응답(39%)이 가장 높았다. 기타 의견은 '최소한 실험하기 전에 우리 정부에 사전 통보라도 했어야 한다'(29%), '이유를 불문하고 우리나라에서 실험은 안 된다'(23%), '북한의 핵 위협 등 남북 대치 상황에서 미군의 실험은 불가피하다'(7%) 순으로 나왔다. '몰래 해서는 절대로 안 된다'는 여론이 무려 68%다. 정보의 투명성에 대한 여론은 메르스나 탄저균이나 비슷한 양상을 띤다.

어떤 일이 얼마만큼 진전되었는지 모두가 알아야 한다. 그래야 적극 동참하고 싶은 마음이 생긴다. 상황이 어떤지 있는 그대로 털어놓는 것이 중요하다.

마이크로 소프트 회장 빌 게이츠Bill Gates의 성공 경영 10계명 중 하나다. 나는 메르스가 기승을 부리던 때 늦은 출근길에 이것을 실천하는 사람을 만났다. 지하철에서 행상이 마스크를 팔고 있었다. 방진

마스크 3장에 1만 원이다. 비싼 가격임에도 꽤 많이 팔았다. 이보다 더 놀라운 사실은 지하철 칸에 있는 승객 모두가 행상이 이야기하는 메르스 예방법에 귀를 기울였다는 것이다. 승객 모두는 마치 대통령의 연두교서를 듣는 듯 집중했다. 지하철에서 마스크를 팔던 행상은 정부도 못한 정보 공유의 힘을 몸소 보여준 것일지도 모른다.

안전 문제, 끝이 보이지 않는 이유

대한민국의 국제투명성기구 국가 청렴도 순위

2009년	2010년	2011년	2012년	2013년	2014년
39위	39위	43위	45위	46위	43위

안전 불감증, 사회적 투명성과 반비례

1930년대 미국 보험업계는 한 권의 책에 비상한 관심을 보였다. 《산업재해 예방을 위한 과학적 예측》이라는 책이다. 산업재해가 발생해 사망자 또는 중상자가 1명 발생하면 그전에 같은 원인으로 경상자가 29명, 똑같은 원인으로 부상을 당할 가능성이 있는 잠재적 부상자가 300명이 존재한다는 통계 결과를 담은 책이다.

'1 대 29 대 300 법칙'(하인리히 법칙)은 보험회사에서 손해 발생 원인을 분석하는 업무를 담당하던 하인리히라는 직원이 발견한 법칙이다. 100년 가까이 지났지만, 지금까지도 사람들 입에 오르내리며 위험 신호를 평가하는 척도로 사용한다. 큰 사고는 어느 순간 갑자기 발생하는 것이 아니라 이미 오래전부터 작은 사고들이 반복적으로 일어나면서 쌓인 리스크가 큰 사고로 이어진다는 이론이다.

우리나라 사회는 세월호 참사와 메르스 사태를 겪으면서 안전 의식에 대한 깨달음을 얻었다. 그럼에도 서울 지하철 2호선에서 고장 난 플랫폼의 스크린도어를 정비하던 정비사가 목숨을 잃는 안타까운 사고가 발생하는가 하면 바다에서 낚싯배가 전복되는 사고도 터졌다.

안전사고 대부분은 '대중 장소'와 '이동성'을 매개로 발생했다. 사람들이 많이 모이는 곳, 교통수단, 전염병처럼 위해 요인이 이동 확장하는 등으로 그 형태를 드러내고 있다. 안전 문제가 도시 문제로 이어질 가능성마저 내포하고 있는 셈이다. 그런 징후가 속속 포착되고 있다.

트위터와 블로그의 글을 자연어 처리해 분석하는 소셜 메트릭스 SOCIAL METRICS로 '도시 안전'이라는 단어를 검색할 때 주로 언급되는 중립 또는 부정어로는 '다양한', '게으른', '범죄', '감지되다' 등이 있다. '제2롯데월드'로 검색하면 '협의', '불량', '특혜', '궁금하다', '의혹' 등의 단어들이 나온다. 검색된 단어들이 가지는 공통적 사회적 가치는 무엇인가. 검색된 단어들은 '사회적 투명성'이 낮을 때 나타나는 현상과 연관된 단어들이다.

낚싯배 침몰 사고도 세월호 침몰 사고와 비슷한 모습이다. 승선 명단에 있었지만 침몰한 배에 승선하지 않은 낚시꾼이 경찰의 초기 구조 과정에서 '배는 괜찮다'고 거짓말을 하면서 구조가 늦어졌다. 세월호 사고(2014)가 발생한 지 2년이 지났다. 하지만 사고 수습은 정확한 원인 규명이 아닌 책임자 처벌 중심으로 이루어졌다. 이렇게 사건 사고의 원인과 과정을 규명하는 데 어려움을 겪는 이유는 우리나라 사회 전반에 걸쳐 있는 사회문화적 특징인 투명성과 연관이 깊다.

2014년 말 기준 국제투명성기구의 발표에 자료를 들여다보자. 우리나라의 국가 청렴도는 2008년 이래로 6년 연속 정체와 하락을 거듭하고 있다. 175개국 중 43위다. 2015년 세계경제포럼(WEF)이 발표한 정책 결정 투명성에서는 144개국 중 133위에 올랐다. 캄보디아(130위), 미얀마(136위)와 비슷한 수준이다.

사회적 투명성이 낮을수록 안전 불감증이 용인된다. 언론 인터뷰에서 낚시꾼은 선장이 불이익(위법성을 감추기)을 받을까 봐 거짓말했다고 밝혔다. 승선 명단을 허위로 작성한 경우는 이번만이 아니다. 세월호 사고 때도 메르스 사태 때도 정보의 낮은 투명성은 수많은 의혹과 추가 사고를 불러일으켰다.

삼풍백화점 붕괴 사고, 성수대교 붕괴 사고, 세월호 침몰 사고, 메르스 사태. 언급한 모든 사건이 보수 정부에서 발생했지만 '하인리히 법칙'에 따르면 보수 정부와 진보 정부 모두에게 해당 책임이 있다. 한마디로 진보와 보수는 우리나라 사회의 시스템을 개혁하는 데 실패했다.

중앙정부 혼자서 풀기에는 문제가 복잡하고 다양하며 크다. 시민의 힘과 동참이 있어야 한다. 시대 변화에 따라 시민 참여의 목표와 방식도 변해야 한다. 지역별로 자치화되어 있는 자율방범대와 교통안전 어머니회, 새마을 부녀회를 통합해 운영하거나 각 지방자치단체가 별도의 '동네 안전 주민 자치 모임'을 조례로 만들어 활동을 지원하는 방안도 검토해볼 만하다.

07

통계와
여론

아날로그의 역습: 온라인으로
만난 사이는 왜 오래가지 못하는가

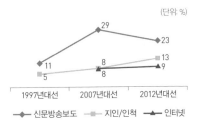

(단위: %)

대통령 선거를 할 때 참고로 한 매체는?
(한국갤럽)

SNS를 하는 사람들이 2~3년 전에 비해 부쩍 줄었다. 하는 사람도 줄었지만, 관심도 줄었다. 영국의 명문 축구 구단 맨체스터 유나이티드의 알렉스 퍼거슨Alex Ferguson 감독은 "SNS는 인생의 낭비"라고 언급할 정도로 SNS에 대한 회의론이 만만치 않다.

감정 표현이 제대로 되지 않는 온라인 소통 구조에 사람들의 흥미가 점점 떨어지는 듯하다. 더 나아가 사생활 침해에 대한 우려도 SNS의 침체에 한몫한다.

미국의 한 대학에서 일과 학업에 매여 연예와 결혼을 하지 못하는 젊은 남녀의 만남을 주선하는 온라인 사이트에 대한 연구를 했다. 온라인 사이트가 중매쟁이보다 더 효율적이고 효과적으로 만남을 주선하는지 알아보기 위한 실험이다.

결과는 효율적이지도 효과적이지도 않았다. 실험에 자원한 직장인과 대학생들은 잠재적 데이트 상대를 찾기 위해 컴퓨터 앞에서 주당

5.2시간을 썼다. 상대를 찾았을 때 이메일을 주고받는데 6.7시간을 사용했다. 오프라인 만남이 성사될 경우 1.8시간을 만났다. 이마저도 상대에 대한 실망감이 커서 일회성 만남으로 끝나는 경우가 허다했다고 한다. 12시간의 준비 과정과 2시간의 만남! 친구를 2시간 정도 만나기 위해 자동차로 왕복 12시간의 거리를 달려갔지만, 실제 만날 가능성이 50% 미만인 경우와 크게 다를 바 없다는 결론이다.

온라인 및 SNS 환경이 우리나라 정치와 선거에서는 어떤 영향을 미치는가. 선거 시즌이 다가오면 SNS는 비정상적으로 과열된다. SNS가 정말 선거에 효과가 있는가 궁금하다.

미국과 우리나라의 각종 예는 이 질문에 부정적인 답을 내놓는다. 미국 선거연구회는 1956년부터 2008년까지 대통령 선거 과정에서 후보나 선거운동원을 직접 만났거나 전화 통화로 선거 이야기를 나눈 유권자가 얼마나 되는지 조사했다.

직·간접적 접촉이 있었다는 유권자가 1956년에는 17%였고 1972년에는 29%로 증가하더니 1992년에는 20%로, 2004년과 2008년에는 42~43%로 증가했다.

우리나라도 비슷하다. 한국갤럽은 2번의 대선과 2번의 총선에서 후보 선택 시 주요 참고 매체가 무엇인지 묻는 여론조사를 했다. 대선에서 '신문·방송'의 영향력은 2007년에는 29%였는데 2012년에는 23%로 하락했다. '인터넷'은 8%에서 9%로 답보 상태다. 총선에서는 '인터넷'이 9%에서 6%로 뚜렷한 하락세를 보였다.

반면 '지인과 인척'의 영향력은 증가했다. 대선에서는 8%에서 13%로, 총선에서는 11%에서 18%로 증가했다.

IT 기술은 빠르게 발전하고 있고 선거운동 방식은 기술의 도움을 받고 있다. 그럼에도 선거운동의 효과가 디지털에서 아날로그로 이전 되는 이유는 무엇인가.

첫째, 다채널 시대로 접어들면서 미디어는 과포화 상태가 되었다. 그래서 특정 공중파 채널만 선호하는 경향이 거의 사라졌다. 채널별 평균 시청률이 떨어질 수밖에 없는 구조가 된 것이다. 예전처럼 소수 의 특정 채널이 높은 시청률을 기록하는 시대는 끝났다. 특히 2009년 미디어법 개정으로 종합편성채널이 탄생하면서 공중파 채널 독점의 종말은 가속화되었다. 유권자들이 접할 수 있는 채널이 많아진 만큼 미디어를 활용한 선거운동의 효과도 파편화된 셈이다.

둘째, 담론 중심의 정치에서 생활 이슈 중심의 정치로 무게중심이 서서히 이동하고 있다. 바람과 대형 이슈 중심의 선거가 지상전 중심 의 선거로 그 양상이 바뀌고 있다. 사회를 양대 진영으로 구분하는 사회적 균열 이슈는 줄어든 대신 일상적이고 다원적인 생활에 밀접 한 이슈들이 대등하게 등장하고 있다.

셋째, 커뮤니케이션 방식이 정보 신뢰도에 영향을 주고 있다. 온라 인을 통해 애인 또는 지지할 후보에 대해 정확히 파악하는 일은 어렵 다. 키·체중·종교 등 듣기만 해도 설명할 수 있고 파악할 수 있는 것 들도 있지만 직접 대면하지 않고는 확인하거나 설명할 수 없는 요소 가 사람에게는 너무나 많다.

미국 부르킹스 연구소Brookings Institution가 선거 캠페인 효과를 측 정하는 조사를 했다. 우리나라는 금지하는 호별 방문은 14가구 방 문 시 1표, 숙련된 전화 홍보는 35명 통화당 1표를 얻는다는 결과가 나왔다. 반면 이메일 등 온라인 활용과 문자 서비스 등 ARS 활용은 900명 간접 접촉당 1표 또는 거의 득표 효과가 없었다.

빅데이터를 통한 온라인 홍보전이 오바마 대통령 당선에 중요한 역할을 했다는 분석도 있지만 실제로는 자원봉사자의 지상전이 선거를 승리로 이끄는 결정적 역할을 했다. 물론 인터넷과 SNS가 시민적 자유와 권리를 확대하고 선거운동에 긍정적으로 이바지했다는 사실을 부정하자는 것은 아니다.

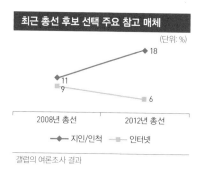

최근 총선 후보 선택 주요 참고 매체

(단위: %)

- 2008년 총선: 지인/인척 11, 인터넷 9
- 2012년 총선: 지인/인척 18, 인터넷 6

◆ 지인/인척   ■ 인터넷

갤럽의 여론조사 결과

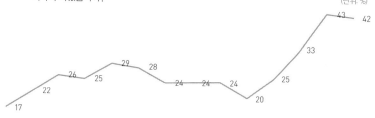

1956~2008년 미국 민주당-공화당이 선거운동에서 접촉한 유권자

질문: 정당의 선거운동원이 직접 찾아와서 또는 전화를 걸어 당신에게 올해 선거에 대해서 이야기 하였습니까?

(단위: %)

17 22 26 25 29 28 24 24 24 20 25 33 43 42

1956년 1960년 1964년 1968년 1972년 1976년 1980년 1984년 1988년 1992년 1996년 2000년 2004년 2008년

출처: 학술지 《미국 전국 선거 연구American National Election Studies 1956~2008》 (대통령 선거 연도에 국한)

2008년, 2012년 대통령 후보 선택시, 주요 참고 매체

(단위: %)

- 2007년 대선: 신문방송보도 29, 지인/인척 8, 인터넷 8
- 2012년 대선: 신문방송보도 23, 지인/인척 13, 인터넷 9

◆ 신문방송보도   ■ 지인/인척   ▲ 인터넷

갤럽의 여론조사 결과

2008년, 2012년 국회의원 후보 선택시, 주요 참고 매체

(단위: %)

- 2008년 총선: 지인/인척 11, 인터넷 9
- 2012년 총선: 지인/인척 18, 인터넷 6

◆ 지인/인척   ■ 인터넷

갤럽의 여론조사 결과

디지털을 향한 아날로그의 역습이 시작된 것은 이미 오래전 일이다. 디지털카메라가 등장했을 때 사람들은 사진관이 머지않아 자취를 감출 것이라고 예상했다. 하지만 가족이나 갓 태어난 아기와 쌓은 추억을 간직하기 위해 전문사진관을 찾는 사람들이 점점 늘어간다. 실제 얼굴보다 더 예쁘게 사진을 가공해주는 전문점도 성업 중이다. 어디 그뿐인가! 온라인 서점 탄생으로 동네 작은 서점들이 줄줄이 폐업하긴 했지만, 대형 서점들은 계속 점포를 늘린다. 1990년대에는 디지털 세상이 오면 종이 서류가 줄어들 것이라고 예상했다. 하지만 정보 증가와 함께 출력물 양이 아날로그 시대보다 오히려 몇 배나 늘었다.

지금까지 적용해온 민주적 정책 결정 과정에는 한계점이 많다. 그래서 대면민주주의, 심의민주주의, 숙의민주주의의 중요성이 어느 때보다 높다. 20대 총선 후보를 선출하기 위해 오픈프라이머리open primary 부터 배심원제까지 다양한 민주적 절차를 검토하는 이유도 이것과 무관하지 않다.

새누리당은 SNS상에서 야당에게 밀리지 않으려고 SNS 전문가를 외부 인사로 영입했다. 새정치민주연합(현재 더불어민주당)은 젊은층의 지지를 확대 강화하기 위해 온라인 정당, 네트워크 정당 건설을 목표로 당 시스템을 개선한다. 각 정당의 시도가 우선적이고 효과적이며 실현 가능한 것인지 의문이다.

이익과 손실의 단기적 추세와
장기적 추세:
두껍아 두껍아, 헌 집 줄 게 새집 다오!

주택 시장 관련 여론조사 결과 (한국갤럽)

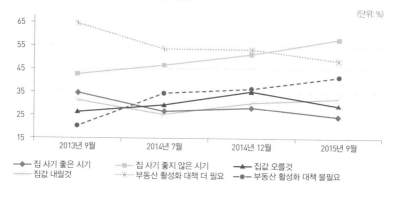

(단위: %)

2013년 9월　2014년 7월　2014년 12월　2015년 9월

◆ 집 사기 좋은 시기　　■ 집 사기 좋지 않은 시기　　▲ 집값 오를것
집값 내릴것　　　　　✱ 부동산 활성화 대책 더 필요　● 부동산 활성화 대책 불필요

　2015년 8월, 여론조사 전문기관 한국갤럽이 주택 구매 시점, 향후 집값 등락 전망, 부동산 매매 활성화 정책의 필요성, 주택 담보대출 심사 기준의 강화 여부에 대해 여론조사를 했다.

　한국갤럽이 매일 여론조사를 해 그 결과를 국민에게 아무런 조건 없이 제공하는 것에 국민의 한 사람으로 감사의 마음을 전한다. 이러한 사회적 공헌이 국민의 알 권리를 보장하는 헌법 정신과 맞닿은 기업 정신이라는 측면에서 찬사를 보내지 않을 수 없다.

　주택 구매 시점 관련 질문에는 '지금은 시기가 좋지 않다'는 응답

(57%)이 '시기가 좋다'는 응답(24%)보다 높았다. 2013년에 비해 주택 구매 시점에 대한 여론 격차가 더 벌어졌다.

향후 집값 등락 관련 질문에는 '오를 것'이라는 응답(29%)과 '내릴 것'이라는 응답(32%)이 팽팽하게 나타났다. 2013년에 비해 큰 차이가 없었다.

부동산 매매 활성화 정책의 필요성을 묻자 '더 활성화해야 한다'는 응답(48%)이 '그럴 필요 없다'는 응답(41%)보다 높았다. 2013년과 비교하면 '더 활성화해야 한다'는 응답(64%)이 16%나 적게 나온 셈이다.

집값 상승이 예상되지만, 지금이 주택 구매 적기라는 응답과 집값 하락이 예상되지만, 주택 구매를 하기에는 부적절한 시점이라는 응답 모두, 서로 다른 리스크를 안고 있는 것으로 보인다. 전자의 여론은 이익을 얻기 위해 리스크를, 후자의 여론은 손해를 줄이기 위해 리스크를 안고 있다.

일반적으로 이익을 목적으로 하는 리스크 감수는 단기 이익을 위해하는 반면 손해를 줄일 목적의 리스크 감수는 장기 이익을 위해 행해진다.

집을 살 기회를 이익으로 전환하기 위한 여론에는 높은 이자율을 적용하고 손해를 줄이기 위한 여론에는 반대로 높은 할인율을 적용한다. 왜 이런 현상이 발생하는가.

이익을 목적으로 하는 리스크 감수, 단기 성과 고려, 높은 이자율 등은 상황에 대한 과대평가로 이루어진다. 반면 손해를 줄일 목적의 리스크 감수, 정기성과 고려, 높은 할인율 등은 상황에 대한 과소평가로 이루어진다. 그렇다면 과대평가와 과소평가가 집값을 올릴까 아니면 내릴까.

집을 살 수 있는 여력이 되거나 최초 주택 구매 연령이 많이 포진한 40대는 집값이 내려갈 것으로 전망한다. 물론 부동산 매매 활성화 정책을 강화할 필요성을 느끼지 못한다고 응답했다. 손실을 줄이려는 선택으로 보인다.

주택 담보대출 심사를 강화해야 한다는 응답한 계층은 50대와 60세 이상, 대구·경북 거주자, 전업주부, 주택 소유자, 지금이 집을 사기 좋은 시점이라고 생각하는 응답자, 집값이 내릴 것이라고 예측한 응답자였다. 집을 소유할 경제적 여력이 되는 연령대는 우리나라 경제가 주택 담보대출로 위기를 맞기 전에 대출 심사 기준을 강화해야 한다고 생각한다고 풀이할 수도 있다. 그런데 그들은 집값 하락을 전망하면서도 왜 지금이 주택을 구매하기 좋은 시점이라고 생각하는가. 아마도 지속적 상승세를 보이는 전월세 임대 소득을 염두에 둔 것 같다.

사람은 이익을 얻는 것보다 손해를 보는 데 더 민감하다. 지금 같은

	집 사기 좋은 시기	집 사기 좋지 않은 시기	집값 오를것	집값 내릴것	부동산 매매 정책 활성화 더필요	부동산 매매 활성화 정책 불필요
지역	인천, 경기, 부산, 경남	서울, 인천, 경기	광주, 전라	서울, 부산, 경남	인천, 경기, 부산, 경남	대전, 충청
성별		남성			여성	남성
연령	50대, 60세 이상(연령이 높을수록)	20대, 30대 (연령이 낮을수록)	20대 (연령이 낮을수록)	40대	20대, 50대	30대, 40대
지지 정당	새누리	새정치	무당층	새정치	새누리	새정치
직업	자영업	화이트컬러	블루컬러	화이트컬러	자영업	화이트컬러
종속 변수	자가	비자가	집 사기 좋은 시기	집 사기 좋지 않은 시기	집 사기 좋은 시기	집 사기 좋지 않은 시기
					집값 오를것	집값 내릴것

추세라면 단기적으로는 주택 시장을 유지할 수 있어도 장기적으로는 침체일로를 걸을 가능성이 매우 높다.

한때 두꺼비에게 집을 지어달라고 하는 동요가 유행했다. 집값이 언제나 합리적인 수준에서 결정되는 것은 아니라는 사실을 우리가 잘 알아서인지도 모른다.

난 누구 여긴 어디?
데이터야, 넌 알고 있지?

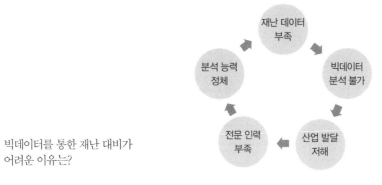

빅데이터를 통한 재난 대비가
어려운 이유는?

시대에 따라 그 성격이 조금씩 바뀌지만, 정부 역할은 지속적으로 늘어나고 있다. 자국의 영토와 국내 치안을 유지하는 일에서 보건, 교육, 노동, 지역, 산업, 안전, 복지 정책까지 정부는 우리 일상과 생애 전반의 모든 문제에 직·간접적으로 관여한다. 따라서 우리에게는 예전보다 더 똑똑하고 유능한 정부가 필요하다.

이제는 '정부와 모든 국민'에서 '정부와 지역', '정부와 계층'으로 정책 커뮤니케이션 단위가 구체화되고 있다. 특정 분야나 선진국에서는 이미 '정부와 개인'으로 정책 커뮤니케이션이 작아지는 추세다. '빅데이터'는 이런 일들을 가능하게 만든다.

최근 우리 정부도 빅데이터를 활용해 사실상 모든 국민에게 '재난 안전 문자'를 보냈다. "국민안전처 8월 6일 현재, 폭염 특보 발령 중! 농사일 및 야외 활동 자제, 충분한 물 마시기, 주변 노약자 돌보기, 안전

사고 유의"라는 메시지다.

비록 정부는 노력하지만, 국민의 불만은 여전히 적지 않다. 물론 처음부터 잘하는 사람은 없다. 시작에 의미를 두는 것이 중요하다. 하지만 좀 더 개선할 필요는 있다.

첫째, 대응 시점이다. 기상청이 이미 전날 일기예보를 통해 폭염 가능성을 예고했는데 기상청보다 더 민감하게 정보를 취합하고 위기관리를 해야 하는 국민안전처가 뒤늦게 정보를 제공했다. 비가 이미 내리는데 '비가 내릴지 모르니 우산을 준비하라'는 문자를 받은 격이다.

둘째, 대응 방식이다. '만인을 위한 만인의 정보'는 매스미디어를 통해 접할 수 있다. 이번에 국민안전처가 보낸 문자 메시지는 스마트폰에 깔린 기본 정보 서비스나 생활 관련 정보를 지원하는 어플리케이션에서 쉽게 받아볼 수 있는 흔한 정보였다.

스마트폰의 보급 및 발전으로 국민은 맞춤형 정보 서비스에 이미 익숙하다. 정보 통신업체의 도움을 받는다면 '지역과 연령'을 세분화해 해당 재난으로 겪을 수 있는 위험 정도와 신속한 대처 방안을 제공할 수 있을 것이다.

셋째, 정보 제공 대상이다. 국민안전처는 2015년 8월 8일에도 긴급 재난 문자를 보냈다. 이번에는 호우 피해가 우려되는 해당 지역에만 문자를 보냈다. '8일 현재 경기 북부 지역에 강한 비가 내리니 계곡·하천 물놀이객은 안전하게 대피하고, 고립 시에는 건너지 말고 119에 신고해주세요'라는 내용이다.

보통 이런 경우는 해당 지역에 거주하는 물놀이객보다 다른 지역에서 온 물놀이객이 더 큰 피해를 입을 가능성이 크다. 그런데 그 점을 전혀 고려하지 않고 피해가 발생한 지역 주민에게만 문자를 보냈다.

해당 하천 지역에 설치된 기지국들을 삼각측량 방식으로 활용해 실제로 위험에 노출된 모든 물놀이객에게 정보를 제공하는 방안은 어째서 생각하지 못했는가.

데이터 선진국의 사례를 살펴보자. 오바마 대통령 선거 캠프는 사상 유례를 찾아볼 수 없을 만큼 방대한 빅데이터를 선거 활동에 활용했다. 인터넷 포털 사이트 '구글'은 온라인 검색 흐름을 분석해 미국 정부의 질병통제센터보다 7~10일 앞서 독감 환자 증가를 예측했다. 미국 메릴랜드 주는 과거 길거리 범죄에 대한 데이터를 분석해 예측 모델을 개발했다. 범죄 발생이 예측되는 지역으로 경찰차를 미리 보내 범죄율을 낮췄다.[1]

공상과학영화에서 본 일들이 이제 현실이 되고 있다. 우리나라의 IT 기술은 세계적 수준이니 우리나라도 머지않아 할 수 있을 것이다.

세월호 사건은 여전히 국민의 뇌리에서 강하게 박혀 있다. 만약 선박의 크기와 노후 정도, 출항 횟수, 날씨와 유속 정보, 사고 발생 지역, 사고 유형과 사고 시간대, 피해 유형 등 데이터를 집대성해 사고 예측 모델을 만든다면 이런 비극을 어느 정도는 미연에 막을 수 있었을 것이다.

국민안전처에 데이터 관련 담당자가 있기는 하지만 고작 1~2명으로는 역부족이다. 선진적 국민 안전 보장을 위해 2가지 사안을 검토해 보기를 바란다.

첫째, '재난 상황 예측 데이터 본부'를 설치하자. 재난에 대응하는 동

---

1 《빅데이터, 승리의 과학》(이지스퍼블리싱, 2013)과 《빅데이터의 다음 단계는 예측 분석이다》 (이지스퍼블리싱, 2013)를 참조하여 서술한 것이다.

시에 재난을 예측하는 역량도 필요하다.

둘째, 각 분야 전문가를 중심으로 사회심리학자, 리스크 커뮤니케이션 전문가, 조직 혁신 전문가, 프로세스 이노베이션 전문가, 의사, 도시 전문가, 생태 전문가, 여론 전문가 등 전문적 지식을 지닌 '자문 그룹'을 구성해 운영하자. 재난은 많은 경우에서 기술적 문제를 넘어선다. 메르스 사태 당시 아쉬웠던 정부 대응을 보면 쉽게 알 수 있다.

국민안전처는 행정사무를 넘어 과학 행정 서비스를 하는 곳이 되어야 한다. 생산자의 입장보다 주권자인 소비자 입장에서 안전을 생각해야 한다. 대통령의 국정 목표 핵심에 창조 경제가 있으니 창조 행정도 이를 뒤따르면 좋지 않을까?

너, 너 세금이야? 나 연금이야!

연금의 성격 및 세금 인상 여부에 대한 주요 응답자 4분면

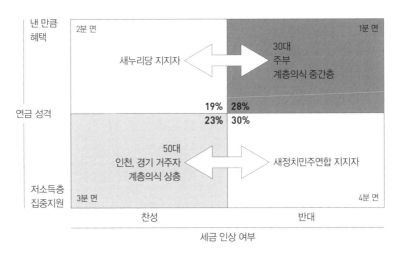

박근혜 대통령은 집권 4년 차에 접어들면서 노동·공공·금융·교육 등 4대 개혁의 드라이브를 걸었다. 이로써 공적연금 개혁 논쟁이 다시 수면에 올라왔다. 하지만 상황은 녹록치 않았다.

여권 입장은 선先 공무원 연금 개혁, 후後 국민연금 개혁이었는데 야권은 공무원연금과 국민연금을 동시 개혁을 주장해서 실타래가 엉켰다. 여차하면 기초연금 논쟁까지 가세할 태세였다. 하지만 정작 연금의 주인인 국민은 이 복잡한 논쟁을 그저 지켜볼 따름이었다.

공적연금 개혁은 피할 수 없는 과제

공적연금에 관해서 재정 안정성과 수급 형평성뿐 아니라 부조 기능성까지 강화해야 한다는 게 전문가의 의견이다.

한국사회여론연구소는 공적연금의 정책 방향에 대한 여론조사를 했다. '저소득층을 집중적으로 지원하는 정책을 추진해야 한다'는 응답(47%)이 '낸 만큼 가져가는 방식으로 정책을 추진해야 한다'는 응답(39%)보다 높았다.

'저소득층에 집중 지원'을 선호하는 주요 응답자는 경기·인천 거주자, 부산·울산·경남 거주자, 50대, 화이트컬러, 계층 의식 상층, 새정치민주연합(현재 더불어민주당) 지지자다. '낸 만큼 가져가는 방식'을 선호하는 주요 응답자는 서울 거주자, 대전·충청 거주자, 대구·경북 거주자, 30대, 주부, 계층의식 중간층, 새누리당 지지자다.

우리나라의 공적연금은 기본적으로 낸 만큼 가져가는 방식이다. 여야는 이 정책 기조 안에서 논쟁을 벌인다. 그런데 국민 여론은 저소득층을 집중 지원하는 연금 정책을 더 선호했다. 새정치민주연합은 연금 정책에 있어 자신의 지지자들과 괴리되어 있다.

세금 인상은 모두 부정적: '책임 정치' 차원에서 대안 마련 시급

이번에는 '사회 안전망 구축을 위해 현재보다 세금을 늘려야 한다'는 주장에 동의하는지 물었다. '동의하지 않는다'는 응답(60%)이 '동의한다'는 응답(40%)보다 높았다.

'세금 인상에 동의'하는 주요 응답자는 경기·인천 거주자, 대구·경북 거주자, 50대와 60세 이상, 블루컬러, 계층의식 상층, 새누리당 지지자였다. '세금 인상에 동의하지 않는' 주요 응답자는 광주전라 거주자, 30대와 40대, 주부, 계층 의식 중간층, 새정치민주연합(현재 더불어민주당) 지지자다.

국민은 물론 여야 모두 세금 인상에는 소극적 태도를 보이는데 새누리당은 세금 정책에 있어 자신의 지지자들과 괴리되어 있다.

여권은 증세 반대, 야권은 보편 복지 재검토해야

위 두 질문의 응답자를 연금 성격(세로 축)과 세금 인상 여부(가로 축)로 나누어 정리하면 아래 그림과 같다. 다수 여론(4분면, 30%)은 '저소득층 집중 지원과 세금 인상 반대'를 선호한다. 그 뒤를 이어 '낸 만큼 돌려받는 연금과 세금 인상 반대'(1분면, 28%), '저소득층 집중 지원 연금과 세금 인상 찬성'(3분면, 23%), '낸 만큼 돌려받는 연금과 세금 인상 찬성'(2분면, 19%) 순으로 결과가 나왔다.

새누리당이 지지자의 입장(2분면)을 대변하고 정책 기조(1분면)를 유지하려면 공무원연금과 국민연금의 동시 개혁을 검토해야 한다. 하지만 그 경우 증세가 불가피해진다.

반면 새정치민주연합(현재 더불어민주당)이 지지자의 입장(4분면)을 대변하고 정책 기조(3분면)를 확장하려면 기초연금에 대한 개혁 입장을 확고히 해야 한다. 그 경우 보편적 복지 정책의 재검토로 이어질 가능성이 높다.

여기서 흥미로운 점을 엿볼 수 있다. 새누리당이 정책 기조를 유지하려는 길 위에 새정치민주연합(현재 더불어민주당)의 핵심 지지층인

30대와 계층 의식 중간층이 서 있다. 반면 새정치민주연합(현재 더불어민주당)이 정책 기조를 확장하려는 길 위에 새누리당의 핵심 지지층인 50대와 계층 의식 상층이 서 있다. 각 당이 그들의 주장하는 개혁을 추진하려면 다른 정당 주요 지지층에게도 동의와 설득을 구해야 하는 상황인 셈이다.

연금 개혁과 증세 논란은 각 정당에게 피해갈 수 없는 이슈가 될 것이다. 어느 한쪽만 옳다고 주장하거나 자신의 지지층만 고려한 정책 추진은 재앙이 될 가능성이 높다.

인식이 사실의 힘을 가질 때

성완종 메모의 금품 수수가 사실이라고
생각하는가?

2015년 상반기 한국갤럽은 '성완종 메모의 여당 정치인 금품수수
가 사실이라고 생각하는지'에 대해 국민의 의견을 물었다. '대부분 사
실일 것'이라는 응답(84%)이 압도적으로 많았다. '야당 정치인에게도
금품을 제공했을 것으로 보느냐'는 질문에 '금품을 제공했을 것'이라
는 응답이 82%에 달했다.

성완종 게이트와 관련해 검찰 관계자는 인터뷰를 통해 "이제 수사
의 기둥을 세웠다"고 했다. 아직 정확히 밝혀진 사실은 없지만, 대다
수의 국민은 성완종 게이트를 사실로 인식한다. 왜 이런 현상이 나타
났는가.

이것은 응답자의 기억과 경험이 중요하게 작용한 결과다. 예전부터
게이트는 진보 정부와 보수 정부를 가리지 않고 나타났고 정치인은
부도덕한 존재라는 인식을 국민의 뇌리에 심는 데 큰 몫을 했다. 이것
은 2가지 복잡한 문제를 불러일으킨다.

첫째, 인식이 자리 잡으면 사실의 중요성이 크게 떨어진다. 사람들의 인식이 사실과 거리에 있는데도 잘못된 인식을 바탕으로 한 상호작용이 벌어지면 인식은 사실의 힘을 가지게 된다.

둘째, 인식이 사실의 힘을 가지게 되면 현실에 직접적 영향을 끼친다. 김대중 정부 시절에 '진승현 게이트'가 발생했다. 사실관계가 확인되지 않은 발생 초기부터 국정 지지도가 54%에서 30%로 하락했다. 노무현 정부 시절에는 '대북 송금 게이트'가 발생했다. 인지적 수준에 있는 게이트가 국정 지지도를 60%에서 40%로 하락시켰다. 이명박 정부 때 일어난 '박연차 게이트'도 국정 지지도를 34%에서 27%로 떨어뜨렸다.

국정 지지도가 떨어지면 정상적 국정 운영이 어려워지고 그 손해는 국민에게 고스란히 돌아간다. '인식의 게이트'가 우리나라 사회 전체의 신뢰도를 떨어뜨리는 과정이 되풀이되고 있다.

성완종 게이트는 이명박 정부의 자원 비리를 수사하는 도중에 발견되었다. 최근 국정 지지도는 40%에서 34%까지 하락했다. 박근혜 대통령은 부패 척결을 통해 정치 개혁의 의지를 밝혔다. 하지만 성완종 게이트가 인식의 문제를 벗어날 수 없다면 박근혜 대통령은 '개혁'보다 '투명한 수사'에 더 큰 관심을 기울여야 한다.

프레이밍, 포수가 쏘아올린 스트라이크

통계청 〈통계로 본 광복 70년 한국사회의 변화〉

언론과 관료, 정치의 미트질

투수가 던진 공 하나로 게임의 전체 흐름이 바뀌거나 승패가 교차하는 경우가 간혹 생긴다. 이 때문에 포수의 프레이밍framing이 문제가 되기도 한다. '포수 프레이밍'이란 스트라이크가 아닌 공을 포수가 글러브로 받는 순간 스트라이크 존으로 가져오는 기술을 말한다. 심판을 속이는 행위지만 스트라이크 존에 대한 심판의 인식과 구도를 재구성하는 포수의 기술로 여긴다. 우리나라에서는 이 기술을 '미트질'

이라고도 부른다.

포수 프레이밍은 일상생활에서도 어렵지 않게 찾아볼 수 있다. 관료나 전문가들도 '프레이밍'을 통해 날아든 이슈의 방향이나 성격, 강도를 재구성해 국민에게 전달한다. 3가지 이슈를 통해 알아보자.

첫째, 메르스 사태가 절정이었을 때 언론에서는 메르스 치사율을 경쟁적으로 보도했다. 한동안 언론은 메르스에 감염되어 사망한 사람들까지 포함시켜 메르스 치사율을 계산하는 데 급급했다. 낮은 치사율보다는 높은 치사율에 더 많은 관심이 쏠려서다.

186명의 환자 중 35명의 사망자가 발생했으니 치사율은 19%다. 그러나 35명 중 32명은 이미 심각한 기저질환자였다. 메르스 환자의 발생 빈도가 줄면 사망률은 높아질 수밖에 없다. 그러나 언론은 치사율이 높아지는 상황만 자극적으로 반복해 보도했다. 언론은 국민이 메르스 확산이 늦춰졌다는 정보보다 치사율에 더 관심을 쏠을 것이라는 생각의 프레이밍을 한 것이다. 이것이 국민의 관심을 끌어내는 언론의 프레이밍이다.

둘째, 실업률과 고용률의 프레이밍이다. 이것은 정부 경제 정책의 정당성을 확보할 목적으로 주로 활용된다. 정부는 경제 성과를 홍보할 때 주로 고용률을 인용한다. 반면 경제 정책 추진의 장애 요소를 없애기 위한 '국민적 합의'가 필요할 때는 실업률을 자주 거론한다.

최근 몇 년간 실업률과 고용률은 상관성이 높은 일자리 관련 통계다. 하지만 실업률과 고용률을 보면 동반 상승하고 있다. 이 현상은 '일할 의사나 능력이 없는 것으로 여겨지는 기준선에 있는 대상'을 실업 인구가 아닌 비경제 활동 인구로 추계해서다. 구직 활동을 단순히 쉬고 있다는 설문 응답자, 취업 준비생, 고시 준비생 등은 비경제 활동

인구가 아니라 실업자로 봐야 한다. 낮은 실업률과 높은 고용률을 원하는 관료의 프레이밍이다.

셋째, 국무회의에서 대통령이 대체휴무일 지정의 경제적 효과를 최경환 경제부총리에게 물었다. 최경환 부총리의 대답은 프레이밍의 적절한 예다. 최경환 부총리는 1조 3,000억 원의 부가가치 창출과 4만 6,000명에 달하는 고용 유발 효과가 예측된다고 답했다.

우리나라 경제활동 인구는 현재 2,700만 명이다. 따라서 1조 3,000억 원을 생산 가능인구 1인 기준으로 환산하면 약 5만 원의 수입 효과가 일어나야 한다. 이 예측은 현재 경제 상황에서 국민 지갑의 한도를 고려하지 않은 추정일 뿐이다.

최경환 부총리는 전 국토에서 벌어지는 2차, 3차 파급효과까지 계산한 것으로 보인다. 국민 사기 진작에 잠깐은 도움이 될지 모르지만, 장기적으로는 국가 경제 능력의 신뢰도를 떨어뜨릴 수도 있다. 이것이 국정 능력을 과시하고자 하는 정치의 프레이밍이다.

프레이밍은 단기 이벤트에서 주로 벌어진다. 대부분 한 번 지나가면 주목받지 못하는 이벤트들이다. 정책의 실효성을 높이고 정책 소비자인 국민 신뢰를 얻으려면 언론과 관료 그리고 정치가 볼을 스트라이크로 만드는 '미트질'을 없애야 한다.

통계는 현재뿐 아니라 과거와 미래를 볼 수 있는 타임머신

1896년 9월 1일, 호구조사를 위해 통계와 관련된 정부 규칙이 최초로 만들어졌다. 이날을 기념하기 위해 '통계의 날'을 제정했다. 우리나라 통계 역사가 시작된 것이다.

통계청은 〈통계로 본 대한민국 광복 70년〉이라는 통계 자료를 발표했다. 현재뿐 아니라 과거를 뒤돌아보고 미래도 내다볼 수 있는 타임머신 같았다. 통계가 예술이 되는 순간이었다.

통계는 과학이자 철학이다. 고대 철학은 통찰의 눈으로 과학을 더듬었고 현대 과학은 실증적 사실을 토대로 고대 철학을 입증했다. 고대 그리스의 철학자인 데모크리토스는 물질은 다양한 원자의 결합이며 원자의 통계학적 구성에 따라 어떤 형태의 물질도 만들 수 있다는 사실을 2500년 전(초정밀 현미경이 발명되기 전 까마득하게 먼 옛날)에 알아냈다. 통계나 과학이 실용적인 측면으로만 해석되는 듯해 아쉽다.

사전적 의미로 '시'란 자신의 정신, 자연 그리고 사회의 여러 현상에서 느낀 감동 및 생각을 간결한 언어로 나타낸 문학이다. 사람이 현실 세계의 수많은 사물에 대해 인지하고 기억하며 자각하는 지능의 단면이다.

'통계'의 사전적 의미는 일상생활이나 여러 현상에 대한 자료를 한눈에 알아보기 쉽게 수치로 나타내는 행위다. 사전적 의미로 살펴보면 시와 통계는 그리 크게 다르지 않다. 굳이 차이를 가르자면 시는 간결한 단어로 표현하고 통계는 수로 표현한다는 정도다. 심지어 표현을 압축하는 기법은 같다.

독일은 세계적인 철학자를 가장 많이 배출한 나라이자 통계 강국이다. 독일과 우리나라의 통계 제도는 어떻게 다른가. 독일은 집중형 통계 제도를 채택하지만 우리나라는 분산형 통계 제도를 채택했다. 집중형 통계 제도는 국가 기본 통계를 단일 전담 기관에서 작성해 각 이용자에게 제공한다. 분산형 통계 제도는 부처별로 필요한 통계를 자체 작성해 활용한다.

집중형 통계 제도의 장점은 통계의 균형적 발전과 체계화가 쉽고 객관성과 신뢰성을 확보하기가 쉽다. 통계 전문 인력과 장비의 효율적 활용이 가능하다. 단점은 행정 업무 분야의 전문 지식 활용과 통계 수요에 대한 신속한 대응이 어렵다.

분산형 통계 제도는 업무 분야의 전문 지식을 통계 작성에 활용하기 좋고 통계 수요에 신속한 대응할 수 있다. 단점은 통계 작성이 중복될 수 있고 통계가 불일치해 예산과 인력이 낭비될 수도 있다. 통계 전문 인력과 장비를 집중적으로 활용하는 일도 쉽지 않다.

우리나라는 독일에 비하면 분산형이지만 미국과 일본에 비하면 집중형이다. 그렇다면 어떤 제도가 우리나라에 적합한가. 2010년 노동부 통계 업무 담당자 및 대한민국 최고의 여론조사 기관의 책임자와 이 문제를 논의한 적이 있다. 결론은 내지 못했다.

독일은 인구 100만 명당 중앙 통계 인력이 30명이지만 우리나라는 62명이다. 이 장점을 적극 활용한다면 통계청이 모든 부처에서 발생하는 통계 자료를 수집하고 통합적으로 분석하는 연결 기관으로서의 역할뿐 아니라 정부 부처의 모든 통계 조사 설계까지 관여하는 방식을 검토해볼 수 있다. 그러면 집중형 제도의 장점은 취할 수 있을 뿐 아니라 분산형 제도의 단점도 보완할 수 있다.

통계는 활용하면 활용할수록 부가가치가 늘어난다. 이런 이유로 박근혜 대통령의 창조 경제에도 데이터 산업 육성이 포함되어 있다. 그런데 창조 경제 사업에 통계청 이름이 빠져 있는 이유는 무엇인가.

어느 때보다 통계청의 역할이 사회경제적으로 중요한 때다. 통계청을 장관급 부처로 격상하고 국정 전반을 지휘하고 관리하는 국무총리실 아래에 두는 것은 어떨까. 정부의 최적화된 의사결정을 도울 수 있는 '데이터 센터'를 청와대에 설치하는 것도 좋은 방법이다.

통계가 철학이라면 청와대에 데이터 센터를 설치하는 일은 국정 운영에 철학을 보태는 일이 될 것이다.

해외 주요국 통계인력 비교

(단위: 명, 백만 명)

구분	한국	호주	캐나다	프랑스	독일	일본[1]	영국	미국
중앙통계기관 총인원[2]	3,101 (62.0)[3]	3,310 (143.9)	5,050 (144.3)	5,518 (86.2)	2,474 (30.2)	N/A	N/A	19,300 (603.1)
본부	713	1,900	4,782	1,152	1,858	N/A	N/A	N/A
공무원	652	1,665	4,678	1,125	450	562	1,652	N/A
전일제	652	1,435	4,501	970	347	N/A	1,280	N/A
시간제	–	230	177	155	103	N/A	372	N/A
공무원 이외	61	235	104	27	1,408	N/A	N/A	N/A
전일제	61	83	0	24	1,071	N/A	N/A	N/A
시간제	–	152	104	3	337	N/A	N/A	N/A
지방조직	2,388	1,410	268	4,366	616	N/A	N/A	N/A
공무원	1,561	1,165	262	4,313	249	N/A	1,910	N/A
공무원 이외	826	245	6	53	367	N/A	N/A	N/A
중앙통계기관 이외 정부기관 통계인력 총인원[4]	1,828	N/A	1,800[5]	544	N/A	3,239[6]	N/A	N/A
인구 (백만 명, 2013년 기준)	50	23	35	64	82	127	62	320

주: 1 일본 통계인력 부문은 2011년 8월 일본 파견관 업무활동 보고자료를 토대로 작성(타국기는 2013년 1~3월 국제협력담당관실 조사결과)
주: 2 중앙통계기관에 근무하면서, 통계기획·조사·분석·자료처리·공표·행정지원 등 통계관련 업무 수행 모든 인력 (단순 부대인력 제외)
주: 3 인구 백만 명 당 통계인력
주: 4 중앙통계기관 이외 정부기관 인력 중 통계담당 업무비중이 50% 이상인 인력, 통계청 이외 중앙행정기관과 지방자치단체 통계인력의 합계
주: 5 각종 통계조사를 위한 인터뷰어 약 1,800명 임시 고용
주: 6 중앙통계기관(총무성 통계국) 이외 정부기관 가운데 중앙정부기관(후생노동성, 농림수산성 등)의 공무원인 통계인력만 포함, 비공무원 및 지방자치단체에 소속된 통계인력은 미반영
자료: 통계청, OECD

과학적 선수 기용: 총선 공천의 딜레마

선거 후보자 경쟁력 분석 방법

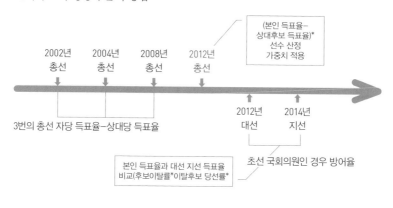

나는 야구를 좋아한다. 가끔은 정치가 야구에서 많은 것을 배울 수 있다고 믿는다. 그중 대표적인 것이 과정과 결과를 모두 만족시키는 과학적 선수 기용이다.

정치가 야구에서 배워야 할 3가지 방법

연습 경기에서는 잘 때리고 잘 던지는데 실전에서는 잘 못하는 선수가 있다. 반대로 실전에서는 잘 때리고 잘 던지는데, 연습 경기에서는 잘 못하는 선수가 있다. 물론 실전에서 잘하면 그만 아니냐 생각할 수도 있다. 하지만 감독이 그 선수를 꾸준히 지켜보았고 선수의 성향을 잘 알지 않는 한 그 선수가 감독에게 신뢰를 얻기란 거의 불가능하다.

정당도 이와 비슷한 문제를 안고 있다. 경선에서는 강한 면모를 보이지만 본선 경쟁력이 떨어지는 후보가 있고 반대로 본선 경쟁력은 있는데 경선에는 약한 후보가 있어서다.

2000년대 이후로 스포츠계는 과학을 적극 활용한다. 야구도 선수의 대체 수준 대비 승리 기여도, 투수 방어율, 타자의 OPS(장타율과 출루율을 더한 수치) 등 다양한 기술을 현장에 접목한다. 정치도 스포츠계의 변화를 참고하면 어떨까?

'대체 수준 대비 승리 기여도(WAR: Wins Above Replacement)'는 선수가 팀의 승리에 얼마나 이바지했는지 나타내는 지수다. 타격, 주루, 피칭, 수비 등 선수의 능력을 종합적으로 계산한다. 2015년 70승을 한 팀이 'WAR'가 '3점'인 선수를 영입하면 다음 해에는 3승을 더해 73승을 할 수도 있다는 뜻이다. 참고로 삼성 라이온즈의 국민타자 이승엽 선수가 2002년에 기록한 'WAR'는 10점이다.

의원 평가에도 WAR라고 부를 수 있는 평가가 있다. 하지만 여야 모두 지역구 여론조사와 당내 조직국에서 실시하는 정성 평가에 머물고 있어 정확도를 신뢰하기 어렵다. 여론조사는 정량평가지만 특정 시점에 실시하는 조사이니 국회의원 활동 전체(4년)를 평가하기에 미흡하다. 따라서 WAR를 정확하게 측정하려면 현역 국회의원이 자신의 지역구에서 국회의원을 하기 전의 총선 결과와 자신의 총선 결과를 비교해봐야 한다. 처음부터 정치 환경이 좋은 지역구에서 국회의원이 되었는지 아니면 어려운 정치 환경을 개선해가며 국회의원이 되었는지 알아보는 것이다. 초선인지 재선인지 3선인지에 따라서 점수는 달라진다. 전자라면 WAR 점수가 낮을 것이고 후자라면 WAR 점수가 높을 것이다. 누구나 높은 점수를 얻을 수 있는 지역이라면 유연한 선수 기용이 가능해진다.

이번에는 방어율을 살펴보자. 방어율은 투수를 평가하는 지수다. 1명의 투수가 9이닝인 경기에서 평균 실책하는 점수가 얼마인지를 나타낸다. 참고로 선발투수 기준으로 해태 타이거즈의 선동열 선수는 1987년에 0.89점의 방어율을 기록했다. 정치에 방어율을 적용하려면 WAR와 반대로 자신이 국회의원이 된 뒤에 치른 대선 결과 지방선거 결과를 자신의 총선 결과와 비교해보면 된다. 본인이 후보로 뛴 선거는 아니지만, 지역을 얼마나 잘 방어했는지 확인해보는 것이다. 득표율 차이를 계산할 수도 있고 이탈율도 계산에 넣을 수 있다. 정치공학적 방법으로 현역 국회의원을 평가한다는 의견이 나올 수도 있지만, 선거 결과는 국회의원은 물론 정치인을 평가하는 총체적인 기준이니 최대한 정확하게 기준을 산출해보는 것이다.

마지막으로 'OPS'(On base Plus Slugging)다. OPS는 타자의 출루율과 장타율을 합한 수치로 얼마나 자주 출루하며 그 출루가 득점권에 얼마나 위치하는지 확인하는 지수다. 현재 피츠버그 파이어리츠에서 활약하는 강정호 선수의 OPS는 0.821점으로 2015년 미국 프로야구 신인 선수 중 성적이 가장 높다.

기존에도 여야는 해당 국회의원이 공약을 얼마나 실천했는지, 법안 발의와 대표 발의 법안의 국회 본회 통과 건수는 몇 건인지, 국회 대정부 질문 건수는 몇 건인지, 상임 위원장 활동은 어떠했는지 등 여러 면으로 평가한다. 하지만 대부분 출루율에 해당하므로 종합 평가로 보기에는 미흡하다.

장타율을 확인할 수는 없는가. 의정 활동의 꽃은 국정감사다. 이번 국정감사는 총선을 앞두고 있어 정당과 국회의원들이 총력전을 펼칠 것으로 예상된다. 총 4번의 국정감사를 모두 평가하면 더 좋겠지만, 이번 국정감사에 한해서라도 평가 기회를 마련해보자. 1번만 보는 것이니 국회의원들도 크게 불리하지는 않을 것이다. 시민사회단체, 당직자, 출입 기자, 전문가 등 각 부문 전문가들이 국회의원들을 평가할 수 있는 정량 평가 시스템을 만드는 것이다.

현역 국회의원 평가는 각 정당이 안정적으로 총선을 준비할 수 있을지를 결정짓는 첫 관문이다. 여기서부터 삐걱하거나 단추를 잘못 끼우면 총선이 끝날 때까지 골치를 썩는다. 투명하지도 않고 이해하기도 어려운 방식으로 현역 국회의원을 평가하는 모습은 국민의 무관심과 불신을 조장할 것이다.

현역 의원 평가로 시작되는 공천은 단순히 당내 후보 선출 행사가 아니다. 시작과 동시에 초미의 관심사가 된다. 잘하면 정당 지지율이 올라가고 못하면 내려간다. 그러니 지금부터라도 각 정당은 과정과 결과를 모두 만족할 수 있는 과학적이고 효과적인 선수 기용 방식을 궁리해야 한다.

복지라는 3개의 얼굴

(단위: %)

무상급식예산을 저소득층 교육사업
예산으로?

무상급식 받던 학생들의 급식비
납부는?

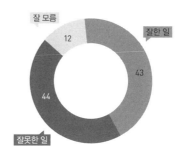

전면 무상급식? 선별적 무상급식?

경상남도 지역 학부모와 학생들이 2015년 5월 5일 어린이날을 맞아 '무상급식'을 촉구하는 행사를 열었다. 진보와 보수, 옳음과 그름을 떠나 어른들의 무능함으로 '어린이날'에 이런 행사를 해야 한다니! 그

저 안타까울 따름이다.

2015년 초, 한국갤럽은 학교 급식과 관련해 여론조사를 했다. '소득 수준을 고려한 선별적 무상급식'에 대한 찬반 여부다. 찬성한다는 응답(60%)이 '소득과 상관없는 전면적 무상급식'에 찬성한다는 응답(37%)보다 23% 높았다.

다음으로 '중산층 지원을 중단하고 남은 무상급식 예산을 저소득층 교육에 사용하는 일'을 어떻게 보는지 물었다. '잘한 결정'이라는 응답(49%)이 '잘못한 결정'이라는 응답(37%)보다 12% 높았다.

마지막으로 '무상급식을 받던 학생들이 급식비를 내게 된 상황'을 어떻게 생각하는지 질문했다. '잘된 일'이라는 응답(43%)이 '잘못한 일'이라는 응답(44%)보다 1%포인트 적게 나왔다.

이번 조사는 질문 방식에 따라 다른 해석도 할 수 있다. 문항이 적절하지 못하다는 주장도 나올 만하다. 하지만 민심은 조사 방식에 따라 움직이지 않는다. 민심은 체계적인 격차를 낸 조사 결과를 만들어 냈다. 무상급식의 공정성이 높을수록 부정적인 여론을 보였으며 개인 이익이 높을수록 긍정적 여론을 형성했다. 또 위 조사 결과는 공정성으로서 무상급식, 안전망으로서 무상급식, 개인 이익으로서 무상급식에 대한 국민 인식을 잘 드러낸다.

첫 질문인 '공정성으로서 무상급식'은 정부 재정이 부족해도 형편이 어려운 학생을 돕는 것은 공정하지만 모든 학생에게 무상으로 급식을 제공하는 것은 공정하지 않다는 여론으로 해석할 수 있다.

두 번째 질문인 '안전망으로서 무상급식'은 형편이 어려운 학생에게 급식뿐 아니라 교육도 지원해야 한다는 여론으로 해석할 수 있다.

세 번째 질문인 '개인 이익으로서 무상급식'은 공정성 문제를 넘어 이미 무상이던 급식을 유상으로 전환하는 것을 받아들이기 어렵다는 여론으로 해석할 수 있다.

3개의 얼굴을 한 학교 급식은 3개의 얼굴을 한 우리나라 복지의 또 다른 얼굴이다. '개인 이익'은 자유를, '공정성'은 정의를, '안전망'은 연대를 의미한다. 복지 정책을 어떻게 수립하고 추진하느냐에 따라 자유·정의·연대의 사회적 가치들이 시너지 효과를 낼 수도 충돌할 수도 있다.

학교 급식을 전면적으로 시행할 것인지 아니면 부분적으로 시행할 것인지 또는 유상인지 무상인지같이 단순한 시각으로 접근하면 정책 여론을 본질을 제대로 볼 수 없다. 학교 급식이 복합적으로 어떤 의미가 있는지 입체적인 시각으로 접근한다면 불필요한 논쟁은 줄어들고 정책 취지도 더 잘 살아날 것이다.

청와대·국회 이전 VS 기본소득제
여론과 민심이 맞닿다

무응답 3%

비공감 48%   공감 49%

국회의 세종시 이전에 대해

무응답 2%

공감 47%   비공감 51%

기본소득제 시행에 대해

　행정부는 국민의 재산과 소득을 감안하고, 불균형적인 분배 상황을 완화하기 위해 재분배 정책을 추진한다. 재분배 정책은 형태와 정도의 차이만 있을 뿐, 진보 정부이던 보수 정부이던 관계없이 추진된다. 이제는 이러한 이념적 차이마저도 큰 의미가 없다. 재분배 정책의 효과를 극대화하기 위한 정책 능력의 차이만 존재할 뿐이다.

　박정희 전 대통령은 수도권 과밀과 지역 불균형을 해소하기 위해 1977년 행정수도 이전 계획을 세웠지만, 실천하지 못했다. 사반세기가 지난 2002년 당시 노무현 대통령 후보의 신행정수도 건설 공약은 2012년 7월 법적 공방과 정치적 우여곡절 끝에 세종특별자치시로 정식 출범한다. 그리고 같은 해인 2012년 12월 대선에서 야권의 전유물로만 여겨졌던 복지 확대에 대한 인식이 깨진다. 문재인 후보뿐만이 아니라 당시 여권의 박근혜 후보도 무상 보육과 4대 중증 질환 100% 국가 부담 및 65세 이상 전 국민에 대한 기초연금 지급 실시를 전면에 내세웠다. 재분배 정책 추진의 전제 조건에 정책적 효과와 더불어 정치적 성과라는 이슈가 하나 더 붙는다.

국민이 신행정수도 건설과 같은 지역적 근대적 재분배 정책을 더 선호하는지 아니면, 특정집단 또는 모두를 대상으로 한 계층적 탈근대적 재분배 정책을 더 선호하는지는 정책 추진 여부에 더 현실적인 영향을 미친다. 2017년 대선을 앞두고 두 가지 방식의 재분배 정책은 다시 한 번 쟁점으로 부각될 것이 너무나도 분명해 보인다.

2016년 6월 전국 성인 남녀 700명을 대상으로 휴대폰과 집 전화를 이용하여 여론조사(ARS)를 실시하였다. 두 가지를 질문했다. 첫째, '국회를 세종시로 옮기는 것에 대해 어느 정도 공감하는지'를 물었다. 공감한다는 여론(49%)과 공감하지 않는다는 여론(48%)이 팽팽히 맞섰다. 이번에는 '모든 국민에게 조건 없이 생계비의 일부를 현금으로 지급하는 기본소득제 정책에 대해 어느 정도 공감하는지'를 물었다. 오차범위 안에서 공감하지 않는다는 여론(51%)이 공감한다는 여론(47%)보다 조금 앞섰다.

특히 기본소득제와 관련된 조사 결과는 흥미로웠다. 기본소득제를 좌파 정책, 이념 정책이라고 비판할 법도 한 '60세 이상'에서 기본소득제에 공감한다는 여론(48%)과 공감하지 않는다는 여론(49%)이 거의 같게 나타났다. 반면에 공감 여론이 높을 것이라고 예상되는 진보층 중에서도 자유주의적 진보 성향을 띄는 '소극 진보'층에서 여론(공감 49%, 비공감 49%)이 팽팽하게 나타났다. 필자의 기억에 아직까지 국내 선거는 경제 투표가 정치 투표를 넘어선 적이 없다. 하지만 또 하나 분명해 보이는 사실은 경제 투표에 대한 요구는 계속 높아질 것이라는 점이다.

최근 남경필 경기도지사와 안희정 충남도지사가 세종시에 청와대와 국회를 이전해야 한다는 데 의견을 같이했고, 이해찬 의원이 국회 분원을 세종시에 설치하는 내용의 국회법 개정안을 발의한 상태다. 박원순 서울시장과 이재명 성남시장이 청년배당 정책을 시작으로 기본소득제 이슈를 국내에 상륙시킬 태세다.

두 질문 모두에서 무응답층은 불과 2~3%였다. 사회경제적 불평등이 구조화되고 누적되어 국민적 허탈감과 분노는 일상화되어 있다. 여론조사 결과로 보았을 때, 지금은 여론과 민심이 맞닿아 있는 시기다. 심해의 찬 물과 수면 위의 더운 물이 만나고 북서풍과 남동풍이 만나, 큰 조류를 만들고 강한 바람과 비가 내리게 하는 시기다. 때문에 2017년 대통령 선거는 이전보다 더 크고 더 센 변화와 개혁을 요구하는 시기가 될지도 모른다. 어떤 재분배 정책이 더 효과적이고 국민들이 더 선호하는지 지금부터 충분한 공론 과정이 필요하다.

08

여론과
현실 정치

합의 쟁점 승인제,
민주가 독재를 배우지 않으려면

〈이코노미스트〉 세계 민주주의 실태 조사

완전한 민주주의	결함 있는 민주주의	혼합 체제	권위주의 국가
24	52	39	52

〈이코노미스트〉가 167개국의 민주주의 실태를 조사해 작성한 '민주주의 지수'를 보자. 지구상에 '완전한 민주주의' 국가는 총 24개, '결함 있는 민주주의' 국가는 52개, '혼합 체제' 국가는 총 39개, '권위주의 체제' 국가는 52개로 나뉜다. 우리나라는 완전한 민주주의 국가에 속한다.

민주주의 지수가 가장 높은 나라는 노르웨이, 스웨덴, 아이슬란드, 뉴질랜드 등이다. 독일이 13위, 영국이 16위, 미국이 19위, 우리나라가 21위에 있다. 북한은 167위로 꼴찌다.

대한민국 주류 정당들은 이념 정당보다는 대중 정당에 가깝다. 이념보다는 가치를 중심으로 성향보다는 상황을 중심으로 의사결정을 하는 대중 정치조직이다. 이러한 조직 체계에서 '당론'은 어떤 의미가 있는가.

대중 정당은 다양성이 중요하다. 다양성은 민주적·창조적 정당의 원천이다. 민주적 정당은 존경받는 정당의, 창조적 정당은 유능한 정당의 필수 요소다. 다양성을 잃어버린 당론 결정은 민주라는 이름의 독재일 가능성이 높다.

당론은 민주적 의사결정 과정을 거치는 것이 원칙이지만 당내 독재를 정당화하는 수단으로 종종 활용된다. 지난달 국회법 개정안을 놓고 청와대와 갈등을 벌였던 새누리당은 당론 확정과 당론 번복을 민주적 압력이 아닌 권위적 압력을 가하며 되풀이했다. 새정치민주연합(현재 더불어민주당)도 민주적 절차 없이 지도부 중심으로 빈번히 당론을 결정해 비주류의 불만을 샀다.

기업은 효율과 성과를 중시하므로 조직의 다양성에 큰 가치를 둔다. 그러나 다양성이 무조건 좋은 것은 아니다. 다양성도 관리가 필요하다. 자칫 갈등의 원인이 될 수 있어서다. 다양성은 양날의 칼이다. 자칫하면 손을 벨 수도 있다. 그렇다면 정당은 다양성을 어떻게 관리하면 좋은가. 정당의 다양성을 유지하고 확대되기 위해 다음의 3가지 방안을 검토해보기를 권한다.

첫째, 각 정당의 의원 총회가 민주적이고 과학적으로 의사결정을 할 수 있도록 시스템을 갖추자. 안건을 부의하고 기조발제 및 찬반 토론을 거쳐 투표하되 반드시 다수 의견과 소수 의견을 명시해 당론으로 확정해야 한다. 다양성에도 책임이 따르니 말이다.

더 나아가 1차 투개표 결과를 공개한 후에도 의견이 모아지지 않거나 창조적 대안이 제기되면 2차 찬반 토론 및 대안 토론을 거쳐 부의된 안건을 수정하거나 원안대로 최종 투표를 거치면 된다. 전자 투표기를 활용하는 것도 효과적이다. 절차적 민주주의의 정당성을 강화하려면 숙의적 방식을 가미해야 한다. 이 방안은 정당의 다양성을 보장하는 과정이다.

둘째, '합의 쟁점 승인 제도'를 실시하자. 합의 쟁점 승인 제도는 경쟁 정당의 정책이 자당의 입장과 거의 일치하면 정쟁 중이라도 합의 처리가 가능하게 당내에 제도적 장치를 마련하는 것이다. 이 제도적 장치를 확립하면 여야 정쟁으로 국민이 손해 보는 사태를 미연에 방

2014년 민주주의 지수			
Rank ⬥	Country ⬥	Score ⬥	Category ⬥
1	Norway	9.93	Full democracy
2	Sweden	9.73	Full democracy
3	Iceland	9.58	Full democracy
4	New Zealand	9.26	Full democracy
5	Denmark	9.11	Full democracy
6	Switzerland	9.09	Full democracy
7	Canada	9.08	Full democracy
8	Finland	9.03	Full democracy
9	Australia	9.01	Full democracy
10	Netherlands	8.92	Full democracy
11	Luxembourg	8.88	Full democracy
12	Ireland	8.72	Full democracy
13	Germany	8.64	Full democracy
14	Austria	8.54	Full democracy
15	Malta	8.39	Full democracy
16	United Kingdom	8.31	Full democracy
17	Uruguay	8.17	Full democracy
17	Mauritius	8.17	Full democracy
19	United States	8.11	Full democracy
20	Japan	8.08	Full democracy
21	South Korea	8.06	Full democracy
22	Spain	8.05	Full democracy
23	France	8.04	Full democracy
24	Costa Rica	8.03	Full democracy
167	North Korea	1.08	Authoritarian regime

출처: http://goo.gl/xGt0s8

지할 수 있다. 국회의 다양성을 보장하는 과정이다.

셋째, 각 정당이 합의를 통해 당내에 '선진국 도약 국민설득위원회'를 설치하자. 비록 국민이 정치인을 뽑지만, 정치인들이 국민의 의견을 매번 직접 따를 수는 없다. 따라서 여야가 공동으로 본 위원회를 구성하고 운영해 국민과 지속적으로 대화를 나누고 설득하는 데 힘쓰는 것은 어떨까? 대화와 설득 방식으로는 타운홀 미팅Town hall meeting을 추천한다. 타운홀 미팅은 지역주민을 초대해 지역 내 현안과 관련된 주민 의견을 듣고 해결 방안을 도출해내는 공개회의다. 이것은 국가의 다양성을 보장하는 과정이다.

바람직한 상황과 과정으로서 규범적 의사결정과 효용성이 높은 공리주의적 의사결정을 모두 존중해야 한다. 다양성 추구를 약한 정당으로 오인해서는 안 된다. 20대 총선은 여야 모두에게 불확실한 미래다. 정당의 다양성, 정치의 다양성, 국가의 다양성은 높은 위기 대응력으로 제고될 수 있다.

계파 종결자

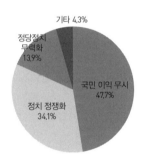

기타 4.3%
정당정치
무력화
13.9%
국민 이익 무시
47.7%
정치 정쟁화
34.1%

계파 정치의 폐해는 무엇인가?
《파이낸셜뉴스》 2016)

2015년 대부분의 여론조사에서 새정치민주연합(현재 더불어민주당)의 정당 지지도 하락세가 뚜렷했다. 2015년 5월, 임기를 겨우 3개월 넘긴 지도부에서 1명이 사퇴하고 1명이 직무 정지를 당했다. 당내 계파 간 보이지 않는 완력이 줄다리기하며 분열과 갈등을 만드는 모양새다. 어제오늘 일은 아니라 딱히 특별할 것도 없지만 그러려니 하고 마냥 지켜만 볼 일도 아니다. 정당이 제 기능을 못하면 결국 국민이 손해를 보니 말이다. 도대체 계파는 무엇이 문제인가.

새정치민주연합 혁신위원회가 출범하면서 계파 문제가 다시 수면에 떠올랐다. 문제가 발생할 때마다 계파 해체를 외치는 언성이 높아진다. 마치 1980년대 진보 세력이 재벌 해체를 외쳤던 것처럼 말이다.

계파와 재벌은 2가지 면에서 비슷하다.

첫째, '독과점'이다. 재벌이나 계파는 질 좋은 상품 서비스와 공공서비스를 제공하기 위해 공정하게 경쟁해야 하지만, 수단과 방법을 가리

266

지 않고 현재의 기득권을 유지하는 데 더 큰 힘을 쏟는다. 재벌은 특정 분야에서 독점적 지위를 얻기 위해 중복 투자와 과다 출혈을 감수한다. 한 번 독점하면 반영구적 패권을 얻는다. 계파도 정당의 모든 권력을 행사하는 단 하나의 자리, 당 대표를 쟁취하기 위해 모든 것을 걸고 싸운다. 당권을 쥐면 선출직 공직자의 공천권을 얻는다.

둘째, '담합'이다. 재벌은 재벌끼리 다른 기업의 신규 진입을 막으려고 담합한다. 계파도 각자의 기득권을 위협하는 세력이 생기면 그를 공공의 적으로 간주하고 담합한다. 진보적이든 보수적이든 제3정당이 출현하는 이유도 이와 무관하지 않다.

그렇다고 재벌이 해체되었는가. 그것은 아니다. 재벌은 투명성을 강화하고 양성화되면서 적법한 기득권 체제를 확보했다. 지금은 대기업으로 불린다. 계파 문제도 이 같은 방식으로 해결할 수 있는가.

계파가 가지는 속성인 독과점과 담합은 천성이 악한 정치인들이 모여 저지르는 악행이 아니다. 대안적 관점에서 보면 오히려 시스템 문제 또는 제도 문제라고 보는 편이 합리적이고 타당하다. 계파도 재벌처럼 투명화하고 양성화해야 한다. 당내에 더 많은 분권, 더 많은 계파, 더 많은 경쟁을 보장해야 한다.

이를 위한 2가지 대안이 있다.

첫째, 정당 내 삼권을 분립해야 한다. 입법부에 해당하는 의사결정 구조와 행정부에 해당하는 집행 구조를 분리해야 한다. 사법부에 해당하는 윤리 감독 구조를 독립시켜야 한다. 파이 1개를 3개로 나누고 서로가 공적 체계 안에서 견제하고 균형을 이뤄야 한다.

둘째, '계파 등록제(자치제)'를 시행해야 한다. 일정한 자격 요건을 갖춘 계파가 중앙당에 등록하면 자치 활동을 보장해주는 것이다. 친노, 비노, 동교동계, 상도동계가 아니라 복지파, 경제파, 성장파, 공평파, 정의파, 환경파, 재정파, 지방자치파 등으로 활동할 수 있도록 말이다. 이를 통해 계파 간 경쟁을 유도하고 활동에 책임성을 강화할 수 있을 것이다.

또 각 계파는 연도별 사업 계획을 중앙당에 보고하고, 중앙당은 제출된 사업의 대국민 중요도와 당 기여도에 따라 예산과 행정을 차등으로 지원해야 한다. 계파가 공익을 해치거나 민주적으로 운영되지 않으면 중앙당이 경고에서 해체까지 모두 개입해야 한다.

계파는 동전의 양면이다. 계파의 존재를 부정하거나 계파 활동을 못하게 하거나 계파 그 자체를 악으로 취급하는 순간 계파의 어두운 면은 강화된다. 그렇다고 계파 문제가 새정치민주연합만의 문제는 아니다. 계파 문제가 드러나지 않는다고 모두 정상인 것도 아니다. 우리의 정치 문화와 정당 시스템으로 볼 때 정당이 또 다른 문제를 안고 있을 가능성이 오히려 높다. 위계질서가 도전할 수 없는 수준으로 독점되어 있거나, 구조적으로 많은 유권자를 확보하고 있어 형식적 경쟁에 그치거나, 정당이 아예 개인화 파편화되어 있을 수도 있다.

진정한 계파 없이는 건강한 정당이 존재하기 어렵다. 계파 종결자는 누구일까? 계파 해체론자일까 아니면 계파 양성론자일까?

품격 있는 내려놓기

품격 있는 선진국이 되기 위해 필요한 개혁 요소는?

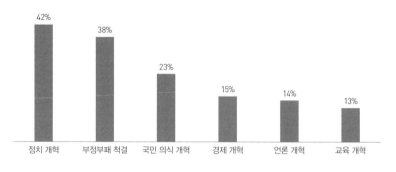

42%	38%	23%	15%	14%	13%
정치 개혁	부정부패 척결	국민 의식 개혁	경제 개혁	언론 개혁	교육 개혁

개혁의 자구적 함정: 1순위는 '내려놓기'

스포츠와 마찬가지로 정치와 경제도 과정이 좋으면 결과도 대체로 좋다. 반드시 그런 것은 아니지만 말이다. 2015년 상반기에 여론조사 전문기관 리서치앤리서치가 '품격 있는 선진국이 되기 위해 필요한 개혁'에 필요한 요소를 묻는 여론조사를 했다. 결과는 정치 개혁 42%, 부정부패 척결 38%, 국민 의식 개혁 23%, 경제 개혁 15%, 언론 개혁 14%, 교육 개혁 13% 순이다.

품격이 결과보다 과정에서 나타나는 성품이나 품위를 뜻한다면 정치의 꽃이자 국민의 최대 관심사인 선거는 정치 품격의 잣대라고 할 수 있다. 이를 의식한 듯 내년 총선을 앞둔 정당들은 이전보다 훨씬 강도 높은 개혁을 앞다투어 발표한다. 하지만 국민의 무관심과 정치 불신은 여전해 보인다. 왜일까?

선거철만 되면 정당들은 한목소리로 개혁을 외쳤다. 그런데 이제는 선거가 끝나고도 외친다. 선거에서 진 정당은 진 이유를 놓고 이긴 정당은 이긴 이유를 놓고 개혁 과제를 찾는 탓이다. 2012년 대선이 끝났을 때 당내 개혁을 부르짖은 쪽은 새누리당이다. 여야 가릴 것 없이 개혁 방향은 '내려놓기'로 향했다.

2015년 초 새누리당의 보수혁신위원회가 '오픈프라이머리 도입'과 그에 따른 '현직 지역 위원장 일괄 사퇴'를 결정했다. 최근에는 사고 지역 위원회를 수습하며 지역 위원장을 선임하려는 모습이다. 새정치민주연합도 계파 청산이라는 당내 최대 개혁 과제가 무색할 정도로 신당, 분단, 탈당 등 다양한 시나리오가 의심되는 의원 모임이 줄을 잇고 있다. 새누리당의 지역 위원장 일괄 사퇴나 새정치민주연합의 계파 청산은 모두 내려놓기의 일환으로 진행된 당내 개혁 과제다. 그런데 정치권이 이야기하는 내려놓기가 과연 개혁적인가.

열심히 지역과 당원을 관리하던 지역 위원장이 다른 예비 후보군들과 형평성 문제를 이유로 일괄 사퇴한다면 이것 역시 역차별이다. 불평등을 해소하려고 합리적 불평등을 인정하지 않는 상황이 되는 것이다.

내려놓기의 방향은 서로가 앞으로 나아가기 위한 방향이 되어야 한다. 뒤로 끌어내리는 방향이 되어서는 안 된다. 새누리당은 보수를 대표하는 정당이다. 정당한 결과로서 불평등을 인정하지 않는다는 것은 당찮은 일이다.

새정치민주연합(현 더불어민주당)도 마찬가지다. 민주주의 최선봉에 있는 정당이 건강하려면 계파가 반드시 필요하다. 그런데 '구더기가 무서우니 장을 담그지 말자'고 한다. '청년 연령 기준'도 오락가락하고 있다. 30대 중반에서 40대 초반으로 다시 30대 후반에서 지금은 40대 초반으로 청년 연령 기준을 결정했다.

연령 이슈가 하나 더 있다. 나이가 많은 3선 이상 국회의원들은 출마해서는 안 된다는 어처구니없는 기류가 흐르고 있다. 우리나라 사회의 인구 분포 변화에 능동적으로 대응하지 않고 자당이나 자파에게 유리한지 불리한지만 놓고 연령대를 바라보아 나타나는 현상이다.

철학과 원칙이 아니라 시류에 따라 만든 개혁안은 난관을 극복하기 어렵다. 혼란과 잡음만 생길 뿐이다. 설령 실천된다 하더라도 정치권의 이득보다 국민적 손해가 더 크다.

'기득권 내려놓기'는 '무조건 내려놓기'로 변질되었다. '합리적 불평등의 인정'과 '이성적 판단'은 바람 앞에 갈대 신세. 정치 개혁은 '좋은 정치'를 할 수 있는 토대를 마련하는 방향으로 가야 한다. 지금 같은 내려놓기는 국민 여론을 자당의 단기 성과에 반영하려는 '나쁜 정치'의 토대가 될 수 있음을 간과해서는 안 된다.

정치권의 내려놓기가 품격을 유지하려면 결과에 초연해야 한다. 쉽지는 않겠지만 그래야 한다. 내려놓기에 품격이 사라지는 순간 문제는 해결되지 않고 실타래는 더욱 꼬일 뿐이다. 내려놓기가 미래를 위한 것이라면 자문자답해봐야 한다. 정말 내려놓기가 1순위 개혁 과제인지 말이다.

특권의 크기=정책 현안의 수(또는 국민 총인구수)÷국회의원 정수

기원전 500년 페르시아는 100만 대군을 이끌고 그리스를 정복하러 원정을 떠났다. 스파르타 최정예군 300명은 그리스 해안에 도착한 페르시아 대군과 맞서 싸우지만 결국 몰살당한다. 2007년에 제작되어 박스오피스 1위를 차지한 영화 〈300〉의 줄거리다.

스파르타 300명은 지리적 특성을 잘 활용해 페르시아 대군을 괴롭혔다. 하지만 처음부터 더 많은 병력을 투입했다면 전쟁의 결과는 어땠을까. 만약 그랬다면 승산은 높아지겠지만, 주연인 스파르타의 왕 레오니다스와 조연인 장군들이 스크린을 독과점하는 데는 실패했을 것이다.

2012년 당시 민주통합당 문재인 후보와 무소속 안철수 후보는 '새정치 공동선언'을 통해 국회의원 정수 300명을 유지하는 데 합의했다. 최근 여야는 다시 300명으로 정원을 동결하는 데 잠정 합의했다. 여야 주변에서는 기득권을 내려놓은 결단이라는 자평까지 들리는 상황이다.

2015년 7월 말에 한국갤럽은 '국회의원 정수 조정'에 대한 국민 여론조사를 했다. 증원해야 한다는 응답(7%)보다 축소해야 한다는 응답(57%)이 압도적으로 높았다. 2005년 한국리서치 여론조사에서도 국회의원 정수 조정에 대해 응답자의 63%가 정수를 줄여야 한다고 답했다. 국회의원 정수 확대는 늘 여론의 반감을 샀다. 그런 이유로 정치권은 정수 조정 문제에 조심스레 반응한다. 더욱이 여야 국회의원 자녀의 취업 특혜와 지역구 사업 수주 특혜 의혹까지 휩싸여 상황이 좋지 않다. 국민은 국회의원 정수 확대를 바라보는 시각이 부정적이다. 특권에 대한 문제의식에서 시작된다. 국회의원이라는 공직이 부당하게 특권을 누리는 자리라는 인식이 국민 사이에 팽배해 있는 것이다. 여기서 의문이 생긴다. 그렇다면 국회의원 정수를 유지하거나 줄이면 부당한 특권도 줄어들까?

결론부터 이야기하면 정반대 결과가 나타날 수 있다. 독과점이란 특정한 제품 시장에서 몇몇 기업이 경쟁자 없이 지나치게 높은 점유율을 유지하는 현상을 말한다. 특권, 독점, 과점 같은 성질은 행위자 수가 적으면 적을수록 더 많은 특권, 더 많은 독점, 더 많은 과점이 생긴다. 국회의원 정수가 적으면 적을수록 특권과 독과점은 많아질 수밖에 없는 반면 국회의원 정수가 많으면 많을수록 특권과 독과점이 줄어들 가능성이 높다.

자구적 함정. 국회의원 정수 300명 동결은 정치권이나 국민 모두 자기가 판 함정에 자기가 빠질 공산이 있다. 여론은 여러 가지 속성을 가졌다. 그중 하나가 탈규범성이다. 정치인에게 여론은 의사결정의 중요한 참고 대상이다. 하지만 언제나 여론에 따라 의사결정을 할 수는 없다. 그것이 단기적으로는 혼란을 불러일으킬지라도 장기적으로는 꼭 필요한 조치라면 더욱 그렇다.

국회의원 정수 동결은 '여야의 잠정 결론'이라는 것이 언론을 비롯한 주변의 관측이다. 과연 불씨를 살릴 수 있을까. 도덕성과 합리성을 생명으로 하는 시민사회와 학계가 나서면 어떨까. 물론 대신 돌 맞을 각오는 해야 할 것이다.

원내대표가 성공하는 정치를
보고 싶다

선거에서 후보에게 투표한 이유는?
(미디어리서치, 2012년 3월)

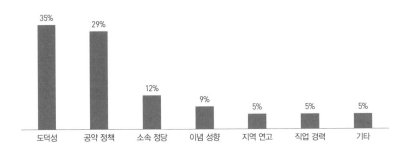

쩨 잘 던지는 선발투수가 생각만큼 타자들을 요리하지 못하는 경우가 간혹 있다. 대부분 구속(공의 속도)이 떨어졌거나 변화구가 말을 듣지 않는 경우다. 파워피칭과 완급 조절이 가능할 때 투수는 퀄리티 스타트(Quality Start: 선발로 등판한 투수가 6이닝 이상 공을 던지고 3자책점 이하로 막아낸 경기를 뜻하는 야구용어)를 달성할 수 있다.

정치에서 당 대표와 원내대표는 선발투수다. 하지만 서로 잘 던지는 구종이 다르다. 당 대표는 파워피칭을 잘하는 투수다. 원내대표는 완급 조절을 잘하는 투수다.

완급 조절만 잘하는 투수는 각광받지 못한다. 그래서 각 당의 원내대표는 국민 여론조사에 이름을 올리기 조금 어렵다. 당 대표 역할 수행 평가 조사, 시도지사 업무 수행 평가 조사, 대선 예비주자 선호도 조사 등 어디에도 원내대표가 낄 자리가 보이지 않는다.

원내대표는 어떤 선출직 공직자보다 국민 삶과 밀접한 역할을 한다. 법률과 제도를 정비하는 일을 도맡아 해서다. 그래서 원내대표 역할은 크게 3가지로 나뉜다.

첫째, 국민에게는 대중 정치인의 한 사람으로서 공공 이익을 지키는 지도자다.

둘째, 자당의 의원들이 내놓는 정책 의견을 조율하고 결정하는 조력자다.

셋째, 상대 당에 제도 개선 및 입법 과제를 협의하는 협상가다.

현실에서 원내대표의 역할 중요도는 앞에서 나열한 순서와 정반대다. 그런 이유로 역대 원내대표가 대중 정치인으로 성장한 예는 극히 드물다. 대부분 협상가와 조력자의 역할에 그쳐서다.

20대 총선을 기회 삼아 국가의 정책 결정을 책임지는 당의 총사령관인 원내대표가 선거를 주도하는 모습을 보여줄 수 있는가. 우리나라 정치 환경에서는 지도자의 역할을 강화해야만 그것이 가능한가.

2000년, 20004년, 2008년 한국갤럽은 해당 후보에게 투표권을 행사한 이유를 묻는 여론조사를 했다. 공약 정책이라는 응답이 연도별로 6%, 7%, 9%를 기록했다. 정책 공약에 대한 중요성이 점점 커지는 추세다. 하지만 인물 경력, 소속 정당, 국정 안정, 지역 발전 기대에 비해 여전히 응답률이 낮다.

2012년 3월 초, 미디어리서치가 한 조사는 조금 다르다. 후보의 도덕성 35%, 후보의 공약 정책 29%, 소속 정당 12%, 이념 성향 9%, 지역 연고 5%, 직업 경력 5% 등 순으로 투표한 이유가 나타났다.

물론 한국갤럽과 미디어리서치 조사 결과를 직접 비교할 수는 없지만 정책 공약에 대한 유권자의 인식이 날로 증가하고 있다는 사실을 부정할 수는 없다. 그러나 아직 역부족이다. 총선은 정치 선거이고 대부분 당시 정부의 국정 운영을 평가하는 경향이 강하다.

이런 선거 환경 속에서 원내대표의 완급 조절력이 빛을 발할 수 있

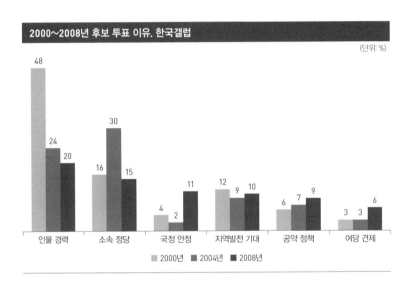

2000~2008년 후보 투표 이유. 한국갤럽

(단위: %)

인물 경력: 48, 24, 20
소속 정당: 16, 30, 15
국정 안정: 4, 2, 11
지역발전 기대: 12, 9, 10
공약 정책: 6, 7, 9
여당 견제: 3, 3, 6

■ 2000년 ■ 2004년 ■ 2008년

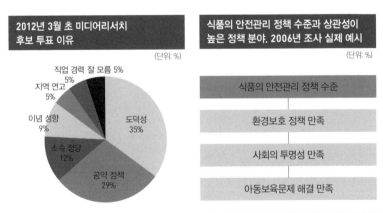

2012년 3월 초 미디어리서치 후보 투표 이유

(단위: %)

도덕성 35%
공약 정책 29%
소속 정당 12%
이념 성향 9%
지역 연고 5%
직업 경력 5%
잘 모름 5%

식품의 안전관리 정책 수준과 상관성이 높은 정책 분야. 2006년 조사 실제 예시

(단위: %)

식품의 안전관리 정책 수준
환경보호 정책 만족
사회의 투명성 만족
아동보육문제 해결 만족

276

는 3가지 방법이 있다.

첫째, 정책은 과학이고 시스템이라는 인식이 있어야 한다. 특정 정책은 같은 시기의 다른 정책과 협력하거나 경쟁한다. 정책을 추진하면 긍정적인 면도 있지만, 부정적인 면이 반드시 따른다. 다중 정책 간의 상관관계는 표면상 나타난 정책 여론과 다를 수 있다. 밑바닥에는 반드시 중요한 함의가 담겼다.

'식품의 안전 관리 정책'에 대한 만족도에 영향을 미치는 주요 변수는 '환경보호 정책 만족', '사회의 투명성 수준 만족', '아동 보육 문제 해결 만족' 등이다. 식품 관리 정책은 2012년 당시 박근혜 대통령 후보가 제시한 4대 사회악 중 불량식품 추방 정책과 일맥상통한다. 이는 환경, 투명성, 보육 문제와 이어져 보수가 관심을 쏟지 않던 분야에 대한 국민 인식을 환기하는 데 보이지 않는 성공을 거두었다.

둘째, 정책을 정치화해야 한다. 정책 반응은 반드시 유권자의 반응으로 이어진다. 해당 정책에 어떤 계층이 민감하게 반응하는지 숙지하고 대책을 세워야 한다. 정책에는 반드시 대책이 따른다. 무턱대고 좋은 정책 옳은 정책이란 없다.

셋째, 정책의 이해 관계자와 밀접한 관계를 형성해야 한다. 시민 단체, 학계 등 각 분야 정책의 '이해 관계자' 그룹과 정책 협약을 맺는 것이다. 이 작업을 통해 특정 정책의 자기 대중을 확보할 수 있다.

우리나라 정치에서 원내대표의 성공은 곧 정책 선거가 가능해진다는 의미로 볼 수 있다. 20대 총선을 치를 때 정책 선거가 정착되기를 기대해본다.

대통령 지지도와 정부 서비스 만족도 사이에 숨은 1인치는?

중산층 수준의 삶을 누리는 데 가장 큰 걸림돌은?
(현대경제연구원, 2015년 9월)

주거비
교육비

국민은 과연 정치적 국정 수행 지지도와 사회적 정부 서비스 만족도를 구분해 평가하는가. 이 미세한 차이에서 오는 효능을 어떻게 받아들이는가. 2015년 9월 현대경제연구원은 '계층 상승 사다리'에 대한 설문 조사 결과를 발표했다. 국민은 중산층 수준의 삶을 누리는 데 가장 큰 걸림돌로 '주거비'와 '교육비'를 꼽았다. 국민을 괴롭히는 주거비와 교육비는 국정 수행 지지도 및 정부 서비스 만족도와 어떤 관계가 있는가.

이와 관련해서 몇 년 전 대통령 국정 수행 지지도, 정부 서비스 만족도 및 부동산 정책 만족도, 사교육 정책 수준 만족도를 조사한 결과를 비교·분석해 보았다. 몇 년 전에 한 조사 결과라 지금과 다를 것이라는 예상과 달리 현재도 유의미한 내용이 꽤 있다.

우리가 흔히 아는 '대통령 국정 수행 지지도'에 영향을 미치는 정책 요인이 무엇인지 '응답 사다리'(Answer tree)라는 분석 방식을 활용해 확인했다. '대통령의 리더십', '정치권의 도덕적 투명성 수준', '청소년

사교육비 수준 만족도

Noed 0

Category	%	n
불만족	94.80	3629
만족	5.20	199
Total	(100.00)	3828

청소년 보호정책 수준 만족도

〉불만족

Noed 2

Category	%	n
불만족	72.32	303
만족	27.68	116
Total	(10.95)	419

정치권의 도덕적 투명성 수준 만족도

〈= 불만족 〉불만족

Noed 5

Category	%	n
불만족	79.35	269
만족	20.65	70
Total	(8.86)	339

정치권의 도덕적 투명성 수준 만족도

Noed 6

Category	%	n
불만족	42.50	34
만족	57.50	46
Total	(2.09)	80

보호 정책' 등이 지지도에 영향을 미치고 있었다. '사회 안전망 구축 정도', '사교육비 수준', '아동 보육 문제 해결 정도'가 정부 서비스 만족도에 영향을 주는 정책 요인으로 나타났다. 국정 수행 지지도와 정부 서비스 만족도 사이에 숨어 있는 1인치는 교육 문제였다.

이번에는 국민을 괴롭히는 주거비와 관련된 '부동산 정책'에 영향을 주는 정책 요인을 알아보았다. '국토 균형 발전 정책 만족 정도', '물가 안정 만족 정도', '금융 정책' 및 '국민연금 관리 수준' 등의 응답이 나왔다. '사교육비'에 영향을 미치는 정책 요인은 '청소년 보호 정책 수

대통령 국정운영 평가

Noed 0		
Category	%	n
잘못함	64.40	2319
잘함	35.60	1282
Total	(100.00)	3601

대통령의 리더십 만족도

〉불만족

Noed 2		
Category	%	n
잘못함	15.58	184
잘함	84.42	997
Total	(32.80)	1181

정치권의 도덕적 투명성 수준 만족도

〈= 불만족 　　　　　　〉불만족

Noed 5		
Category	%	n
잘못함	13.44	143
잘함	86.56	921
Total	(29.55)	1064

대통령의 리더십 관심도

Noed 6		
Category	%	n
잘못함	35.04	41
잘함	64.96	76
Total	(3.25)	117

청소년 보호정책 수준 만족도

준', '정치권의 도덕적 투명성 수준', '아동 보육 문제 해결 정도'로 나타 났다. 주거비 문제는 상대적으로 거시적 전망으로 바라보지만, 교육비 는 좀 더 미시적이고 구체적 정책 내용으로 차 있었다.

특히 대통령과 정부 평가 및 교육비와 주거비 영역에서 '안전'에 대 한 욕구가 내면화되어 있었다. 선거는 공동체가 추구해야 할 가치를 합의하는 정치적 과정이다. 우리는 2017년 대선을 앞두고 있다.

'교육'과 '안전'은 상대적으로 제도 변화가 필요한 총선 의제다. '국토 균형 발전'은 새로운 미래 비전과 국가 설계가 필요한 대선 의제로 삼

부동산 정책 만족도

Noed 0

Category	%	n
불만족	79.91	3050
만족	20.09	769
Total	(100.00)	3828

국토의 균할 발전 정책 만족도

〉불만족

Noed 2

Category	%	n
불만족	60.57	593
만족	39.43	386
Total	(25.57)	979

물가 안정 수준 만족도

〈= 불만족

Noed 5

Category	%	n
불만족	68.40	504
만족	33.60	255
Total	(19.83)	759

국가의 환율 및 금융 정책 만족도

〉불만족

Noed 6

Category	%	n
불만족	40.45	89
만족	59.55	131
Total	(4.75)	220

국민연금 관리 수준 만족도

는 것이 좀 더 가치가 있을 듯하다. 누가 알겠는가! 국민이 다음 대통령으로 교육 대통령을 선호하게 될지 말이다.

KTX를 타면 서울역에서 아산역까지 고작 25분 걸린다. 서울에 거주하는 사람들이 서울 내 근무지로 출근하려면 적어도 25분이 넘게 걸리는 현실을 생각해보면 서울에서 대전과 충청권으로 이동하는 거리가 웬만한 수도권 내 이동 거리보다 짧은 셈이다. 누가 알겠는가! 언젠가는 국민이 청와대를 세종시로, 국회를 내포 신도시로 옮기자는 주장에 동의할지 말이다.

정부의 행정 서비스 수준 및 효율성 수준 만족도

Noed 0

Category	%	n
불만족	80.96	3099
만족	19.04	729
Total	(100.00)	3828

사회안전망 구축 정도 만족도

〉불만족

Noed 2

Category	%	n
불만족	56.70	330
만족	43.30	252
Total	(15.20)	582

사교육비 수준 만족도

〈= 불만족   〉불만족

Noed 5

Category	%	n
불만족	62.35	303
만족	37.65	183
Total	(12.70)	486

Noed 6

Category	%	n
불만족	28.13	27
만족	71.88	69
Total	(2.51)	96

〈= 불만족   〉불만족

Noed 11

Category	%	n
불만족	67.12	249
만족	32.88	122
Total	(9.69)	371

Noed 12

Category	%	n
불만족	28.13	27
만족	71.88	69
Total	(2.51)	96

환경보호 정책 수준 만족도   학교 수준의 우열 허용

인지상정 개헌, 차라리 개헌

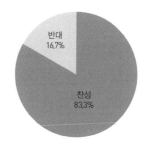

국회의원(20대)의 개헌에 대한 입장
(연합뉴스, 2016년 6월 19일)

데이터를 있는 그대로 보기

역대 정부는 집권 3년 차만 넘기면 어김없이 개헌을 정치 개혁의 화두로 삼아왔다. 벌써 20년도 넘은 화두다. 그런데 여전히 개헌이 이루어지지 않는 이유는 무엇인가.

1990년 정초에 민주정의당의 노태우 대통령, 통일민주당의 김영삼 총재, 신민주공화당의 김종필 총재가 3당 합당을 이뤘다. 그때 지펴진 개헌의 불씨가 지금도 마그마처럼 존재하며 정치권 내부를 뜨겁게 달구고 있다. 개헌은 주로 대통령 중임제, 이원집정부제, 정부통령제, 내각제 등 권력 구조 개편과 관련해 논의되었다. 그렇다면 개헌이 정말 정치 개혁의 화두인가.

2015년 가을에 한국갤럽이 한 여론조사를 들여다보자. 박근혜 대통령 국정 수행 평가는 긍정 47%, 부정 41%로 나왔다. 북한 도발에 대한 상호주의 대응과 중국 전승절 열병식 참석 이후에 비해 지지도가 조금 떨어지기는 했지만, 집권 3년 차 대통령치고는 비교적 높은 지지도를 유지했다.

응답자들이 박근혜 대통령의 직무 수행 능력을 긍정적으로 평가한 이유는 이렇다. '외교·국제 관계'가 1위를 차지했다. 2015년 8월에 실시한 역대 대통령 평가에서 이명박 전 대통령이 '외교 정책·자원 외교'로 긍정 평가를 받은 것과 일맥상통하는 결과다. 고 김대중 전 대통령이 가장 높은 평가를 받은 정책은 '대북 정책·햇볕 정책'이다. 고 노무현 전 대통령의 '대북 정책'은 이번 조사에서는 중위권에 머물렀지만, 2003년에 한 여론조사(코리아리서치센터)에서는 1위를 차지한 전력이 있다.

반면 역대 대통령을 부정적으로 평가한 이유에서는 부정부패, 경기 침체, 리더십 스타일 등이 거의 공통 수위를 차지했다. 우리나라 정치 체제는 정치 지도자의 무덤이자 대통령의 무덤이다. 역대 모든 대통령이 당리당략적 야당의 정치 공세에 휩쓸렸다. 대통령의 힘이 빠지면 공세는 더욱 거세진다. 내치에서 패널티를 받고 외치에서 인센티브를 가져오는 형국이다.

대통령이 5년마다 바뀌면 국정의 연속성이 떨어지는 구조는 시스템이 아니다. 시스템은 극과 극의 균형을 맞추어 자동으로 작동하는 구조로 추가적 노력이 없이 기본 동력으로 움직이는 구조다. 하지만 우리나라 정치 체제 속에 대통령제는 시스템이라기보다 대통령이 간헐적으로 전달하는 '전기 충격'으로 작동되는 구조다. 따라서 정당은 울며 겨자 먹기로 대통령의 전기 충격에 민감하게 대응한다. 대통령과 정당 정치가 각자 잘할 수 있는 시스템은 무엇인가. 국민 정서를 넘어서지 않는 개헌은 어떤 형태인가.

　20대 국회가 개헌하자마자 개헌 논의가 불거졌다. 2015년 10월 초 당시 새정치민주연합 대표이던 문재인 의원은 박근혜 대통령과 김무성 당 대표의 총선 공천권 경쟁을 비판하며 '대통령의 탈당'을 요구했다. 문재인 의원은 노무현 대통령과 참여정부를 이끌면서 자당의 탈당 요구와 타당의 대통령 탄핵을 겪었다. 정치권의 다수는 이 사태에 대해 문재인 의원이 조금 지나친 것 같다는 의견을 내비쳤다. 인지상정의 측면에서 말이다. '대통령 탈당'이 대통령의 당내 정치 개입을 막는 궁극적인 해법은 아니다. 차라리 정·부통령제나 이원집정부제를 하는 것이 더 나은 해법일 수도 있다.

　대통령은 내치에 휘말리는 일 없이 중장기적인 외교 및 대북 정책을 수행하고 정당은 내치에 집중하는 편이 우리나라와 국민에게 더 좋은 정치 시스템일 수도 있다. 그러면 대통령은 외교 정책 및 대북 정책을 내치에 발목 잡힐 일이 없다. 정당 정치도 외치에 떠밀려 국가 간 통상 정책을 무조건 수용해야 하는 경우가 줄어들 것이다.

과반이 불러오는 오류

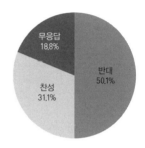

역사 교과서 국정화에 대한 의견은?
(서울신문, 2016년 1월)

국정교과서 도입은 국가보안법 폐지와 닮은꼴

한 번 올라가면 반드시 내려오기 마련이다. 세상 이치가 다 그렇다. 인생은 물론이고 기업과 정당도 예외가 아니다. 그래서 선인들은 유리하거나 일이 잘 풀릴 때 교만하지 말고 경계하라고 권했다. 단순히 주변의 시기와 질투를 조심하라는 의미가 아니다. 경계의 핵심은 바로 나 자신이다. 멀리 살펴볼 필요도 없다. 우리나라 현대 정치사에서도 나에 대한 경계를 게을리해 내리막길로 굴러떨어진 예를 심심찮게 찾아볼 수 있다.

1987년 보수는 경제적 성과에 기반해 정권 창출에 성공했다. 하지만 10년 후 IMF 사태로 진보에게 정권을 내줬다. 그 이후 진보는 민주화 성과에 힘입어 2007년까지 10년간 집권했다. 그러나 우리나라 사회의 민주적 다양성을 안정적인 국정으로 뒷받침하는 데 실패하면서 다시 보수에게 정권을 내줬다. 진보와 보수 모두 자구적 함정에 빠진 셈이다.

2016년으로 보수 집권 9년째이다. 박근혜 대통령은 재임기간 중 역대 대통령들이 한 번도 보여주지 못한 높은 국정 지지도를 얻었다. 2015년 9월의 평균 국정 지지도는 과반을 넘긴 51%였다. 박근혜 대통령은 이 지지도를 발판으로 역사 교과서 국정화 논쟁에 불을 붙였지만, 그 대가는 컸다. 2015년 10월 말 국정 지지도는 42%까지 추락했다. 나는 이런 일련의 과정에서 열린우리당이 떠올랐다.

17대(2004년) 총선에서 47석을 획득한 열린우리당은 대통령 탄핵 정국에 힘입어 153석을 보유한 초대형 정당으로 재탄생한다. 헌정 사상 진보 정당이 거둔 가장 큰 성과다. 국민은 진보 정당에게 기회를 줬다. '생각해보면 진보에게는 기회가 한 번도 없었지. 뽑아줄 테니 어디 한 번 나라를 제대로 운영해봐!'라고 말이다. 하지만 열린우리당은 국가보안법 폐지 논쟁에 불을 붙였고 다시 돌아올 수 없는 루비콘 강을 건넜다. 열린우리당의 패착은 당의 정치적 과제를 국민적 과제로 확대한 데 기인한다.

박근혜 대통령은 이런 현대 정치사를 반면교사로 삼아야 한다. 국민이 이념 논쟁이 불가피한 역사 교과서 국정화를 기대하며 박근혜 대통령에게 높은 국정 지지도를 다시 한 번 허락한 것은 아니다. 국민은 아마도 이렇게 생각했는지도 모른다. '소통하지 못한다고 야당에게 구박 많이 받았지. 그런 스타일 덕분에 이번 북한 도발에 단호하게 잘 대응했잖아. 그러니 이제는 그 단호함으로 경제도 살리고 복지도 해봐!'라고 말이다.

박근혜 대통령과 문재인 새정치민주연합 대표의 모습은 '어게인

2012년'이라 할 수 있었다. 당시 박근혜 후보가 노무현 대통령을, 문재인 후보가 박정희 대통령을 공격했던 본질과 역사 교과서 국정화 논쟁에서 드러난 본질은 그리 크게 다르지 않다. 이 행태는 중도층은 물론이고 합리적 진보층과 신보수로 대변되는 경제 보수층의 정치 불신을 가속화할 위험성이 있다.

2015년 10월 청와대에서 5자 회동이 있었다. 그 자리에서 문재인 의원(당시 당 대표)은 박근혜 대통령에게 '역사 교과서 국정화를 중단하고 경제와 민생을 돌봐달라'고 당부했다. 박근혜 대통령에게는 쓴소리로 들렸겠지만 분명 약이 되는 조언이었다. 국정교과서 도입 논쟁이 국가보안법 폐지 논쟁과 닮은꼴이 되지 않기를 바랄 뿐이다.

국민스포츠 고스톱, 첫 빽이 날 확률

가능성 높다
19%

가능성 낮다
81%

개인이 열심히 노력하면 계층 상승을 할 수 있을까?
(현대경제연구원, 2015년 8월)

　명절 고스톱이 예전 같지 않다. 성인의 75%가 고스톱을 할 줄 알지만, 그 인기는 줄어드는 추세다. 한국갤럽이 명절놀이로 고스톱을 했는지 조사했다. 2002년 30%, 2006년 26%, 2012년 20%가 명절에 고스톱을 했다고 응답했다. 반면 윷놀이는 상승세다. 2002년에 23%에서 2012년에는 26%로 상승했다. 어른 3명 정도가 어울려 할 수 있는 고스톱보다 남녀노소 가리지 않고 더 많은 인원이 할 수 있는 윷놀이의 인기가 높아진 셈이다. 그러나 놀이로써 고스톱의 매력이 완전히 사라진 것은 아니다.

　순간적 판단력과 빠른 수읽기가 고스톱 승부의 관건이다. 뻑, 쪽, 싹쓸이, 흔들기부터 쇼당, 따닥, 폭탄까지 특수한 규칙과 다양한 이벤트도 고스톱이 가진 매력이다. 하지만 규칙을 잘 모르고 쳤다가는 친목 도모의 목적은 어느새 사라지고 큰 싸움이 벌어질 수도 있다.

　고스톱은 돈을 따려고 하는 것일까 잃으려고 하는 것일까. 일반적으로 생각하면 당연히 돈을 따려는 쪽이다. 하지만 도박 심리 전문가들의 의견은 다르다. 전문가의 말에 따르면 고스톱은 돈을 잃지 않으려고 하는 것이라고 한다. 여기에는 만회하려는 심리가 있다. 이득보다는 손해에 더 민감한 인간 심리에 기인한 결과다. 그러니 명절에 친지와 고스톱을 친다면 오랜만에 만난 반가운 얼굴에게 조금 돈을 잃어주는 센스를 발휘해보자.

화투 관련 문헌을 찾아보다가 새로운 사실을 알게 되었다. 화투가 시대상을 반영한다는 것이다. 한국전쟁 이후 성행한 '민화투'는 계급 순서대로 광값, 열값, 띠값으로 나뉜다. 그 후 띠도 '칠띠'값을 별도로 받는 '육백'으로 최근에는 광, 열, 띠, 피가 구분 없이 비슷한 값을 갖는 고스톱으로 변모했다. 화투에 신분 사회의식을 반영한 증거다. 그런데 2015년 10월 현대경제연구원이 '사회 계층 사다리'가 무너졌다는 여론조사 결과를 발표했다.

이런 자료를 읽으며 흥미로운 생각이 들었다. 사회 계층 간의 이동이 줄어들면서 고스톱이 윷놀이에 밀린 건 아닐까? 시대를 반영하는 방식으로 변모한 새로운 고스톱이 등장할지도 모른다.

화투는 영화뿐 아니라 문학 소재로도 자주 사용된다. 방영웅의 《분례기》, 조혜자의 《어둠의 저편》, 성석경의 《도박사》, 이외수의 《고수》, 이화경의 《화투 치는 고양이》등이다. 이렇게 우리 삶과 가까웠던 화투가 갈수록 찾아보기 어렵다.

2015년 9월 당시 새정치민주연합 문재인 대표는 당내의 반발에 맞서 재신임 투표를 내걸었다 철회했고, 2016년 1월에는 김종인 대표를 영입하여 선대위를 맡기는 쇼당을 걸었다. 그의 경쟁자인 김무성 대표는 오픈프라이머리라는 경선 규칙 관철을 위해 독자 노선을 걸었지만 공천관리위원회의 벽에 막혀 '친박'에게 '독박'을 쓰고 말았다. 이후 공천 실패로 선거에 진 새누리당은 '낙장불입'의 쓴맛을 경험했고, 호남을 휩쓸고 비례대표에서 선전한 국민의당은 '광' 팔기로 쏠쏠한 재미를 보았다.

명절에 친척과 고스톱을 치다가 '빽'이 났거나 점수를 더 낼 수 있는데 못 내도 부디 노여워 말자. 첫 '빽'이 날 확률은 1/12(12게임 중 1번)이다. 이론상으로 고스톱 한 게임 최대 점수는 10만 점이 넘는다. 영화 〈타짜〉의 명대사처럼 고스톱을 '아트의 경지'로 올려놓고 싶다면 그냥 저줘라. 받는 것보다 주는 것이 더 행복할 때도 있다.

09

승리의 과학,
데이터 선거

상황에 따라 달라지는 정책 과제들

사회 위협 요인 및 국민 생활 시급 과제
(2015년 9월)

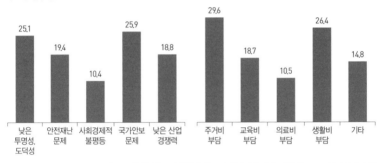

지금까지의 총선은 현 정부가 일을 잘했는지 못했는지 유권자가 심판하는 성격이 짙었다. 이 특성에 따른 투표를 '회귀 투표'라 한다. 반대로 앞으로 누가 더 잘할 것인지를 결정하는 선거의 성격은 대선으로 '전망 투표'에 속한다. 20대 총선은 어떠했는가.

지금까지 본 특징이 두드러지게 나타났는가. 아니면 전망 투표의 성격이 가미되었는가. 만약 전망 투표가 가미된다면 각 정당은 어떤 이슈에 대응해야 하는가.

한국사회여론연구소는 '우리나라 사회에 가장 위협이 되는 문제가 무엇인지', '정치권이 가장 시급히 해결할 국민 생활 숙제는 무엇인지'에 대해 여론조사를 했다(전국 성인 남녀 유무선 50%씩 1,000명 전화조사. RDD. 오차 범위 ±3.1%).

'국가 안보'라는 응답(26%)과 '사회의 낮은 투명성과 도덕성'이라는 응답(25%)이 가장 많았다. 그 외로 '안전 재난 문제'(19%), '낮은 산업 경쟁력'(19%), '사회경제적 불평등'(10%) 등의 응답이 나왔다. 학력이 높을수록 투명성과 도덕성 문제에, 학력이 낮을수록 국가 안보에 대한 위협 여론이 높았다.

20대는 산업 경쟁력을, 30대는 투명성과 도덕성을, 40대는 안전 재난을, 50대는 국가 안보를, 60세 이상은 사회경제적 불평등을 주요 위협 요인으로 지목했다. 새누리당 지지자는 국가 안보를, 새정치민주연합 지지자는 투명성과 도덕성을 언급했다.

일상의 시급 과제로는 '주거비 부담'이라는 응답(30%)이 가장 높았다. '생활비 부담'(26%), '교육비 부담'(19%), '의료비 부담'(11%)이라는 응답들이 그 뒤를 이었다.

주로 서울 거주자가 주거비 부담을, 대전·충청 거주자가 의료비 부담을, 부산·울산·경남 거주자가 교육비 부담을, 광주·전라 거주자가 생활비 부담을 문제라고 응답했다. 연령층도 나뉘졌다. 30대는 주거비 부담을, 40대는 교육비 부담을, 50대는 생활비 부담을, 60세 이상은 의료비 부담을 일상의 시급 과제로 꼽았다. 새누리당 지지자는 생활비 부담을, 새정치민주연합 지지자는 주거비 부담을 가장 크게 여겼다.

전체 응답 수치상으로 국가 안보와 주거비 부담이 가장 높은 응답률을 보였지만 안을 들여다보면 이슈별로 편차가 있다. 총선은 전국 선거지만 그 결과는 246개 지역에서 개별적으로 결정된다. 각 지역과 연령에서 원하는 정책을 얼마나 또 어떻게 정책과 공약으로 풀어나갈지에 따라 승패가 갈릴 것이다.

기울어진 운동장의 기울기는?
'소극 지지자'가 답이다

1987년부터 2014년까지 전국 선거 양대 정당 득표율
(중앙선거관리위원회 자료)

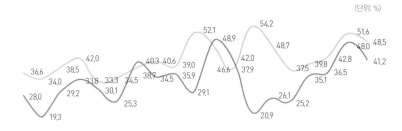

(단위: %)

87대선 88총선 02총선 92대선 95지선 96총선 97대선 98지선 00총선 02지선 02대선 04총선 06지선 07대선 08총선 10지선 12총선 12대선 14지선

—— 새누리당(전신 포함) —— 새정치연합(전신 포함)

1987년 이후 새누리당 19전 16승 3패

대한민국호는 앞뒤좌우로 기울어지기를 반복하고 수많은 풍랑을 헤치며 미래로 나아가고 있다. 이념·지역·세대·계층이라는 4대 균열 축이 배를 이리저리 흔들며 기울기를 결정해왔다. '기울어진 운동장' 은 진보 세력의 정치적 열세를 단적으로 표현한 말이다. 실제 선거 결과도 이를 뒷받침하듯 패배의 연속이었다. 대통령 직선제가 시행된 1987년부터 제6회 전국 동시 지방선거가 열린 2014년까지 양대 정당이 얻은 총 득표율을 기준으로 살펴보자. 총 19번의 선거에서 새누

20대 총선 결과 카토그램

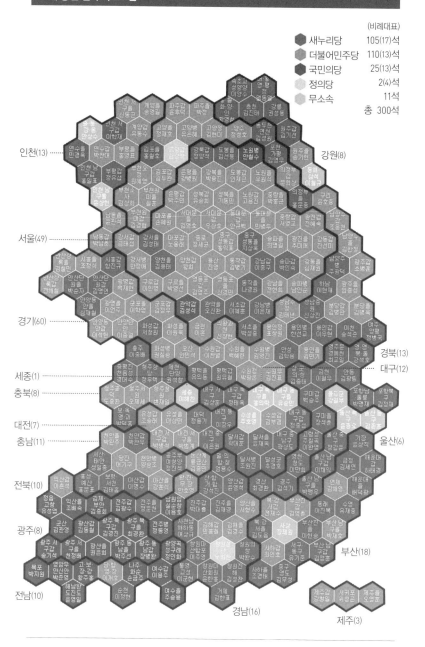

리당(전신 포함)이 16번을, 더불어민주당(전신 포함)이 3번을 이겼다. 개표 방송에서 우리나라 지도로 각 정당의 선거 승리 지역을 색깔로 표시해 알려주는 정보는 착시 정보일 수 있다. 그래서 의석수에 맞게 새롭게 바뀐 지도(카토그램)가 등장하기도 했다. 어쨌든 20대 총선에서 여소야대 정국이 형성됨으로써 기울어진 운동장이 평형을 찾을 가능성이 조심스럽게 점쳐졌다.

기울어진 운동장의 구성 요소

〈중앙선데이〉와 한국사회여론연구소가 '양대 정당의 차별성'을 주제로 공동 여론조사를 했다(2015년 11월 11일~13일. 전국 성인 남녀 4,500명 유무선 전화 조사. 95% 신뢰 수준에 오차 범위는 ±1.5%).

첫째, 이념이다. '진보 보수를 추구하는 이념 성향의 차이'를 꼽은 응답자 중 78%가 새누리당을, 18%가 새정치민주연합(현재 더불어민주당)을 지지했다.

둘째, 계층이다. '기득권층, 서민층 등을 대변하는 계층의 차이'를 꼽은 응답자 중 64%가 새정치민주연합(현재 더불어민주당)을, 27%가 새누리당을 지지했다.

셋째, 세대다. '젊은층, 중장년층을 대변하는 연령층의 차이'를 선택한 응답자 중 53%가 새정치민주연합(현재 더불어민주당)을, 34%가 새누리당을 선택했다.

넷째, 지역이다. '정당의 역사적 뿌리의 차이'에서는 47%가 새누리당을, 33%가 새정치민주연합(현재 더불어민주당)을 선택했다.

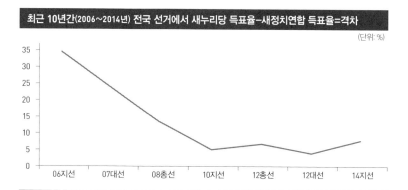

최근 10년간(2006~2014년) 전국 선거에서 새누리당 득표율-새정치연합 득표율=격차

(단위: %)

여야의 기울기 줄어들고 있어

이 표를 살펴보면 2006~2014년 사이 치른 선거에서 새정치민주연합(현재 더불어민주당)이 새누리당과의 격차를 급격히 좁히고 있다는 사실을 알 수 있다. 2012년 총선과 대선, 2014년 지방선거 등 5년 안에 치른 선거에서는 평균 격차가 5.5%까지 줄어들었다.

각 정당의 '소극 지지자'가 실제 경사도를 만든다

1900년대 초 미국에서는 유권자를 2분법으로 분류했다. 우리 편 지지자와 상대편 지지자로 말이다. 이후 3분법으로 발전했다. 우리 편 지지자, 부동층, 상대편 지지자가 그것이다. 지금은 '교차 압력' 이론에 입각해 5분법으로 진화했다. 우리 편 적극 지지자, 우리 편 소극 지지자, 부동층, 상대편 소극 지지자, 상대편 적극 지지자로 말이다. 여기서 우리가 주목할 층은 소극 지지자다. 각 정당의 소극 지지자는 지지하는 정당이 있지만 말 그대로 소극적이다. 선거의 구도, 이슈, 인물 등 다양한 선택 요인 가운데 일부만 자신과 다른 견해를 보여도 교차 압력을 받아 투표장에 가는 일을 망설인다. 정당 입장에서 소극 지지자들은 동원 대상이며 승패의 첫 관문에 선 유권자다.

새누리당 소극 지지자 8.6%, 새정치민주연합 소극 지지자 19.3%

30여 년 동안 새누리당(전신 포함)의 평균 득표율은 41.9%, 새정치민주연합(전신 포함)의 평균 득표율은 33.1%다. 현재까지는 새누리당이 8.8% 격차로 우세다. 이러한 선거 결과는 얼마나 고정되어 있는가. 새누리당의 평균 득표율 41.9%를 적극 지지자와 소극 지지자로 나누어보았다. '적극 지지자'는 새누리당이 아무리 경쟁력이 낮은 후보를 출마시켜도 이슈에서 상대 정당에게 밀려도 무조건 새누리당을 택한다. 적극 지지자의 규모는 33.3%다. '소극 지지자'는 새누리당 지지층이지만 투표장까지 오게 하려면 동원을 해야 하는 층이다. 소극 지지자들은 이슈나 후보 또는 공약이 마음에 들지 않으면 투표장에 가지 않는다. 이러한 새누리당 소극 지지자 규모는 8.6%다.

새정치민주연합(현재 더불어민주당)의 '적극 지지자'는 19.3%, '소극

1987년부터 2015년까지 전국 선거 결과로 본 유권자 지층 분포						
						(단위: %)
새누리당(전신 포함)		무당층			새정치민주연합(전신 포함)	
평균 득표 41.9		평균 득표 25.0			평균 득표 33.1	
적극 지지자	소극 지지자	보수 성향 무당층	실질적 스윙 보터	진보 성향 무당층	소극 지지자	적극 지지자
33.3	8.6	10.7	7.9	6.4	13.8	19.3

중앙선거관리위원회 자료 분석

지지자'는 13.8%다. 새정치민주연합(현재 더불어민주당)의 적극 지지자와 소극 지지자가 모두 나와 투표해도 새누리당의 적극 지지자 규모보다 적다. 경쟁이 치열한 지역일수록 새누리당이 상수고 새정치민주연합(현재 더불어민주당)이 변수다. 새정치민주연합(현재 더불어민주당)이 잘하면 이기고 못하면 지는 것이다.

무당층도 성향에 따라 크게 3가지 유형으로 나뉜다. '보수 성향의 무당층'(10.7%)과 '실질적 무당층'(7.9%) 그리고 '진보 성향의 무당층'(6.4%)이다. 보수 성향의 무당층은 보수 성향의 제3후보나 정당을 선호한다. 진보 성향의 무당층도 비슷한 성향을 띤다. 실질적 무당층은 스윙 보터다. 성향보다 상황에 따라 지지 정당이나 후보를 택한다.

검증_2012년 대선, 모든 자원이 총동원된 선거

2012년 대선 당시 박근혜 후보는 51.6%를, 문재인 후보가 48.0%의 득표율을 기록했다. '유권자 지층 분포'로 득표 성향을 분석해보자. 박근혜 후보는 새누리당 평균에 보수 성향의 무당층을 합한 52.3%를 획득했다는 분석이 나온다. 문재인 후보는 새정치민주연합(현재 더불어민주당) 평균과 진보 성향의 무당층 그리고 실질적 스윙 보터를 합한 47·4%를 획득했다고 보면 될 것 같다. 2012년 대선은 여야의 모든 자원이 총동원된 선거였다.

20대 총선_각 정당의 소극 지지자 분포
새누리: 강원 영서, 서울 강동, 서울 강남, 경기 남부 순
새정치: 강원 영동, 서울 서북, 경기 동남, 서울 강북 순
무당층: 제주, 인천, 경기 서북, 서울 강동, 서울 강서 순

전국을 27개 지역으로 나누어 여론조사를 했다(2015년 11월 11~13일, 전국 성인 남녀 4,500명 유무선 전화 조사. 95% 신뢰 수준에 오차 범위는 ±1.5%). 소극 지지자의 분포도를 확인했다. 양대 정당의 핵심 기반인 광주·전라와 대구·경북 및 부산·울산·경남의 조사 결과는 분석에서 제외했다. 소극 지지자가 가장 많은 곳부터 가장 적은 곳까지, 1위에서 19위까지 순위를 매겼고 등급으로 나누었다. 새누리당의 소극 지지자는 강원도 영서 지역, 서울시 강동권, 서울시 강남권, 경기도 남부권에 많았다. 새정치민주연합(현재 더불어민주당)의 소극 지지자는 강원도 영동권, 서울시 서북권, 경기도 동남권, 서울시 강북권에 집중 분포했다. 무당층 및 제3당 지지층은 제주도, 인천시, 경기도 서북권, 서울시 강동권, 서울시 강서권에 가장 많았다.

소극 지지자는 각 정당의 타깃 유권자다. 이들을 최대한 동원하면 선거에서 이길 수 있다. 하지만 새정치민주연합(현재 더불어민주당)은 소극 지지자만으로는 이길 수 없다. 그래서 새정치민주연합(현재 더불어민주당)의 소극 지지자, 무당층 그리고 제3당 지지층까지 합쳐 별도의 타깃 변수를 만들었다.

마이크로 선거 지리학: 더 작게, 더 세밀하게, 더 분명하게

운동장의 기울기를 결정하는 소극 지지자가 어디에 많은지(후보 일정), 무엇을 원하는지(후보 메시지)를 정확히 파악할수록 총선에서 승리할 가능성이 높다. '타깃 유권자에 대한 후보의 일정 메시지'와 직결되어서다.

구도와 이슈에 의존하는 바람 선거와 균열 선거에 의존도는 갈수

	새누리당 소극 지지층 (새누리당 타깃 지역)		무당층		새정치민주연합 소극 지지층		새정치민주연합 타깃 지역 (새정치 소극 지지층 +무당층+제3당 지지층)	
	지역	등급	지역	등급	지역	등급	지역	등급
1위	강원도 영서	1	제주	1	강원도 영동	1	서울 서북권	1
2위	서울 강동권	1	인천	1	서울 서북권	1	제주	1
3위	서울 강남권	1	경기 서북권	1	경기 동남권	1	서울 강북권	1
4위	경기 남부권	1	서울 강동권	1	서울 강북권	1	경기 동남권	1
5위	경기 동남권	2	서울 강서권	2	충북	2	서울 남서권	2
6위	충북	2	충남(세종)	2	경기 동북권	2	영동	2
7위	서울 남서권	2	경기 서부권	2	서울 남서권	2	서울 강서권	2
8위	경기 중부권	2	서울 서북권	2	서울 강남권	2	인천	2
9위	충남(세종)	3	서울 남서권	3	서울 강서권	3	경기 서부권	3
10위	서울 서북권	3	서울 강북권	3	경기 서부권	3	서울 강남권	3
11위	강원도 영동	3	서울 강남권	3	인천	3	경기 서북권	3
12위	서울 강서권	3	대전	3	경기 서북권	3	경기 동북권	3
13위	인천	4	경기 동북권	4	대전	4	서울 강동권	4
14위	경기 동북권	4	경기 중부권	4	서울 강동권	4	충북	4
15위	경기 서북권	4	경기 남부권	4	제주	4	충남(세종)	4
16위	경기 서부권	4	경기 동남권	4	충남(세종)	4	대전	4
17위	서울 강북권	5	충북	5	경기 남부권	5	경기 남부권	5
18위	대전	5	강원도 영동	5	경기 중부권	5	경기 중부권	5
19위	제주	5	강원도 영서	5	강원도 영서	5	영서	5

록 낮아진다. 수많은 미디어와 SNS가 오히려 캠페인 경로를 파편화시켜서 효과가 조금씩 떨어진다. 유권자들은 담론적 성격의 이슈보다 생활밀착형 공약에 더 큰 관심이 있다. 그래서 광역시도에서 시군구로, 시군구에서 행정동(면)으로, 다시 행정동(면)에서 투표구로, 투표구에서 국회의원 선거구마다 대략 300개 정도 있는 '통'까지 마이크

로하게 데이터를 들여다보는 선거 운동을 해야 한다.

미국은 1974년부터(우리보다 40여 년 앞선) 전국을 18만 6,000개로 나누어 유권자 성향을 파악하는 마이크로 선거 지리학을 연구해왔다. 이 연구의 목적은 유권자를 구체적으로 파악하는 데 있다. 정당과 후보가 개별 유권자에게 세밀한 관심을 기울여 정확하게 파악해야 실효성 있는 공약을 낼 수 있어서다. 그 과정을 통해 수립된 실효성 있는 공약은 선거를 승리로 이끄는 데 중요한 역할을 한다.

어떤 스타일의 후보가 당선될까?

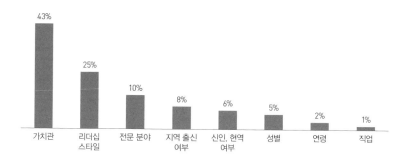

국회의원 후보를 선택할 때 어떤 측면을 중요하게 보는가?

43% 가치관
25% 리더십 스타일
10% 전문 분야
8% 지역 출신 여부
6% 신인, 현역 여부
5% 성별
2% 연령
1% 직업

　한국사회연구소는 20대 총선을 앞두고 선거 열기가 일기 시작한 2015년 11월 '현재 응답자가 거주하는 지역에 어느 당 후보가 당선될 것으로 보는지'에 대해 물었다(전국 성인 남녀 4,500명 유무선 전화 조사. 95% 신뢰 수준에 오차 범위는 ±1.5%). 10명 중 5명이 새누리당을, 4명이 새정치민주연합(현재 더불어민주당)을, 1명이 정의당 또는 기타 무소속 후보가 당선될 것으로 예측했다. 새누리당의 우세를 점친 주요 응답자는 40대와 50대 그리고 60세 이상, 자영업과 주부, 농축수산업 종사자로 소득이 낮을수록 지지도가 높았다. 새정치민주연합(현재 더불어민주당)의 우세를 점친 주요 응답자는 20대와 30대, 화이트컬러와 학생으로 소득이 높을수록 지지도가 높았다. 특히 새누리당 지지자 10명 중 8명이, 새정치민주연합(현재 더불어민주당) 지지자 10명 중

7명이 자신이 지지하는 정당의 후보가 당선될 것으로 내다봤다. 새누리당 후보에 대한 당선 예측 규모뿐 아니라 지지 강도에서도 새정치민주연합(현재 더불어민주당) 후보를 앞섰다. 새정치민주연합(현재 더불어민주당)이 역사 교과서 국정화의 싸늘한 여론을 미래 가치로 담아내지 못하고 있다는 방증으로도 풀이된다.

현역 의원평가 긍정 27% vs 부정 39%

이번 조사는 현역 의원에 대한 평가도 함께 이루어졌다. 거주하는 지역의 국회의원이 '일을 잘한다'는 응답은 총 27%로 '잘 못한다'는 응답 39%보다 12%가 적었다. 정당 지지자별로 보면 새누리당 지지자는 '일을 잘한다'는 응답(33%)과 '일을 잘 못한다'는 응답(33%)이 대등하게 나왔다. 새정치민주연합(현재 더불어민주당) 지지자는 '일을 잘한다'는 응답(21%)보다 '일을 잘 못한다'는 응답(43%)이 더 높았다.

지난 10여 년간 두 당의 현역 교체율도 알아보았다. 17대(2004), 18대(2008) 국회에서 총선거나 재·보궐 선거에서 당선된 지역구 국회의원이 다음 총선(17대 국회→18대 총선, 18대 국회→19대 총선)에서 자신이 당선된 지역구에 재공천을 받은 비율은 18대 총선 64.6%, 19대(2012) 총선 58.0%였다. 다른 인물로 교체된 비율은 18대 총선 35.4%, 19대 총선 42.0%다. 새누리당과 새정치민주연합(현재 더불어민주당) 소속의 지역구 현역 의원에 대한 공천 교체율은 새누리당이 18대 총선 41.8%, 19대 총선 45.8%, 새정치연합이 18대 총선 29.9%, 19대 총선 33.3%로 지역구 현역 의원의 공천 교체를 새누리당이 주도했다.

지지 후보 선택 기준

후보 선택할 때 '후보의 어떤 측면을 중요하게 보는지'를 질문해보았다. '후보의 가치관'(43%)에 응답이 가장 높았다. 기타 응답으로는 리더십 스타일(25%), 전문 분야(10%), '선거구 출신 여부'(8%), '신인 또는 현역 여부'(6%), '성별'(5%), '연령'(2%), '직업'(1%) 등이 나왔다. 사람들이 '한눈에 알아보기 어려운 선택 기준'(가치관과 리더십 스타일 68%)이 '한눈에 알아볼 수 있는 선택 기준'(전문 분야, 신인 현역 여부 등 31%)보다 더 중요하게 생각한다는 것이 특히 흥미롭다. 한눈에 알아보기 어려운 선택 기준은 유권자가 후보와 대면 접촉을 하거나 미디어를 통해 장시간 접하지 않고서는 판단하기 쉽지 않은 요소다. 공중전보다 지상전이 더 중요할 수 있다는 뜻으로 풀이된다.

후보의 가치관

'개인의 자유와 개성과 창의를 중시하는 후보'(18%)보다 '사회의 도덕성, 질서, 공동체를 중시하는 후보'(82%)에 대한 선호가 압도적으로 높았다. 특히 50대, 여성, 블루칼라와 주부 및 농축수산업 종사자, 경제적 중산층에서 특히 높았다. 후보가 공동체를 위해 얼마나 이바지했는지를 짧은 선거 기간 동안 유권자에게 정확히 소구해야 선거에 유리할 수 있음을 방증하는 조사 결과다. 각 당에서 후보를 선출할 때 정량화해 판단하기 어려운 요인이기도 하다.

후보의 리더십 스타일

'똑똑하고 현명한 스타일'(47%)에 대한 선호가 가장 높았다. 그다음
으로 '통이 크고 강인한 스타일'(33%), '마음이 따뜻한 스타일'(21%)
순이다. 응답자의 연령대별로 의견에 차이가 있었다. 20대(53%)와
60세 이상(53%)이 '똑똑하고 현명한 스타일'에 평균 응답보다 선호
도가 높았다. 30대(28%)와 40대(25%)는 '마음이 따뜻한 스타일'을,
50대(39%)는 '통이 크고 강인한 스타일'을 선호했다. 20대와 60세 이
상이 같은 스타일을 원한다는 점이 흥미롭다. 서로 다른 입장에 서 있
지만, 현재보다는 미래에 더 많은 관심을 쏟는다는 공통점이 엿보인
다. 우리나라 사회의 경제·사회적 중추인 30대와 40대는 그만큼 치열
하고 각박한 사회를 경험하는 계층이다. 30대와 40대가 '마음이 따뜻
한 사람'을 선호한 이유는 사회가 지금보다 좀 더 따뜻해지기를 바라
는 마음으로 풀이될 수 있을 듯하다. 50대가 한 선택은 현실과 미래를
모두 고려해야 하는 연령대의 특징을 그대로 드러낸 것으로 분석된다.

후보의 전문 분야

'경제 산업' 분야(42%)에 대한 선호가 가장 높았다. 그다음으로 '복
지 노동' 32%, '교육·문화' 10%, '행정' 9%, 외교 통일 4%, '안전 보
건' 4% 순이다. '경제 산업' 분야는 50대와 60세 이상, 자영업과 주부
및 농축수산업 종사자가 주로 선호했다. '복지 노동' 분야는 30대와
40대, 직장인(화이트컬러와 블루컬러)이 상대적으로 호감을 보였다. 새
누리당 지지자는 '경제 산업' 분야를, 새정치민주연합(현재 더불어민주

당) 지지자는 '복지 노동' 분야를 특히 선호했다. 지지자의 성향이 각 정당이 지닌 정책적 컬러와 일치하는 경향을 보였다.

후보의 출마 지역 연고가 중요하다

이번에는 '국회의원 후보로 선호하는 출신지'에 대해 물었다. 고향이 지역구인 후보(40%)라는 응답보다 '어느 지역이든 상관없다'(57%)는 응답이 더 높았다. 반면 '다른 지역 후보라도 좋다'는 응답은 3%에 불과했다. 어느 지역이든 상관없다는 의견 속에 '이왕이면 다홍치마'라는 뜻이 포함되어 있을 가능성이 높다.

후보의 신인 여부는 유권자의 선택에 어떤 영향을 미치는가. 20대 총선 예상 후보군 중 신인(24%)에 대한 선호가 현역 의원(18%)에 대한 선호보다 높게 나타났다. 특히 새누리당의 텃밭인 대구·경북에서는 신인(27%)과 현역(25%)에 대한 선호 비중이 거의 대등했다. 이것은 청와대와 새누리당의 공천 싸움의 향배를 판단하는 기준점이 될 수 있을 것이다. 새정치민주연합(현재 더불어민주당)의 텃밭인 광주·전라에서는 신인(26%)에 대한 선호가 현역(16%)에 대한 선호보다 높았다. 신인 선호가 어느 지역보다 가장 높다는 사실이 흥미롭다. 비주류 중심인 광주·전라 지역 의원들의 거취가 불안해 보인다.

여성 출마자 증가 추세, 당선율은 남성보다 높아

① 성별
후보 선택 기준의 중요도는 낮게 나왔지만, 여성의 국회의원 출마

비율은 계속 늘어나는 추세다. 13대 1.3%→ 14대1.8%→ 15대1.5%→ 16대3.2%→ 17대5.6%→ 18대11.9%→ 19대 7.0%다. 그렇다면 여성 출마자의 당선 확률을 살펴보자. 19대 총선 대비 여성 출마자의 당선 율은 30.2%로 남성 출마자 당선율 27.1%보다 높았다.

② 연령별

13대~18대 총선까지 40대 이하와 50대 이상 출마자 비율이 대체 로 균형을 이루었다. 하지만 19대 총선에서는 50대 이상 출마자가 급 증해 50대와 60대 이상 출마자가 13대 총선 이후 가장 높은 비중을 차지했다. 40대 미만 출마자 비중은 역대 최저인 3.7%다. 19대 총선에 서 급격한 고령화가 나타났다. 당선자는 17대 총선에서 50대 이상 연 령 비중이 56.0%로 역대 최저를 기록한 이후 18대 총선과 19대 총선 에서는 50대 이상 비중이 다시 증가하는 추세로 나타났다. 19대 총선 의 연령대별 당선율(출마자 수 대비 당선자 수)는 40대 미만 9.1%, 40대 28.0%, 50대 27.3%, 60대 이상 29.5%다. 당선자의 평균 연령(15대 ~19대 총선 전체 평균)은 53.2세로 최근 5번의 선거 모두 50대 초·중 반의 연령이 차지했다.

③ 직업별

출마자 직업은 현직 국회의원 비율이 44.9%로 가장 높았다. 정치인 (32.4%)과 변호사(9.1%)가 그 뒤를 이었다. 직업별 당선율은 현직 국회 의원이 58.7%로 가장 높고, 변호사가 30.0%다. 정치인(17.9%), 교육자 (15.6%), 의사·약사(15.1%) 등도 상대적으로 높은 당선율을 기록했다.

유권자가 총선 때 보고 싶은 얼굴

출마 여부나 당락과는 상관없이 20대 총선에서 가장 큰 주목을 받았던 후보는 누구일까? 여권에서는 유승민 의원(22%), 김무성 대표(22%), 오세훈 전 서울시장(16%), 김문수 전 경기도지사(8%), 남경필 현 경기지사(5%) 순으로 나타났다. 야권에서는 문재인 의원(20%), 박원순 서울시장(16%), 안철수 의원(13%), 김무겸 전 의원(9%), 안희정 충남지사(9%) 순으로 나타났다.

하지만 새누리당 지지자만 놓고 보면 순위가 바뀐다. 김무성(38%), 오세훈(24%), 김문수(9%), 유승민(8%), 남경필(5%) 순이다. 새누리당 입장에서 가장 유용한 정치인은 과연 누구인가. 지지자를 묶겠다면 김무성 대표, 외연을 확장하겠다면 유승민 의원이다. 여권 입장에서는 둘의 조합이 최상이다. 새정치민주연합(현재 더불어민주당)에서는 '문-박-안' 연대가 유용한 포트폴리오다. 전국을

권역	지역	여권	야권
서울	강북권	오세훈	문재인
서울	강동권	오세훈	문재인
서울	서북권	유승민	박원순
서울	강서권	유승민	박원순
서울	남서권	유승민	문재인
서울	강남권	유승민	문재인
인천	인천	유승민	박원순
경기	남부권	김무성	문재인
경기	중부권	유승민	문재인
경기	서부권	유승민	박원순
경기	서북권	유승민	박원순
경기	동북권	오세훈	문재인
경기	동남권	유승민	문재인
충청	충북	오세훈	박원순
충청	대전	유승민	문재인
충청	충남	김무성	안희정
호남	전북	유승민	박원순
호남	전남	유승민	박원순
호남	광주	유승민	안철수
TK	대구	김무성	김부겸
TK	경북	김무성	김부겸
PK	경남	김무성	문재인
PK	부산	김무성	문재인
PK	울산	유승민	문재인
강원	영동	유승민	안철수
강원	영서	김무성	문재인
제주	제주	오세훈	박원순

여야 총선 리더십 지역별 1순위 정치인

27개 지역으로 나누었을 때 스코어는 아래 표와 같다.

	20대 총선 정당별 당선 가능성		현역 부정 평가 높은 지역	후보 연고 중시 지역	경제 산업 분야 후보 선호 지역	복지 노동 분야 후보 선호 지역
	새누리당	새정치민주연합				
1순위	TK 대구	호남 전남	호남 광주	TK 대구	제주 제주	충청 충남
2순위	TK 경북	호남 전북	제주 제주	충청 충남	TK 대구	서울 서북권
3순위	PK 부산	서울 남서권	경기 동남권	강원 영서	TK 경북	PK 울산
4순위	PK 울산	경기 중부권	서울 강남권	경기 남부권	충청 충북	경기 서부권
5순위	강원 영서	서울 강북권	호남 전북	PK 경남	PK 경남	서울 남서권
6순위	PK 경남	경기 서부권	서울 강동권	TK 경북	경기 남부권	PK 부산
7순위	서울 강남권	충청 대전	강원 영동	호남 전북	호남 전북	서울 강동권
8순위	경기 남부권	서울 서북권	TK 경북	PK 부산	경기 동남권	경기 동북권
9순위	충청 충북	제주 제주	인천 인천	경기 동북권	서울 강남권	인천 인천
10순위	경기 동남권	호남 광주	서울 서북권	충청 대전	경기 동북권	충청 대전
11순위	경기 동북권	서울 강서권	PK 경남	호남 전남	호남 전남	경기 서북권
12순위	충청 충남	충청 충남	충청 대전	PK 울산	서울 강서권	서울 강북권
13순위	경기 서북권	서울 동권	경기 서부권	강원 영동	PK 울산	강원 영서
14순위	서울 강동권	강원 영동	PK 울산	인천 인천	경기 중부권	서울 강남권
15순위	강원 영동	경기 동남권	서울 강서권	제주 제주	PK 부산	경기 중부권
16순위	인천 인천	경기 남부권	충청 충북	호남 광주	인천 인천	호남 전남
17순위	제주 제주	경기 서부권	경기 서부권	충청 충북	서울 강동권	충청 충북
18순위	서울 강서권	충청 충북	서울 강북권	경기 서부권	충청 대전	서울 강서권
19순위	경기 중부권	경기 동북권	서울 남서권	경기 중부권	서울 남서권	경기 남부권
20순위	서울 서북권	서울 강남권	경기 중부권	경기 서북권	경기 서북권	호남 광주
21순위	서울 강북권	PK 경남	강원 영서	서울 강남권	충청 충남	강원 영동
22순위	경기 서부권	강원 영서	충청 충남	서울 남서권	강원 영동	경기 동남권
23순위	서울 남서권	PK 부산	경기 동북권	서울 서북권	경기 서부권	TK 대구
24순위	충청 대전	TK 경북	호남 전남	서울 강동권	서울 강북권	TK 경북
25순위	호남 전북	PK 울산	경기 남부권	서울 강서권	호남 광주	PK 경남
26순위	호남 전남	TK 대구	PK 부산	경기 동남권	강원 영서	호남 전북
27순위	호남 광주	인천 인천	TK 대구	서울 강북권	서울 서북권	제주 제주

	리더십 스타일 후보 선호 지역			공동체 의식이 높은 후보 선호 지역	현역 대비 신인 선호 지역
	똑똑하고 현명	통 크고 강인	마음이 따뜻한		
1순위	충청 충남	강원 영서	제주 제주	경기 서부권	PK 울산	호남 광주
2순위	서울 서북권	경기 중부권	호남 광주	강원 영동	인천 인천	충청 대전
3순위	PK 울산	경기 서부권	충청 충남	서울 강남권	호남 전북	호남 전북
4순위	경기 서부권	서울 강동권	TK 경북	인천 인천	경기 동북권	경기 서북권
5순위	서울 남서권	서울 남서권	경기 동북권	PK 경남	PK 부산	PK 울산
6순위	PK 부산	PK 경남	서울 강북권	호남 광주	호남 광주	강원 영서
7순위	서울 강동권	서울 강서권	PK 울산	호남 전남	강원 영동	서울 서북권
8순위	경기 동북권	경기 남부권	PK 부산	충청 충북	서울 강서권	PK 경남
9순위	인천 인천	경기 동남권	인천 인천	서울 서북권	경기 남부권	경기 서부권
10순위	충청 대전	호남 전북	충청 충북	호남 전남	경기 서북권	경기 동남권
11순위	경기 서북권	PK 부산	경기 서북권	충청 대전	경기 중부권	경기 중부권
12순위	서울 강북권	강원 영동	충청 대전	서울 남서권	TK 경북	TK 경북
13순위	강원 영서	TK 대구	서울 강서권	경기 동북권	제주 제주	충청 충남
14순위	서울 강남권	호남 전남	TK 대구	TK 대구	경기 서부권	서울 강동권
15순위	경기 중부권	서울 서북권	서울 강남권	PK 울산	서울 강남권	제주 제주
16순위	호남 전남	서울 강북권	서울 강동권	경기 남부권	호남 전남	서울 강서권
17순위	충청 충북	서울 강남권	서울 서북권	경기 동남권	충청 충남	인천 인천
18순위	서울 강서권	충청 대전	경기 서부권	TK 경북	PK 경남	서울 강남권
19순위	경기 남부권	충청 충북	경기 동남권	서울 강서권	강원 영서	서울 남서권
20순위	호남 광주	인천 인천	호남 전남	PK 부산	서울 남서권	호남 전남
21순위	강원 영동	PK 울산	경기 남부권	경기 중부권	TK 대구	강원 영동
22순위	경기 동남권	경기 서부권	경기 중부권	서울 강북권	경기 동남권	PK 부산
23순위	TK 대구	충청 충남	호남 전북	충청 충남	서울 서북권	서울 강북권
24순위	TK 경북	TK 경북	강원 영동	제주 제주	충청 충북	경기 동북권
25순위	PK 경남	경기 동북권	서울 남서권	서울 강동권	서울 강동권	TK 대구
26순위	호남 전북	제주 제주	강원 영서	강원 영서	서울 강북권	경기 남부권
27순위	제주 제주	호남 광주	PK 경남	경기 서북권	충청 대전	충청 충북

※ 서울 지역 구분 (강북권) 종로–성북–강북–도봉–노원,

　(강동권) 중구–동대문–성동–광진–중랑,

　(서북권) 용산–마포–서대문–은평,

　(강서권) 영등포–양천–강서,

　(남서권) 동작–관악–구로–금천,

　(강남권) 서초–강남–송파–강동

※ 경기 지역 구분 (남부) 수원–평택–오산–안성–화성

　(중부) 안양–광명–과천–군포–의왕

　(서부) 부천–안산–시흥

　(서북) 고양–파주–김포

　(동북) 의정부–동두천–구리–남양주–양주–포천–연천–가평–양평

　(동남) 성남–하남–용인–이천–광주–여주

정당 이미지 포지셔닝

주요 정당의 이미지 (2015년 11월)

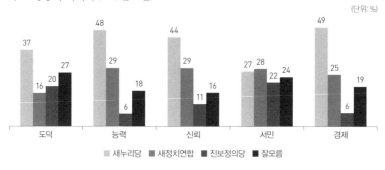

(단위: %)

■ 새누리당 ■ 새정치연합 ■ 진보정의당 ■ 잘모름

유권자들은 과연 얼마나 많은 정보를 가지고 지지 정당이나 지지 후보를 선택할까?

다른 동물에 비해 신체 조건이 취약한 대신, 인간은 빠른 판단과 예측 능력을 지녔다. 그래서 맹수를 직접 보지 않고도 발자국, 울음소리 등으로 위험을 식별해낸다. 생존을 위한 정보를 집약하는 능력과 패턴을 인식하는 능력을 두드러지게 키운 진화론적 선택이다.

유권자가 후보에 대해, 소비자가 제품에 대해 완벽히 파악하지 못했더라도, 투표하고 구매하는 이유는 '이미지' 덕분이다. 그렇다면 유권자는 어떤 이미지를 통해 지지 정당이나 지지 후보를 선택할까?

2015년 지난 11월 초에 한국사회여론연구소는 전국 성인 남녀 1,000명을 대상으로 정당 이미지에 대한 여론조사를 실시했다. 자신이 지지하는 정당과 관계없이 어느 정당을 더 '신뢰'하는지, 어느 정당이 더 '도덕'적이고 '능력' 있다고 생각하는지, 또 어느 정당이 '서민적'이고 '경제 발전'에 기여한다고 생각하는지 등 5가지 이미지를 물었다. 이 중 새누리당이 경제 발전(49%), 능력(48%), 신뢰(44%), 도덕성(37%) 등 4가지 이미지에서 1위를 차지했다. 새정치민주연합(현 더불어민주당)은 '서민적'이라는 이미지(28%)에서 오차 범위(±3.1%) 내에서 1위를 차지했다. 정의당은 '서민적'이라는 이미지(22%)와 '도덕적'이라는 이미지(20%)에서 선전했다. 반면 정당 능력 이미지는 정의당(6%)이, 도덕적 이미지는 새정치민주연합(16%)이, 서민적 이미지는 새누리당(27%)이 꼴찌를 한 결과도 눈에 띄었다.

이번 결과를 바탕으로 각 이미지 항목별 상관관계 분석(이미지 간 관계의 밀접한 정도를 파악하는 분석)을 실시했다. 정당 지지에 가장 큰 영향(계수 값이 클수록 상관성이 높음)을 미치는 요인은 정당 신뢰도(0.684)로 나타났다. 막연한 질문에 막연한 응답 같지만, 가장 높은 상관성이 나타났다. 우리는 자주 접하는 정보와 일관된 정보에 신뢰를 보낸다.

정당 신뢰도는 크게 두 축의 이미지로 나뉜다. 그리고 다시 통합되어 정당의 이미지 시스템을 만든다. 경제 발전(0.692)과 정당 능력(0.685)이 한 축을, 또 다른 한 축은 정당 도덕성(0.632)과 서민 정당(0.516)이 담당했다. 전자가 '일을 추진하는 자세'라면, 후자는 '일을 해내는 힘'으로 풀이할 수 있다. 정당의 품성과 능력 모두가 각각의 영역을 형성하며 정당 지지에 결정적 영향을 미치는 '정당 신뢰도'를 받치고 있는 셈이다. 또 각 이미지 간 상관계수 값을 보면, 품성보다 능력이 정당 신뢰도에 더 많은 영향을 미치는 것으로 보인다. 이것은 유

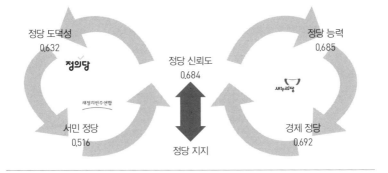

정당 이미지 인지구조(시스템 다이내믹스, 상관계수 값)

정당 도덕성
0.632

정의당

새정치민주연합

서민 정당
0.516

정당 신뢰도
0.684

정당 지지

정당 능력
0.685

새누리당

경제 정당
0.692

권자들이 정당과 후보를 선택할 때 품성보다 능력을 중시할 가능성이 높다는 방증으로 해석할 수 있다.

> ※ 시스템 다이내믹스(system dynamics): 동태적 움직임의 분석을 통계 해석에 의지하지 않고 자유롭게 시스템을 구축하는 방법

지금까지 각 정당들이 가진 강점 이미지와 약점 이미지가 무엇이며, 각 이미지 간 관계는 어떤지 살펴보았다. 강점이 되는 이미지는 강화하고, 약점이 되는 이미지는 보완해야 한다. 하지만 한 번 구축된 이미지를 바꾸기란 결코 쉽지 않다. 이미지 전략은 많은 시간과 노력이 들지만, 의외의 측면도 있다. 단 하나의 이정표와 대형 사건으로 정당의 이미지가 순식간에 바뀌기도 한다는 점이다. 그렇다면 각 정당들은 20대 총선을 대비해 어떤 이미지 전략을 세워야 할까?

첫째, 새누리당은 이미 많은 고지를 선점하고 있다. 따라서 더 높은 고지를 탈환하는 것은 그리 큰 의미가 없어 보인다. 매력도 신뢰처럼 종합적이고 통합적인 감정이다. 새누리당이 매력적인 정당으로 거듭나려면 서민적인 이미지를 보완해야 한다. 학생이 공부를 혹은 운동

을 잘하면 호감을 얻기 쉽다. 하지만 그가 타인에게 매력적으로 비칠 거란 보장은 없다. 하지만 공부도 잘하는데 운동도 잘하면, 그 학생은 매력적으로 보인다. 유권자의 마음도 그렇다.

둘째, 새정치민주연합(현 더불어민주당)은 조금 다른 차원의 전략이 필요하다. 강점을 보강해야 하는 새누리당과 다르게 새정치민주연합은 약점을 보완해야 한다. 서민적 이미지를 강화하는 데 올인하는 일점 돌파가 필요하다. 모든 것을 얻으려고 달려들면 아무것도 얻을 수 없다. 모든 걸 그럭저럭 잘하려 드느니, 딱 하나만 들이파자. 그리고 가장 잘하는 그것을 타의 추종을 불허할 만큼 밀고 나가야 한다. 강력한 서민 행보가 답이 될 수 있다. 그러나 서민 행보를 좌파 노선과 행태로 해석해서는 안 된다.

셋째, 현재 여러 조사기관들이 발표하고 있는 지지도만 가지고서는, 정의당이 어떤 이미지 항목에서도 우위를 점할 수 없다. 이것은 이미지 문제를 넘어섰다. 이미지 전략보다 포지션(위치) 전략이 필요해 보인다. 다시 원점에서 새로운 진보의 패러다임과 이정표를 세워야 할지도 모른다. 〈비보이를 사랑한 발레리나〉처럼, 그림을 그리는 맹인처럼, 날씨 좋은 날 우산을 파는 장사치처럼 틀을 깨는 반전이 필요하다.

마지막으로 모든 정당이 포함되는 문제가 하나 남았다. 레드오션인지는 알지만, 피해갈 수 없는 전장! 바로 '능력'이라는 이미지 영역이다. 정당의 능력은 정당 신뢰도와 유권자 마음에 가장 많은 영향을 미친다. 국가를 운영하는 일은 개인 종목 경기가 아니라 단체 종목 경기다. 그래서 팀 플레이가 중요하다. 국가 운영이 잘 안 되는 대부분의 경우는 준비가 부족해서 생긴다(상대방의 반대 공세 때문이 아니다).

국가 운영 능력은 수성을 목표로 하는 정당 구성원들이 단결하고 헌신해 열정적으로 나아갈 때 극대화된다. 그럼에도 선거에서 졌다면, 사실은 진 게 아니다. 단판 승부가 아닌 경우에 더욱 그렇다. 이미 치뤄진 2016년 총선을 시작으로 2017년 대선, 2018년 지방선거라는 한국시리즈 3연전이 기다리고 있다. 능력이라는 이미지는 각 정당들이 가장 장기적으로 준비해야 하는 집체 훈련 과정이다.

제 4 부

관계 분석
Relation Mining

관계에서 나타나는 호감과 분노

한국사회여론연구소에서 사회심리학적 논거에 기초해 어떤 요인이 호감을 만들고, 또 어떤 요인이 공격성을 만드는지 여론조사(전국 성인 남녀 유무선 50%씩 1,000명 전화 조사. RDD. 오차 범위 ±3.1%)를 실시했다.

첫째, 호감을 느끼는 요인은 '생각과 성격이 비슷할 때'라는 응답이 37%로 가장 높게 나타났다. 그 다음으로 '지적인 매력을 느낄 때' 21%, '자주 접촉하거나 만나는 빈도가 높을 때' 21%, '외형에 매력을 느낄 때' 11%, '나를 좋아할 때' 9% 순으로 나타났다.

둘째, 공격성을 느끼는 요인은 '학습된 사회적 행동'이라는 응답이 32%로 가장 높게 나타났고, 그 다음으로 '좌절에 대한 자연스러운 반응' 30%, '인간의 본능적이고 생물학적 현상' 19% 순으로 응답했다.

성향과 상황의 관계. 이 둘의 복합적 상호작용으로 얻은 데이터가 어떤 시사점들을 말하고 있는지 들여다보자. 성향 우위의 의사결정과 상황 우위의 의사결정에서 나타나는 특징들도 함께 생각해볼 것이다.

10

관계와
시스템

오랜 벗과 새로운 벗, 당신의 마음은 어디에: 미국과 중국, 기대와 경험의 정치학

미국과 중국의 안보 의존도 국민 의식

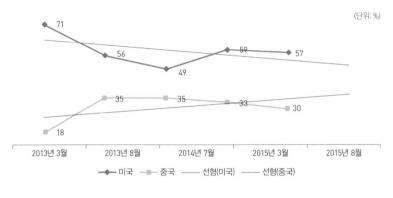

2015년 8월, 한국갤럽이 '주변국과의 관계'에 관련한 여론조사 결과를 발표했다. '한반도 평화를 위해 가장 중요한 주변국'으로 미국(71%)이 첫 번째로 꼽혔다. 그다음으로 중국(30%)과 일본(4%) 순이었다.

또 '박근혜 대통령의 중국 전승절 행사 참석 찬반 여부'도 물었다. 참석 여론(69%)이 불참 여론(18%)에 비해 압도적으로 높았다. 마지막으로 '남북관계 개선'과 관련해서는 '우리 정부가 먼저 5.24조치를 해제해야 한다'는 응답(22%)보다 '북한의 태도가 변하기 전에는 그럴 필요가 없다'는 응답(68%)이 지배적이었다.

비록 안보 의존도가 미국에 집중되어 있지만, 대통령이 중국의 전승국 행사에 참석했으면 하고 바라는 모양새다. 그렇다면 5.24조치의 유지 여론과 해제 여론은 국내 정치 상황 및 주변국과 관계 속에서 어떻게 자리매김하고 있을까? 세부 여론을 들여다보면 상황이 좀 더 복잡하다.

5.24조치를 해제해야 한다는 의견은 국정 운영 능력을 부정적이라고, 한반도 평화에 중국이 중요하다고 생각한다고, 박근혜 대통령의 중국의 전승절 행사 참석해야 한다고 대답한 응답자 쪽에서 상대적으로 더 많이 나왔다. 특히 40대와 50대, 서울과 경기 지역 거주자, 자영업과 화이트컬러의 응답이 많았다.

반면 5.24조치를 유지해야 한다는 의견은 국정 운영을 긍정적이라고, 한반도 평화에 미국이 중요하다고 생각한다고, 대통령이 중국의 전승절 행사에 불참하는 게 옳다고 생각한다고 대답한 응답자 쪽에서 상대적으로 더 많이 나왔다. 특히 20와 30대, 대구경북과 부산울산경남 거주자, 전업주부와 학생의 응답이 많았다.

5.24조치 해제는 국내 주류를 차지하고 있는 계층과 북서쪽에 가까이 위치한 국내 지역 거주자가 중국의 정치경제적 부상으로 불어올 시원한 북서풍을 기대하는 여론으로 풀이할 수 있다.

반면 5.24조치 유지는 남동쪽에 가까이 위치한 국내 지역 거주자가 현재와 과거의 경험으로 바탕으로 군사적 동맹국이자 한때 경제적 후원자였던 미국이라는 따뜻한 남동풍을 기대하는 여론으로 풀이할 수 있다. 2015년부터 지금까지 미국과 중국에 대한 우리 구민의 안보 의존도 인식 변화를 살펴보면, 미국은 하락세를, 중국은 상승세를 보이고 있다(물론 여전히 미국의 지위는 유지되고 있다).

기업과 시장의 이야기가 정치와 국제 관계에서도 통용될까? 정확히 알 수는 없지만, 완전히 상관없는 이야기도 아니다.

일본 언론인이자 기업 마케팅 전문가 노구치 데츠노리 박사에 따르면, 신규 고객을 유치하는 데 들어가는 비용은 기존 고객을 관리하는 데 들어가는 매용이 비해 5배가 더 든다고 한다. 예를 들어 기존 고객에게 백 원의 비용이 들었다면, 신규 고객에겐 5백 원이 들어간다는 이야기다. 하지만 VVIP(특급고객)은 대체로 기존 고객이 많고 기업은 주요 수익원은 기존 고객이다.

기업 입장에서는 5배의 비용이 들더라도 수익의 지속성과 기존 고객의 증대를 위해 신규 고객에게 투자하는 동시에 기존 고객 관리도 철저히 해야 한다(기존 고객이 이탈하면 이익이 줄거나 기업 유지가 어려워지기 때문이다).

우리 국민들은 현재진행형인 북한의 도발에 미국과 중국이 어떤 입장과 태도를 취했는지 그리고 취하는지 쭉 지켜보고 있다. 오랜 벗과의 경험, 새로운 벗에 대한 기대가 어떤 결과를 불러올지 지켜볼 일이다.

자기 개방. 유토야, TV에서 자주 보자!

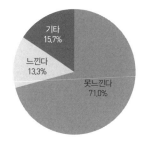

일본에게 친밀감을 느끼는가?
(서울신문, 2015년 8월)

기타
15.7%

느낀다
13.3%

못느낀다
71.0%

일본은 우리에게 필요한 나라인가?
(서울신문, 2015년 8월)

기타
25.9%

그렇다
41.2%

그렇지 않다
32.9%

　서울신문과 도쿄신문이 공동으로 한일 양국 국민에게 여론조사를 실시했다. 그중 한 가지 결과가 눈길을 사로잡는다.

　일본에 친근감을 느낀다는 응답이 13%인 반면 일본이 한국에 필요한 나라라는 응답은 41%로 나타났다. 가깝고도 먼 나라 일본에 대한 우리의 단상을 보여주는 대목이다.

　역사적 배경(상황을 제외한다면) 무엇이 친밀한 관계 여부를 결정하는 걸까? 인간은 사회적 동물이다. 관계를 맺고 협동을 통해 생존해왔다. 더불어 산다는 것은 옵션이 아니라 우리의 유전자 속에 녹아 있는 생물학적 본능이다. 상당 기간 무관심 속에서 서로 친해질 기회를 잃어버리면 고립되거나, 작은 일에도 겁을 먹거나, 아예 침묵하게 된다. 심리학 전문가들에 따르면, 관계에 영향을 주는 요인은 크게 세 가지다. 유대 관계, 상호 형평성 그리고 개방성이다.

우리는 일본과 어떤 형태의 관계가 가능할까? 유대 관계는 사랑과 애착을 기반으로 하며 주로 가족과 같은 혈연관계에서 나타난다고 한다. 상호 형평성은 주고받는 관계이고, 개방성은 자신의 내면을 상대에게 드러내면서 형성된다고 한다.

같은 조사에서 나온 또 다른 결과가 힌트를 줄 것 같다. 한국인은 일본의 경제나 첨단 기술보다 문화와 시민의식에 더 많은 관심을 보였다. 한국인이 일본에 자랑하고 싶은 분야로는 한류를 꼽았다. 자기 개방성에 초점이 맞춰져 있다. 상대의 문화에 관심이 있고, 우리 문화를 상대에게 보여주고 싶다는 의미로 풀이가 가능하다.

자기 개방성은 대부분의 관계에서 좋은 징조이자 첫 출발점이다. 자기 개방성이 확대되면 이웃이라는 유대 관계가 생기고 신뢰를 바탕으로 한 활발한 경제 교류의 상호 형평성도 강화할 수 있다. 한국과 일본은 2002년 월드컵을 공동 개최했다. 그럼에도 서로 간의 유대감이 강화되거나 신뢰가 쌓였다는 느낌을 받지 못하고 있다. 이것은 한일 관계의 현 수준을 방증한다.

요즘 〈슈퍼맨이 돌아왔다〉라는 예능 프로그램이 많은 시청자의 사랑을 받고 있다. 지난주는 대한이, 민국이, 만세, 사랑이 그리고 일본인 친구 유토가 서당에서 예절 교육을 받는 내용이 방영되었다. 졸음을 꾹 참고 열심히 예절 교육을 받는 유토에 대한 네티즌의 관심이 높았다.

매년 8월이 되면 한일 관계는 더운 여름임에도 얼어붙는다. 물론 불가피한 측면이 있다. 하지만 어려운 문제에 봉착했을 때 그것만 붙잡고 알아서 풀리기를 기다리는 것은 그리 좋은 방법은 아니다. 쉽고 모두가 함께 할 수 있는 일부터 시작하는 것도 방법이다.

예를 들어 서로가 서로를 좀 더 알아 갈 수 있는 한일 공동 프로그램을 제작 방영하는 것은 어떨까? 혹시 한국판 '쉰들러 리스트'는 없을까? 자주 만나고 부대끼다 보면 얼어붙은 마음이 열리는 카타르시스도 맛볼 수 있지 않을까? 청소년 한일 문화 교류를 강화하고 축구와 야구의 올스타전을 한일전이 아닌 혼합 팀으로 구성해 경기를 치르면 또 어떨까?

외교 정책에도 여론이 중요하다

미국과 중국 외교의 딜레마, 어떻게 풀까?

미국과의 관계가 소원해지더라도 중국과 경제협력을 강화해야 한다	76%
중국과의 관계가 소원해지더라도 미국과 안보협력을 강화해야 한다	74%
미중 양쪽 모두와 소원해지더라도 양쪽 모두와 관계를 강화해야 한다	56%

　　요즘 미국과 일본의 밀월 관계를 보고 있으면 2015년 초에 발생한 미국 주도의 미사일 방어 시스템 배치와 중국 주도의 아시아인프라투자은행 가입 논쟁이 떠오른다.

　　한국사회여론연구소는 한·미, 한·중 관계 외교 정책에 대한 여론조사를 실시했다(전국 성인 남녀 유무선 50%씩 1,000명 전화 조사. RDD. 오차 범위 ±3.1%). '미국과의 관계가 소원해지더라도 중국과 경제협력을 강화해야 한다고 생각하는가?'라는 질문에 76%가 동의했다. 반대로 '중국과의 관계가 소원해지더라도 미국과의 안보협력을 강화해야 한다고 생각하는가?'라는 질문에도 74%가 동의했다. 그렇다면 양쪽 모두와 소원해지더라도 양쪽을 모두 강화해야 한다는 의견은 얼마나 될까? 분석 결과 56%로 확인됐다. 논리적으로는 모순인 것 같아도 대다수의 국민들은 선택적 입장과 균형적 입장을 동시에 지니고 있었다.

　　먼저 선택적 입장을 보인 응답층을 살펴보자. 진보는 한·미 관계보다 한·중 관계를 중시하고, 보수는 한·중 관계보다 한·미 관계를 중시하는 경향을 보였다. 인구사회학적 특성으로 보면 한·중 관계를 중시하는 주요 계층은 남성, 40대, 자영업자였다. 한·미 관계를 중시하는 주요 계층은 남성, 60대, 생산직 종사자였다.

한국전쟁을 겪은 60대와 1997년 외환위기 당시 사회 초년생이었던 지금의 40대가 한·미, 한·중 관계를 달리 보는 것은 어쩌면 당연한 일이다. 자영업자는 외환위기 직후 대량 실업으로 급격히 증가했고, 생산직 종사자는 세계의 공장으로 불리는 중국이 위협일 수밖에 없다.

균형적 입장을 보인 주요 응답층은 남성, 20대, 사무직 종사자였다. 20대는 자율과 경쟁의 서양식 가치와 공동체와 질서의 동양식 가치 둘 다 중시하는 대표적인 세대다. 사무직 종사자는 다른 직업에 비해 세상 돌아가는 지식과 정보를 많이 접하는 계층이기도 하다.

외교 정책은 여론의 뜻에만 따를 수는 없다. 그러나 무시할 수도 없다. 따라서 외교 정책 책임자가 가장 관심을 가지고 지켜봐야 하는 계층은 균형적 입장을 보이는 계층이다. 대안적 시각을 가지고 외교 정책을 바라보는 계층이기 때문이다.

중국의 백두산 미사일 기지와 북한의 핵 위협이 존재하는 한 한·미 안보 협력은 남북의 평화와 공존을 위해 강화할 수밖에 없다.

반대로 미국 주도의 세계 경제 체제에서 IMF가 유일한 대안일 때 우리는 엄청난 희생을 강요당했다. 그런데 중국은 지금 새로운 경제 질서의 탄생을 예고하고 있다.

한·미 또는 한·중 관계가 국내 주요 정책에 직·간접적인 영향을 미치지만, 국내 문제가 아니라는 이유로 의사결정 단계에서 정책 여론을 도외시하는 경향이 있다. 정책 관계자들은 한·미 또는 한·중 관계로 국론이 분열되지 않도록 정책 여론 관리에 최선을 다해야 한다. 왜냐하면 외교 정책은 미래 대한민국의 국론이기 때문이다.

상호주의와 중국 그리고 더 넓어지는 공동체

한국 외교의 중심으로 부상한 중국

한국은 다변화된 외교 정세와 마주하고 있다. 하루 이틀 하는 이야기도 아니지만 올해처럼 새롭게 들린 적이 없는 것 같다. 이것은 무엇 때문일까? 중국의 빠른 경제성장과 한반도에서의 정치적 유연성 때문만은 아닐 것이다. 1980년대 노태우 대통령이 냉전 체제 속에서도 북방 외교를 성공적으로 추진했던 것과도 좀 다르다. 미국 중심의 한국 외교가 방향을 크게 틀 것 같지도 않다.

문제는 내용이 아니라 풀어가는 방식이다. 풀어가는 방식이 내용도 조금씩 바꾸는 것 같다.

우리 국민들은 외교 정책과 한반도 정세에 인내심을 가지고 장기적 관점에서 봐왔다. '당장 성과가 나타나지는 않겠지만', '지금은 조금 손해를 보더라도' 등의 이유로 한 발 물러선 외교를 용인했다. 박근혜 대통령의 국정 수행 지지도는 외치 상승 내치 하락을 거듭했다. 역대 대통령의 국정 수행 지지도도 비슷한 패턴을 보였으니 이 또한 새삼스러울 일이 아니다. 하지만 박근혜 대통령의 외교적 행보는 국민들의 인식뿐 아니라 의식과 사고 체계를 바꿀 수도 있다는 직관이 머릿속을 스친다. 이유는 크게 3가지다.

첫째, 우리 정부의 상호주의적 군사 대응이 북한에 먹혔다는 것이다. 이것은 국민들에게 북한의 부당한 행위에 맞서도 별 탈 없다는 자신감과 용기 그리고 정당함에 대한 확신을 심어주었다. 인내심의 합리성보다 더 큰 것이었다. 따라서 야권이 남북관계를 풀어가는 새로운 패러다임을 제시하지 못하면, 설 자리가 더욱 좁아질지도 모른다. 1990년대부터 국민들은 남북문제만큼은 야권의 주장을 어느 정도 신뢰하는 분위기다. 이제 그것이 옛날이야기가 될 수도 있는 상황이다.

둘째, 미국 중심의 안보 체제는 유지되겠지만, 실체적 다변화가 가시화되는 조짐이 보인다. 이에 중국은 경제적 역할뿐 아니라 한반도에 정치군사적 역할도 커질 것으로 보인다. 중국의 북한 압박과 박근혜 대통령의 전승절 열병식 참석은 국민들에게 한반도 평화에 중국의 역할(위치)을 환기하는 계기가 됐다. 미국의 세계 철학은 민주주의와 평화다. 미국은 세계 민주주의와 평화를 지킬 수 있다면 중국은 물론 어느 나라와도 손을 잡을 수 있다. 한국이 중국과 평화 협력을 강화해 북한을 잘 관리한다면 미국도 한국의 외교 정책을 반대할 이유가 없다.

마지막으로 새마을운동이다. 2015년 추석 연휴에 박근혜 대통령은 유엔총회에 참석해 새마을운동을 빈곤 퇴치와 지속가능한 발전 패러다임으로 제시했다. 제2차 세계대전 후 선진국의 빈곤국 원조는 대부분 물자 지원의 형태였고, 빈곤 퇴치에 대부분 실패했다. 그래서 잡은 물고기를 나눠주는 방식과 더불어 물고기를 낚는 방법을 공유하는 원조 방식으로 변화했다. 새마을운동은 빈곤국에 적절한 원조 방식일 수 있다.

　우리나라 정당이 아시아 정치, 세계 정치에 한 발 더 다가서야 할 때이다. 우리나라 공화주의, 사회 민주주의를 넘어 글로벌 공화주의, 글로벌 사민주의로 시야를 넓혀야 한다. 최근 불거진 시리아 난민문제에도 정부와 정당이 관심을 기울어야 한다. 현재 한국의 보수는 외교 안보 부문에 새로운 랜드마크를 세우고 있다. 상호주의와 중국 그리고 더 넓어지는 공동체에서 대비해 진보는 어떤 랜드마크를 준비할 것인가?

사람은 어떤 상황에서 호감을 갖거나 공격성을 보일까: 한·중·일 정상회담, 호감은 높이고 공격성은 줄이자

한국인의 중국과 일본 호감도 조사
(리얼미터)

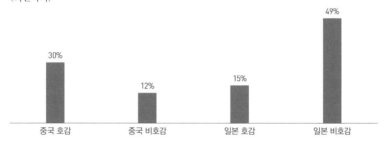

한·중·일, 가깝고도 먼 나라. 과거를 생각하면 화해하기 어렵지만, 미래를 생각하면 반드시 협력해야 하는 관계이다. 3년 만에 한·중·일 정상회담이 열렸다. 센카쿠 열도(중국 명: 다오위다오)와 독도를 둘러싼 영토 분쟁, 위안부 문제 등 아직까지 서로에게 상처가 되는 문제가 산적해 있다. 하지만 경제 및 평화 협력은 동북아 3국이 나아가야 할 미래이며, 한·중·일 정상회담으로 그 중요성을 다시 한 번 확인했다. 그렇다면 과거의 공격성과 미래의 호감은 공존할 수 있을까?

여론조사전문기관 리얼미터에서 우리 국민이 중국인과 일본인에 대해 어느 정도 호감을 품고 있는지 여론조사를 실시했다. 결과는 다음과 같다. 중국인에 대해서는 호감이 30%, 비호감이 12%로 나타났다. 일본인에 대해서는 호감이 15%, 비호감이 49%로 나왔다. 중국 인민망人民網은 중국과 일본 국민들이 서로에게 느끼는 비호감은 여전하지만, 공격성은 조금 누그러졌다는 내용의 여론조사 결과를 발표했다. 최근에는 중국 국민들이 한국 국민들에 대해 예전만큼 호감을 가지고 있지 않다는 조사 결과도 함께 발표했다.

한·중·일 3국의 국민들이 서로에게 가지는 감정은 더 이상 단선적이거나 일방적이지 않다. 그러면 우리는 어떤 경우에 호감을 갖거나 공격성을 보일까.

한국사회여론연구소는 사회심리학적 논거에 기초해 어떤 요인이 호감을, 또 어떤 요인이 공격성을 만드는지 여론조사를 실시했다(전국 성인 남녀 유무선 50%씩 1,000명 전화 조사. RDD. 오차 범위 ±3.1%).

첫째, '생각과 성격이 비슷할 때' 호감이 생긴다는 응답이 37%로 가장 높게 나타났다. 그 외로 '지적인 매력을 느낄 때' 21%, '자주 접촉하거나 만나는 빈도가 높을 때' 21%, '외형에 매력을 느낄 때' 11%, '나를 좋아할 때' 9%등이 있었다.

둘째, 공격성 요인은 '학습된 사회적 행동' 때문이라는 응답이 32%로 가장 높게 나타났다. 그 외의 의견으로 '좌절에 대한 자연스러운 반응' 30%, '인간의 본능적이고 생물학적인 현상' 19% 등이 나왔다.

한·중·일은 지리적 근접성과 문화적 동질감을 가졌다. 이것은 서로의 생각을 하나로 묶는 긍정적 효과가 있지만, 대부분의 폭력이 가까운 거리와 관계에서 벌어진다는 사실 또한 부인하기 어렵다. 호감과 폭력성은 공존한다. 사회심리학의 관점에서 살펴보면, 근접성과 동질감이 폭력(공격성)보다 더 큰 호감을 더 불러일으킨다. 이것은 정설이다. 따라서 한·중·일은 가능한 한 자주 만나야 한다. 자주 만나면 서로에 대한 기대만큼 노력하게 되고, 상호 협력의 기회도 확대된다. 과거의 사건과 현재의 갈등이 아무리 발목을 잡아도, 미래를 생각해야 한다. 만남 그 자체가 성과일 수도 있다.

또 다른 흥미로운 결과도 엿볼 수 있었다. 20대는 '자주 접촉하거나 만나는 빈도가 높을 때'라는 호감을 느낀다고 응답한 반면 30대 이상은 '생각과 성격이 비슷할 때'라는 호감을 느낀다고 응답했다. 또 여성이 남성보다 '지적 매력'에, 남성이 여성보다 '외형적 매력'에 더 끌렸다. 연령에 따른 사회화 정도, 성별에 따른 관심의 차이가 반영된 결과이다.

'공격성'은 20대와 30대 모두 '인간의 본능적인 생물학적 현상'이라고 응답했다. 40대에서는 '학습된 사회적 행동'이라는 응답이 많이 나왔다. 주목할 만한 결과는 60세 이상에서 나타났다. 그들은 '공격성의 요인이 어디에서 나오는지 잘 모르겠다'는 응답을 많이 했다. 삶의 과정에서 얻은 경험의 양에 따라 성찰의 정도도 다른 것일까? 또 여성은 '좌절에 대한 자연스러운 반응'이라고 많이 응답했다. 남성에 비해 불리한 사회경제학적 조건에 놓인 여성의 한탄일지도 모른다.

사회심리학적 탐구에 초점을 맞출 수 있는 결과도 나왔다. 매력이란 '카리스마'처럼 느낄 수는 있어도 설명하기는 어려운 감정이다. 외형의 매력에 호감을 가지는 사람은 공격성이 좌절에 대한 자연스러운 반응이라는, 지적 매력에 호감을 품는 사람은 공격성이 학습된 사회적 행동이라는 응답을 많이 했다. 왜 이렇게 다른 응답이 나왔을까? 사회적 약자와 사회적 강자가 내리는 폭력성 진단이 서로 다른 것은 아닐까?

이제 다시 한·중·일 문제로 돌아가 보자.

한·중·일 사이에도 강자와 약자가 있다. 한·중·일의 공격성이 국가 간 갈등으로 일어난 배타적 사건으로 생겼든, 좌절에 따른 자연스러운 반응으로 생겼든 상관없다. 세 나라의 노력에 따라 얼마든지 줄일 수 있다. 어떤 사람들은 축구나 야구 등의 스포츠 교류를 추천한다. 스포츠를 통해 서로 간의 공격성을 합법적인 테두리 안에서 정화시킬 수 있다는 주장이다. 언뜻 보기에는 좋은 방법 같지만 이 방법 또한 정답은 아니다. '팔이 안으로 굽는' 내 집단 편향이 강해질 위험성이 있기 때문이다. 폭력적인 영상물을 시청하면 폭력성이 오히려 더 늘어난다는 주장과 비슷한 원리다. 그럼 서로에 대한 호감은 높이고, 공격성을 줄일 수 있는 방법에는 어떤 것이 있을까?

요즘 정치권은 역사 교과서 국정화 논쟁으로 시끄럽다. 이와 별개로 아시아 역사에 대한 새롭고 통합적인 고찰이 필요하다. 아시아역사, 동아시아 역사에 대한 고찰 없는 한국사는 내 집단 편향의 또 다른 교과서가 될 수 있다. 근현대사를 시작으로 최근 수백 년간 한·중·일의 역사는 이웃 국가를 침략하고 약탈한 역사가 가득하다.

필자가 역사 전문가는 아니지만, 한·중·일 3국은 수천 년 동안 이웃하며 살면서 수많은 이타적 사건들과 긴 공존의 역사를 공유해왔다. 영국이 산업화 시대를 맞이하기 전, 영국을 중심으로 한 유럽은 중국의 발명품들을 서구 세계로 전달하는 무대였다. 일본 도쿠가와 시대의 산업 발전은 독일의 산업 성장 이후 볼 수 있는, 그 이전의 역사로 보는 시각도 있다.

수천 년 전 세계의 중심이었고 세계 총 생산량의 90% 이상을 차지

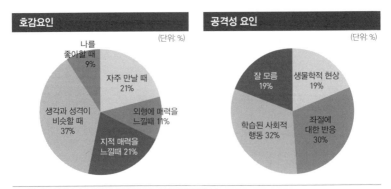

호감요인	(단위: %)

나를
좋아할 때
9%

자주 만날 때
21%

생각과 성격이
비슷할 때
37%

외형에 매력을
느낄때 11%

지적 매력을
느낄때 21%

공격성 요인	(단위: %)

잘 모름
19%

생물학적 현상
19%

학습된 사회적
행동 32%

좌절에
대한 반응
30%

11.1일 전국 성인 남녀 휴대폰 700명 전화조사. 한국사회여론연구소

했던 아시아의 황금기가 다시 도래한다는 데 이견을 다는 전문가는 거의 없다. 한·중·일 3국은 이미 기록된 역사보다 앞으로 함께 쓸 역사가 더 많다. 3국이 통합된 동아시아 역사 교과서를 만들고 교육하는 것도 좋은 대안이 될 수 있다.

장기적으로는 정치경제적 통합을 위한 연합 기구가 필요하다. 유럽도 전쟁으로 얼룩진 근현대사를 함께 딛고 일어서고 있지 않은가! 역사는 흐른다. 아픈 역사를 또 만들고 싶지 않다면, 자주 만나야 한다.

상황에
대처하는 성향
그리고 능력

아무도 말해주지 않는
안철수 여론의 진원지

안철수 의원 대선 후보 및 차기 정치 지도자 선호도 변화
(한국갤럽)

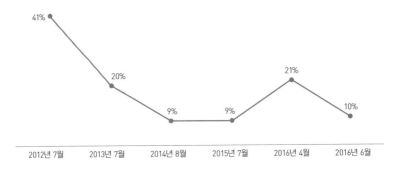

안철수 의원이 본격적으로 정치 여정을 내딛은 지 그리 오랜 세월 이 지나지 않았다. 그럼에도 그가 오랜 세월 정치에 몸담은 중진 정치인처럼 느껴지는 이유는 무엇일까?

안철수 의원은 2012년에 대선 후보로 정계에 입문해 2013년에 국회에 입성했고 2014년에는 새정치민주연합으로 신당 합당 후 당 대표를 지냈다. 이후 정치적 휴식기를 보내다가 국가정보원 해킹 의혹 사건으로 다시 국민 앞에 섰었다. 그리고 20대 총선을 앞두고 새정치민주연합을 탈당해 국민의당 창당을 주도했으며 기대 이상의 지지율을 거두고 선전했다. 그러나 20대 국회 개원과 함께 불거진 리베이트 의

혹으로 정치적 위기를 맞기도 했다.

2012년 7월 말, SBS의 〈힐링캠프〉라는 예능 프로그램 출연을 계기로 안철수 당시 서울대학교 융합과학기술대학원장의 대선 출마에 국민의 관심이 증폭되었다. 〈힐링캠프〉 출연 직후 한국갤럽이 실시한 여론조사에서 안철수 후보는 41%의 지지를 얻어 박근혜 후보(36%)와 문재인 후보(11%)를 제치고 1위를 차지했었다.

하지만 안철수 후보는 2012년 문재인 후보에게 대선 후보 자리를 양보한다(2011년에는 박원순 후보에게 서울시장 후보 자리를 양보했다). 1년 후 여론은 그가 구상하는 신당에 호감을 표했다. 2013년에는 신당에 대한 지지 여론이 32%까지 올라갔다. 그러나 민주당과 합당으로 많은 국민들이 등을 돌렸다.

그 당시 안철수 의원은 차기 정치 지도자 선호도 조사(한국갤럽)에서 1년 동안 큰 진폭이 없이 10% 내외를 기록했었다. 어쩌면 안철수 의원은 현재의 여론보다 18대 대선 이전의 여론을 점검하는 편이 더 나을 것으로 보인다.

안철수 의원의 지지층을 1992년부터 있었던 제3후보 지지층의 특성에서 찾아보려는 시도가 많았다. 1992년 정주영 후보, 1997년 이인제 후보, 2002년 정몽준 후보, 2007년 문국현 후보 등이 획득한 약 20% 내외의 지지층이다. 이들의 대부분은 기존 정치권에 강한 불신을 드러내며 탈정치적 성향을 보인다. 그러나 2012년 9월 U사가 실시한 전화 면접 조사에서는 다른 결과가 나왔다.

인과관계를 알아보기 위한 회귀 분석과 두 개의 변수 간에 상관성이 어느 정도 있는지를 알아보기 위한 상관관계 분석을 한 결과는 다음과 같다. '박정희 대통령'과 '새누리당' 사이의 대척점에는 문재인 후보(-0.04/-0.09)가 아니라 안철수 후보(-0.12/-0.24)가 서 있었다. 소위 말하는 친노, 즉 정치권 '친노'가 아닌 일반 국민차원에서 '친노'도 안철수 후보(0.25)와 문재인 후보(0.25)가 대등하게 양분하고 있었다.

또 아주 미세한 차이지만 '김대중 대통령'과 안철수 후보(0.12)가 문재인 후보(0.09)보다 가까웠다. 제3후보의 지지 특성과 거리가 먼 결과들이다. 안철수 후보는 자신이 '친노' 후보라는 것을 몰랐다. 이것은 그의 이후 행보에서 잘 드러난다.

안철수 후보는 단일화 협상에 적극적으로 나서지 않았다. 후보 단일화 합의는 불안정한 무소속 후보의 안전판 역할을 할 가능성이 높았다. 말 그대로, 새 정치의 희망이 현실화되는 첫 단추였다. 하지만 안철수 후보는 자신의 신념에 대해 확신이 부족했던 걸까? 새 정치를 열망하는 안철수 후보 지지 기반에서 나온 첫 이탈자는 다름 아닌 안철수 본인이었다. 그 이후 독자적인 정치 세력으로서 국민의당 창당에 나서기까지 많은 곡절을 겪어야 했다.

야구에서 해설자가 투수를 평가할 때 '저 투수는 커맨드가 좋다', 또는 '로케이션이 좋다'는 말을 간혹 한다. 커맨트가 좋은 투수는 자신이 원하는 곳에 언제든지 공을 던질 수 있다. 따라서 커맨드가 좋은 정치인이란 시대 과제가 그의 정치 신념과 맞닿아 있는 정치인이다. 국민 입장에서는 정치인으로서 역할이 분명한 정치인이다. 반면 로케이션이 좋은 투수는 볼 카운트, 주자 유무, 타자의 속성 등을 종합적으로 고려해서 공을 던져야 하는 상황을 잘 관리한다. 정치에서 로케이션이 능한 투수란 바로 임기응변이 좋은 정치인이다.

정치인에게 로케이션과 커맨드는 모두 다 중요하다. 하지만 하나만 골라야 한다면 커맨드다. 커맨드가 좋은 선수는 어떤 악조건하에서

(단위: %)

단일화 합의 전 구도			단일화 합의 후 구도		
야권 후보 단일화 지지도	문재인	46.0	누가 되든 박근혜 이길 수 있다면 누구 선택	문재인	42.8
	안철수	43.9		안철수	45.6
야권 후보 단일화 확정 가능성	문재인	37.2	안철수 민주당 입당 후 단일화 지지도	문재인	41.3
	안철수	34.4		안철수	43.5
내일 야권 후보 단일화 전화가 걸려온다면……	문재인	45.1	단일화 무산 시 지지 후보	문재인	41.1
	안철수	43.2		안철수	42.0

도 고른 기량을 발휘하고 선수 생명도 길다.

당 대표이면서 유력 대통령 후보인 정치인 안철수의 로케이션과 커맨드는 무엇일까? 2017년 대선과 2018년 지방선거에서 그것이 극명하게 드러날 것이다.

정치인이 천국에 가려면 여론을 어떻게 활용해야 할까?

매우 신뢰 7.7%

다소 신뢰 22.3%

매우 불신 47.7%

다소 불신 22.3%

정부의 메르스 문제 해결에 대해 신뢰하는가?
(우리리서치, 2015년 6월 8일)

정치인은 천국에 갈 수 없다. 막스 베버의 기준으로 보면, 제대로 된 정치인은 절대로 갈 수 없다. 정치인이 사회 문제를 해결함에 있어 항상 자신의 양심, 즉 신념에 따라 의사결정을 할 수는 없기 때문이다.

정치인의 궁극적인 존재 이유는 무엇일까? 천사와 같이 착한 마음씨를 가지는 것일까 아니면 종교 지도자처럼 청렴함을 유지하는 것일까? 정치인은 때로는 자신의 생각과 다른 결정과 결과가 나오더라도 그 결과에 대해 책임을 져야 한다. 그래서 정치는 어렵고 고통스러우며 비정하다.

일전에 박근혜 대통령이 공적연금 개혁과 관련해 '세금 1,702조 원'이 필요하다는 폭탄 발언을 했다. 미래를 책임져야 한다는 생각에서 나온 발언이겠지만, 치열한 내면의 갈등을 거쳐 불가피한 선택을 할 수밖에 없는 정치인의 고뇌가 엿보이지 않은 이유가 무엇일까? 대통령이 손쉬운 방법을 선택했다는 느낌을 지울 수 없다.

정부의 미흡한 메르스 대응 때문에 많은 국민들이 불안과 고통에 떨고 있었지만, 대통령의 언행은 사무적이고 차갑기 그지없었다. 대통령이 말을 해도, 말을 하지 않아도 문제가 된 이유는 무엇일까? 심지어 메르스 사태를 수습하기 위해 미국 방문까지 취소했는데 말이다.

여론은 공포에 민감하다. 공포는 인간의 행동을 결정하는 본능적 기준이다. 공포는 복잡한 현대사회에서 양면성을 지닌다. 극복하려는 긍정적 측면과 회피하려는 부정적 측면이다. 대통령이 정확한 사실관계를 확인할 수 없는 세금 폭탄과 메르스 사태의 공포에 정서적 침묵으로 일관했던 상황을 막스 베버에게 묻는다면 그는 어떻게 대답할까?

우리나라 역대 대통령은 이런 여론에 어떤 식으로 대처했을까? 박정희 대통령은 보릿고개 극복을 위해 조국 근대화의 미래를 국민들과 자주 이야기했다. 김대중 대통령은 IMF 사태를 이겨내고자 국민에게 눈물로 호소했다. 그리고 두 대통령 모두 파독 광부와 파독 간호사 그리고 기업과 노동계 구조조정을 단행했다. 정치인이 책임 윤리를 지키느라 천국에 갈 수 없다고 한들, 그 책임 윤리가 신념 윤리에서 시작된다는 것을 잊어선 안 된다. 신념 윤리에서 시작하지 않은 강압적인 책임 윤리로는 여론을 설득할 수 없다.

1929년 독일은 대공황을 겪었다. 실업자, 경제적 위기감이 높은 중산층, 좌파 확산에 반대한 부유층이 1930년 총선에서 경제 문제 해결에 단호한 의지를 표명한 나치당에 대거 투표했다. 그 결과 나치당은 102석을 획득했고 히틀러는 총통에 등극한다.

독일 국민은 제1차 세계대전 종식 후 사회적 기본권을 보장하는 헌법을 제정할 만큼 평화와 인권을 옹호하는 국민이었다. 그러나 히틀러는 대공황 극복과 패전국의 짐을 벗고 싶은 국민의 여론을 악용해 다시 전쟁을 일으켰다. 정치인이 여론을 악용한 적절한 예다.

2005년 11월에 메르켈은 1990년대 이후 저성장, 저투자, 고실업의 늪에 빠져 침체일로를 걷고 있는 독일의 첫 여성 총리로 취임했다. 그녀는 노동시장 유연화, 기업 규제 철폐, 공공부문 민영화 등을 추진하며 경제를 살리기 위한 노력을 아끼지 않았다. 결과는 눈에 띄게 훌륭했다. 메르켈 집권 1년 만에 성장률은 0.9%에서 2.5%로, 실업률은 12.0%에서 9.8%로 상승한 것이다. 국민들은 구조조정으로 고통스러운 나날을 보내면서도 총리를 지지했다. 당시 메르켈의 지지도는 80%에 육박했다.

메르켈은 노조의 저항과 반발을 받으면서도 멈추지 않고 개혁을 추진했다. 독일 언론은 메르켈의 리더십을 어머니에 비유하곤 한다. 국민이 원하는 바를 이해하고, 정치적 결단의 고뇌를 국민들과 함께하는 정치인에게 국민은 반드시 응답하게 되어 있다.

우리 주변에 용감하게 책임 윤리를 실천하는 정치인이 있다면 박수를 쳐주자. 박수를 치고 나면 그에게서 신념 윤리를 찾는 것은 그리 어려운 일이 아니다. 그리고 그가 천국에 갈 수 있도록 기도해주자.

정치가 살아 있는 이유는
여론이 생물이기 때문:
천정배 조사에 천정배는 없었다

2015년 4·29 재보선에서 천정배 후보가 당선된 이유?
(시사저널·리얼미터, 2015년 5월)

　정치는 흔히 살아 움직이는 생물이라고 한다. 그리고 정치가 이렇게 역동성을 지닌 이유는 정치와 상응하는 여론이 살아 있는 생물이기 때문이다. 여론은 태어나고 자라면서 활동하다 결국 죽는다. 여론은 서로 긍정적 또는 부정적 관계를 맺기도 하고 영향을 주고받기도 한다. 또 여론은 그 시기의 사회 환경, 측정 시점과 방법, 심지어 발달 상태는 물론이고 시대 흐름과 여론이 동일한 방향인지에 따라 다르게 표출되기도 한다. 때문에 여론을 정의하고 분석하기란 매우 어렵다. 다양한 각도의 판단과 기준이 필요하다. 그렇다면 여론을 조사한다는 것은 과연 어떤 의미일까?

　여론조사는 그 자체만으로는 한계가 있다. 교과서에 수록된 조사 방법론은 객관적이지만 교과서를 조금만 벗어나면, 즉 실행 단계부터는 모든 것이 주관적이다. 때문에 특히 언론사의 여론조사는 합리적이고 균형감 있는 질문 선택과 객관적인 여론 전달에 큰 주의를 기울여야 한다.

2015년 5월 중순 〈시사저널〉과 여론조사 전문기관 리얼미터가 정치 현안에 관련한 호남 민심에 대한 공동 조사 결과를 발표했다.

그중 4.29 재·보궐 선거 결과에 대한 응답들이 눈에 띈다. '천정배 후보가 당선된 이유가 무엇이라고 생각 하는가?'라는 질문에 '문재인 대표에 대한 반감 때문이다'라는 응답이 37.3%, '조영택 후보의 낮은 경쟁력 때문이다'라는 응답이 18.1%, '동교동계의 선거 지원이 약했기 때문이다'라는 응답이 11.6% 나왔다. 분명 천정배 후보의 당선 이유를 묻는 질문인데 천정배 후보의 이름이 빠져 있다.

이것은 두 가지 문제를 야기할 수 있다. 첫째, 여론조사의 타당성 문제다. 반감, 낮은 경쟁력, 지원 미흡 등 부정적인 내용만으로 구성된 질문들은 호남 민심의 절반만 확인한 여론조사라는 지적을 피할 수 없다. 둘째, 조사 보도의 객관성 문제다. 설문 보기에 이름이 빠진 천정배 당선자와 엉뚱하게 이름이 들어간 문재인 의원 모두에게 항의를 받을 수 있는 조사 보도다. 여론조사의 타당성과 조사 보도의 객관성이 떨어지면 신뢰도도 동반해 추락한다.

이런 주장을 그냥 넘기지 않고, 지면까지 할애해 자신에 대한 비판을 수용한 〈시사저널〉의 용기에 박수를 보낸다.

여론조사와 여론 분석을 업으로 하는 본인은 사실 이보다 더 큰 실수도 많이 했다. 예를 들어 바람직한 방향을 물어 응답자가 윤리적 문제로 응답하게 만든다거나, 극단적 주장에 동의 여부를 묻기도 했다. 잘못한 문제가 있는데 이것이 잘된 것인지, 아니면 잘못된 것인지 문는 어처구니없는 실수도 했다.

　사람은 누구나 실수를 한다. 중요한 것은 실수를 줄이려는 노력이다. 이참에 모든 언론사에 제안하고 싶다. 선관위에 공개하는 선거 조사 결과 외에 일상적으로 진행하는 정치 사회 여론조사의 설문지와 통계표를 언론사 홈페이지에 공개하는 것이다. 그러면 여론조사 기관 연구원이나 언론사 기자도 질문 내용이 타당한지 한 번 더 점검하게 될 것이다. 정보의 투명성을 확보하는 길은 생산자와 소비자 모두에게 유익한 길이다.

공인의 사생활도 보장해야 할까?

공인일지라도 개인 사생활이 보장되어야 하는가?

그렇지 않다 16%

그렇다 84%

2015년 7월, 대한민국 안보와 관련된 정보 수집 및 범죄 수사를 담당하는 국가정보원이 해킹 의혹에 휘말렸다. 안철수 당시 새정치민주연합 국민정보 지키기 위원장이 민간 정보 업체의 도움을 받아 국회에서 해킹 시연까지 했다.

해킹 시연을 지켜보던 많은 사람들이 놀라움을 금치 못했다. 외부의 침입자가 자신의 문자 메시지와 통화 내용은 물론 스마트폰에 저장된 파일과 사진, 영상까지 빼낼 뿐 아니라 꺼 놓은 카메라 기능까지 작동시켰다. 해킹 시연 관계자들은 해외 유수의 전문 해킹기술을 동원하지 않더라도 국내에서 얼마든지 가능한 일이라는 언급도 빼놓지 않았다.

문제의 심각성은 해킹이 정치권이나 권력의 문제로 끝나지 않는다는 데 있다. 일반 국민의 생활에서도 해킹이 심각한 문제가 된 지 오래다. 얼마 전 경찰 사이버 수사대가 도청 어플리케이션을 만들어 사생활 감시 서비스를 제공한 업체를 적발했다.

개인의 사생활은 헌법이 보장하는 중요한 가치이다. 특히 연예인의 사생활 보호와 대중의 알 권리는 끊이지 않는 논쟁이 되고 있다. 연예인의 사생활 보호 문제가 개인의 자유와 권리 보호의 바로미터로 작용하고 있는 셈이다. 그렇다면 일반 국민들은 연예인 사생활 보호와 그것에 관련된 이슈를 어떻게 생각할까?

한국사회여론연구소에서 '사생활 보장'에 대한 여론조사를 실시했다(전국 성인 남녀 유무선 50%씩 1,000명 전화 조사. RDD. 오차 범위 ± 3.1%). '공인이라도 개인 사생활이 보장되어야 한다는 주장'에 어느 정도 동의하는지 물었다. 동의한다는 응답(84%)이 동의하지 않는다는 응답(16%)보다 압도적으로 높았다. 이 정도 동의 여론이면 논쟁의 여지가 없어 보인다. 사생활 보장 여부는 사실상 쟁점이 되지 않는 합의 쟁점인 셈이다.

2015년 연말 아이돌 스타와 알고 지낸 여성의 휴대전화가 해킹을 당해서 퍼진 사진 때문에 해당 아이돌 스타가 자신의 사생활을 침해당했다고 토로한 글이 인터넷에 돌면서 파장을 일으켰고 사생활이 침해당했다.

훔칠 수 있다면 막을 수도 있지 않을까? 안철수 당시 새정치민주연합 국민 정보 지키기 위원장(현재 국민의당 대표)은 안철수 연구소의 창립자이자 백신 프로그램 'V3'의 설계자다. 그리고 'V3'를 무료 배포해 많은 국민들의 사랑을 받았다. 그래서 안철수 의원은 스마트폰 해킹 방지 프로그램을 개발해 모든 국민들에게 배포하자고 관련 기업들에 제안하기도 했었다.

그 무렵 한 미국 업체가 도청과 해킹을 방지하는 어플리케이션을 개발했다고 한다. 미국은 빅데이터의 수집과 활용이 상대적으로 우리나라보다 훨씬 자유롭다. 우리나라는 개인 정보의 자유로운 활용이 원천 봉쇄되어 있어 데이터 기술 선진국보다 훔치는 기술과 막는 기술 모두가 뒤처져 있다.

글로벌 시대에 개인 정보 해킹과 사생활 침해를 막으려면, 소극적인 자세보다 적극적인 자세가 필요하다. 데이터 쇄국정책이 해킹 방지와 사생활 보호에 역기능으로 작용할 수도 있기 때문이다.

해킹 방지 프로그램을 개발 배포하자는 즉자적 대응보다는 국회의원으로서 개인정보 보호법을 개정하는 예방적 조치부터 선행하는 게 우선이지 않을까?

변방의 잠룡,
새로운 길을 열 수 있을까?

시도지사 직무평가 1, 2위: 안희정, 원희룡

사반세기 지방자치의 역사가 꽃을 피우고 있다. 정치권력과 행정권력이 국민의 일상 삶으로 더 가까이 다가오고 있다. 2015년 4월 JTBC가 실시한 '시도지사 직무평가' 조사에서 새정치민주연합의 안희정 충남지사(68%)와 새누리당 원희룡 제주지사(57%)가 각 정당의 시도시자 중에서 1위를 차지했다. 제주도는 국회의원 3명이 모두 새정치민주연합 소속이고, 충청남도는 국회의원 10명 중 7명이 새누리당 소속이다. 비교적 열악한 정치 환경 속에서 좋을 평가를 받은 것이라 더 의미가 있다. 두 사람의 선전한 배경을 두 가지로 해석해볼 수 있다.

첫째, 두 사람 모두 진보와 보수에 성찰적 시각을 가지고 있다. 원희룡 지사는 지역 모임에서 "보수는 돈 버는 데만 관심이 있고, 권력에 줄 서는 데만 관심이 있다. 진보는 성취를 시기하고 증오하면서 투쟁을 통해 강제로 배분하자고 한다. 보수와 진보는 이 문제를 극복해야 한다"고 발언했다. 안희정 지사도 자신의 글을 통해 "계급 혁명은 이미 오래 전에 불가능하다고 판명되었다. 자본주의 시장 경제 또한 반복적인 공황과 경제 위기를 거치며 한 세기 만에 전혀 다른 시스템으로 바뀌었다"고 밝혔다.

두 사람은 모두 386세대다. 한 사람은 보수의 길을, 또 한 사람은 진보의 길을 선택했다. 이념은 서로 다르지만 진보와 보수 모두가 혁신하지 않으면 대한민국의 미래가 밝지 않다고 주장한다.

둘째, 도민들은 두 사람 모두 정치적 성장 가능성을 보고 뽑았다. 이들은 잠룡이다. 변방에 서서 대한민국의 미래를 걱정하고 있다. 하지만 두 사람이 언제까지 변방에만 있을 것 같지는 않다. 역대 대선을 2년 앞두고 실시한 대선 후보 경쟁력 조사에서 1위를 달리던 후보가 대통령 당선자로 이름을 올리지 못한 예는 허다하다.

16대 대선을 2년 앞둔 2000년 1월 갤럽조사에서 신한국당 이회창 후보(43%)와 새천년민주당 이인제 후보(42%)가 치열한 경쟁을 벌였다. 하지만 후보에도 없었던 노무현 후보가 당선됐다. 17대 대선을 2년 앞둔 2005년 1월 조사에서는 고건(47%), 박근혜(33%), 이명박(29%) 순이었지만 3위를 차지한 이명박 후보가 당선됐다.

18대 대선을 1년 앞둔 2007년 초, 언론의 모든 조사 보도에서 안철수 후보가 박근혜 후보를 앞섰지만, 안철수 후보는 후보 등록조차 하지 못했다. 그리고 박근혜 후보가 당선자 명단에 이름을 올렸다.

2017년 19대 대선이 얼마 남지 않았다. 각종 여론조사 결과에 잠룡들의 이름이 오르내리고 순위가 바뀌고 있지만, 이 조사 결과가 끝까지 갈 것이라고 생각하는 국민은 그리 많지 않다.

변방의 젊은 잠룡들이 2017년 대선 후보로 조기 등판하지 말라는 법이 없다. 이들이 등판은 대한민국은 커다란 변화를 불러올 것이다. 이들이 과연 대한민국에 새로운 길을 열 수 있을까?

기업의 새로운 역할, 혁신 유도형 CSR

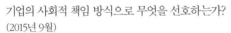

기업의 사회적 책임 방식으로 무엇을 선호하는가?
(2015년 9월)

(단위: %)

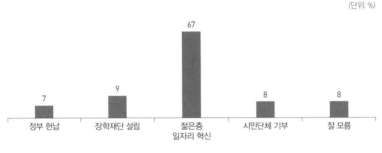

정부 헌납	장학재단 설립	젊은층 일자리 혁신	시민단체 기부	잘 모름
7	9	67	8	8

CSR은 기업의 사회적 책임(Corporate Social Responsibility)의 약자다. 기업이 경제적 법적 역할 이외에 사회적 책임도 져야 한다는 뜻이다. CSR는 귀족국가에서 사회 지도층이 사회적 책임과 의무를 강조하던 노블레스 오블리주(Noblesse oblige)에서 그 유래를 찾아볼 수 있다. 우월적 지위에서 나오는 시혜적 역할의 유전자가 아직까지 CSR에 남아 있다. 그럼 우리나라는 어떨까?

우리나라에서 규모가 큰 CSR은 '재정적 사회 환원'이라는 방식으로 이루어졌다. 대기업 총수의 위법성이 드러나거나 사회적 지탄을 받을 만한 도덕적 문제가 발생했을 때 위기관리 차원(Risk Management)에서 진행되었다. 최근 그룹 내 권력 암투를 보여 준 롯데그룹이 크고 작은 CSR에 적극적인 이유가 이 때문이다. CSR도 선진화가 필요해 보인다.

위의 이야기와는 성격이 조금 다르지만, 삼성물산과 제일모직의 합병 과정을 지켜본 많은 사람들도 어떤 형태로든 삼성물산이 사회적 책임을 다 할 것이라 관측했다.

초창기, 선진국의 초창기 인도적 지원은 후진국에 해당 국가가 필요로 하는 1차적 물자를 지원하는 방식으로 이루어졌다. 하지만 그 방법은 큰 효과가 없는 것으로 드러났다. 그래서 현재는 지원 대상 국가에게 국가 디자인 능력과 국가 운영 제도 등을 공급하는 방식으로 전환하는 추세다. 기업도 마찬가지다. 시민사회가 필요로 하는 재정적 수요를 환원하는 방식으로 추진되었던 기업의 사회적 책임이 현재는 재단을 설립하거나, 특정한 목적을 실현하는 방식으로 바뀌고 있다. CSR도 시대에 따라 모습을 달리한다. 그렇다면 이 시대에 맞는 CSR에는 어떤 것이 있을까?

한국 경제는 전자, 기계, 조선해양, 석유화학, 철강 등 전통 산업에 중국의 맹렬한 추격을 받고 있다. 반면 의료, 바이오, 에너지, 안전, 지적 서비스 등 혁신 산업은 독일 및 주요 선진국의 역량을 따라잡지 못하고 있다. 한 마디로 위기 상황이다. CSR도 이러한 산업 환경과 역학을 고려해야 한다.

1세대 CSR가 단순히 '지원' 중심이라면, 2세대 CSR은 지역사회 및 해당 분야에 '관여'하는 방식을 취한다. 한국은 물론 대부분의 선진국이 저성장 시대를 힘겹게 헤쳐 나가고 있다. 이런 실정에 맞는 3세대 CSR로 '사회 전반에 혁신을 유도하는 방식'을 검토해 볼 필요가 있다. 비영리 목적은 비영리적 성과를 내야 한다는 잠재 오류에서 벗어나야 한다. 이런 오류 때문에 비영리 목적이 비효율적 성과 관리를 묵인하는 결과가 곳곳에 나타났다.

한국사회여론연구소에서 '기업의 사회적 책임 방식'에 대한 선호도 여론조사를 실시했다(전국 성인 남녀 유무선 50%씩 1,000명 전화 조사. RDD. 오차 범위 ±3.1%). '젊은 층 등 일자리 창출 방식'이 67%로 가장 높은 응답률을 보였다. 그외 응답으로는 '장학 재단 설립 ' 9%, '시민 단체에 기부' 8%, '정부 등 공공 기관에 출연' 7% 등이 있다.

피터 드러커는 자신의 저서《위대한 통찰》에서 '정부는 통치하고 기업은 혁신하며, 사회는 정부와 기업의 지지를 바탕으로 발전해야 한다'고 언급했다. 이러한 명제를 3세대 CSR에 적용하면 어떨까? 기업답게 사회적 책임을 다하는 모습이 필요할 때다. 미국의 '실리콘밸리', 중국의 '처쿠(車庫) 카페'를 벤치마킹하는 시도도 있을 수 있다. 일자리 창출뿐 아니라 사회 전반에 혁신을 유도하는 역할을 하는 기업이 존경 받는 사회가 머지않아 올 것임을 믿어 의심치 않는다.

합병된 삼성물산, 동반자는 누구일까?

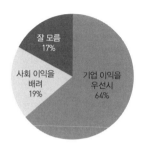

잘 모름
17%

사회 이익을
배려
19%

기업 이익을
우선시
64%

삼성그룹에 대한 국민 인식

2015년 5월 삼성물산과 제일모직이 합병을 발표하면서 재계와 여론이 찬반으로 들끓었다. 특히 미국 헤지펀드 엘리엇매니지먼트가 강력한 반대자로 나서면서 합병의 성공 여부가 주목을 끌었다. 이때 최대주주인 국민연금이 어떻게 반응할지 관심이 모였다.

국민연금은 외부 전문가로 구성된 '의결권 행사 전문위원회'가 아닌 국민연금 내 기금운용본부의 '투자위원회' 회의를 통해 삼성물산과 제일모직 합병에 찬성한다는 결과를 발표했다. 주주총회를 앞둔 대주주의 신속한 의사결정이었지만 외부 전문가의 의견을 포함시키지 않았다. 보다 안정적인 상황 관리에 미흡했다는 점이 아쉽다.

국민연금은 소액주주들에게 보다 분명한 메시지를 전달할 수 있는 기회를 스스로 저버렸다. 단지 시간이 촉박해서 이런 우를 범했을까? 아니면 최상의 의사결정 과정을 거치지 못할 다른 이유가 있었던 건 또 아닐까?

한국사회여론연구소는 삼성그룹에 대한 국민 인식을 조사했다(전국 성인 남녀 유무선 50%씩 1,000명 전화 조사. RDD. 오차 범위 ±3.1%). 결과는 다음과 같다. 삼성이 '기업 이익을 우선시한다'는 응답(64%)이 '사회 이익을 배려한다'는 응답(19%)보다 높게 나타났다. 그럼 대기업에 대한 일반적인 국민 여론은 어떨까? '대기업이 한국에서 긍정적 역할을 한다는 주장'에 '동의한다'는 응답(53%)이 '동의하지 않는다'는 응답(47%)보다 높게 나타났다.

위의 두 가지 조사 결과를 종합해보면, 국내 최대 기업인 삼성그룹이 기업 이익을 우선시하고 있고, 대기업은 한국에서 긍정적 역할을 한다는 여론이 우세하다. 이것은 한국 기업을 남의 손에 넘기는 게 싫은 것이지, 삼성그룹이 잘해서 봐주는 건 아니라는 여론으로 재해석할 수 있다. 이런 국민 정서가 국민연금의 신속했지만 완벽하지 않은 의사결정에 영향을 준 게 아닐까?

그럼 삼성그룹과 국민연금이 주목해야 할 국민의 여론은 무엇일까? 앞서 실시한 여론조사 결과를 교차 분석해 유의미한 분석 결과를 세 가지 얻었다.

첫째, 38%가 응답한 여론이다. 삼성이 기업 이익을 우선시하고, 대기업은 한국에서 긍정적인 역할을 한다는 여론인데, 한국 경제를 이끄는 대표 기업이 마땅히 갖춰야 할 리더십이 부족하다는 지적으로 들린다.

둘째, 27%가 응답한 여론이다. 삼성그룹이 기업 이익을 우선시하고, 대기업은 한국에서 부정적인 역할을 한다는 여론인데, 삼성이 승자 독식이 만연하고 패자 부활이 매우 어려운 사회경제적 환경에서 긍정적 역할을 못하고 있다는 지적으로 들린다.

셋째, 14%가 응답한 여론이다. 삼성이 사회 이익을 우선시하고, 대기업은 한국에서 긍정적인 역할을 한다는 여론인데, 삼성이 경제적 가치와 사회적 가치를 균형 있게 추구해야 한다는 목소리로 들린다.

아직 몇 차례의 고비가 남아 있지만, 언론과 전문가들은 삼성물산과 제일모직의 합병이 별 문제 없이 성사될 것이라 보고 있다.

삼성그룹은 한국 경제에서 중요한 위치에 있다. 이것은 기업이 매출을 많이 올리고 성장하는 행위가 중요하다는 의미다. 때문에 기업의 성장 못지않게 사회적 공헌에 관심을 기울여야 한다. 왜냐하면 삼성은 국민의 손에서 컸고, 국민의 도움으로 합병에 성공했기 때문이다. 삼성과 국민은 주고받는 일시적 관계가 아니라 동반자관계이다.

이건희 회장의 건강 상태, 삼성 모회사의 재탄생, 이재용 부회장의 승계 등 앞으로 닥칠 변화 속에서 삼성그룹은 커다란 이벤트를 준비하고 있을지도 모른다. 하지만 무턱대고 사회에 출연하는 방식은 적절하지도 효과적이지도 않다. 삼성은 기업답게 사회 공헌의 방식으로 국민의 기대에 부응해야 한다.

국민연금의 의사결정 과정이 이를 방증하고 있는데 삼성그룹은 세상에 알려진 이름값, 즉 명성을 관리하는 일보다 삼성그룹을 둘러싸고 있는 비평과 시비에 대한 평판을 관리하는 일을 하는 게 더 시급하다. 분석 결과를 토대로 아래의 세 가지 방안을 검토해볼 수 있다.

첫째, 지적 리더십을 다시 한 번 세우는 일환으로 삼성경제연구소를 완전한 독립을 제안한다. 삼성경제연구소가 삼성과 대기업의 이해를 대변하는 연구 기관이라는 오해를 벗어야 한다. 삼성은 연구소 설립자의 취지대로 국가와 국민을 위해 연구하는 세계 최대 연구 기관으로 성장시켜야 한다. 수많은 전문직 종사자는 물론 사무직 노동자와 현장 노동자들에게 모범을 보여야 한다.

둘째, 경제구조 개혁에 일조해야 한다. 창업 인큐베이터를 세계적 수준과 규모로 국내에 만들어야 한다. 대한민국에는 글로벌 대기업과 히든 챔피언이 지금보다 더 많이 필요하다. 그러기 위해서는 공정한 경쟁이 가능하고 실패해도 다시 일어설 수 있는 경제 시스템이 필요하다. 삼성그룹이 해당 경제 시스템의 한 축을 담당해야 한다. 그리고 청년에게 희망이 되어야 한다. 정부의 역할이기도 하지만, 삼성그룹의 과제이기도 하다.

마지막으로 경제·사회적 가치를 동시에 극대화해야 한다. 대한민국에 그라민은행, 서민은행을 만들어야 한다. 여론조사 결과에서 알 수 있다시피, 대한민국 자영업자와 주부는 그 어떤 상황에도 삼성그룹에 무한한 신뢰를 보내고 있다. 그들이 어려울 때 삼성그룹이 버팀목이 되어줘야 한다.

세계적 석학 피터 드러커가 말한 것처럼, 기관 투자자의 기업 지배와 시장 참여는 보편화되었고, 삼성도 사회화라는 고속도로에서 벗어날 수 없어 보인다. 국민연금이 다시 한 번 삼성그룹의 손을 들어줘야 하는 상황이 왔을 때 국민연금은 과연 삼성그룹의 손을 들어줄 수 있을까. 그것은 앞으로 삼성이 하기에 달렸다.

삼성이 계속 성장하려면

삼성그룹의 미래를 어떻게 보는가?

2015년 6월 23일 이재용 삼성전사 부회장이 국민 앞에 머리를 조아렸다. 메르스 사태 확산과 관련해 삼성서울병원이 책임을 다하지 못한 점을 사과하며 두 차례 깊이 고개를 숙인 것이다.

삼성은 변화의 임계점을 거치고 있다. 중요한 계기 중 하나가 삼성물산과 제일모직의 합병이다. 주주총회 의결을 거쳐 합병에 성공하긴 했지만 미국계 헤지펀드 엘리엇 매니지먼트가 자신이 보유하고 있는 삼성물산 주식의 저평가를 이유로 제동을 걸고 나서는 등 깊은 상처를 입었다.

한국사회여론연구소(전국 성인 남녀 유무선 50%씩 1,000명 전화 조사. RDD. 오차 범위 ±3.1%)에서 삼성과 관련한 대국민 여론조사를 실시했다. 결과는 다음과 같다. '삼성의 전망'을 묻는 질문에 '계속 성장할 것'이라는 응답(38%)이 '계속 성장하지는 못할 것'이라는 응답(32%)보다 높았다. '판단하기 어렵다'는 응답(30%)도 적지 않게 나왔다. 여론은 삼성의 성장에 약한 확신을 가지고 있다.

'삼성이 계속 성장할 것'이라고 응답한 주요 계층은 30대, 50대, 주부, 경제의식이 중간인 층, 개인의 자유보다 공동체를 중시하는 층, 복지보다 경제를 중시하는 층, 소득 불평등의 해소보다는 일할 기회의 확대를 원하는 층이다. 이들은 정치적으로는 공동체 보수파 성향을 가진다. 소비자, 노동조합, 하청업체를 포함한 모든 거래 기업, 정부, 사회 일반에 이르기까지 고려하는 이해 관계자 중심의 기업을 선호하는 계층으로 대한민국의 국익 여부에 입각해 삼성그룹 이해하는 것으로 보인다. 삼성과 엘리엇 매니지먼트의 싸움을 보면서 삼성의 내부적 문제점을 알게 되었지만, 삼성을 해외 자본에 넘겨줄 수는 없다는 생각을 가졌다.

'삼성이 계속 성장하지는 못할 것'이라고 응답한 주요 계층은 20대, 사무직 노동자, 학생, 경제 의식이 상층인 층, 공동체보다는 개인을 중시하는 층, 경제보다 복지를 중시하는 층, 일할 기회보다 소득 불평등 해소를 더 원하는 층이다. 이들은 정치적으로는 복지좌파 성향을 지닌다. 주주의 이익과 단기 성과에 신경을 쓰는 주주 중심의 기업을 선호하는 계층으로 시장 정의의 실천 여부에 입각해 삼성을 이해하는 것으로 보인다. 삼성이 시장 정의를 구현해야 하는데 그렇지 못하다고 생각하고 있다.

글로벌 대기업인 삼성그룹이 국민 여론을 중시해야 하는 세 가지 이유가 있다. 첫째, 삼성그룹이 글로벌 대기업이지만, 본사가 국내에 있고 그룹 전체 매출액에서 국내 시장이 차지하는 비중은 40%다. 둘째, 삼성그룹은 대한민국 근대화 과정에서 국가 주도의 계획경제 체제를 통해 성장했고 그 과정에서 국민들에게 빚을 졌다. 마지막으로 삼성 일가를 빼면 국민연기금이 삼성의 최대 주주다.

삼성그룹이 계속 성장하려면 삼성 본사가 소재한 국가의 주권자이고 최대소비자이며 최대 주주인 국민 여론을 중시해야 한다. 삼성이 주목해야 할 경영 철학은 이해 관계자 중심 혹은 주주 중심의 기업 경영보다 소비자 중심의 기업 경영이다.

삼성그룹은 위의 조사 결과에서 얻은 두 가지 의견 모두를 존중해야 한다. 그리고 이를 토대로 내부 과제를 개선하고, 시장 정의를 실천해야 한다. 세계 기업의 80%가 창업한 지 30년이 못 되어 사라진다. 누가 기업의 한계 수명을 결정하는지 삼성그룹은 잘 생각해볼 필요가 있다.

국민 여론이 삼성을 장기 투자 관점으로 바라보듯, 삼성도 대한민국에 대한 가치 투자를 게을리 해서는 안 된다. 삼성그룹이 대한민국과 동반 성장의 길, 즉 새로운 변화의 임계점에 함께 서 있음을 절대 잊지 않았으면 한다.

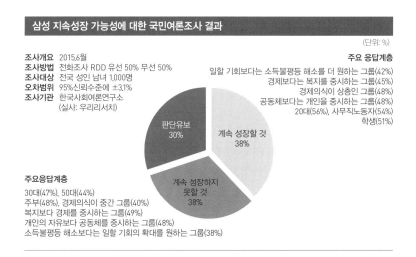

삼성 지속성장 가능성에 대한 국민여론조사 결과

(단위: %)

조사개요 2015.6월
조사방법 전화조사 RDD 유선 50% 무선 50%
조사대상 전국 성인 남녀 1,000명
오차범위 95%신뢰수준에 ±3.1%
조사기관 한국사회여론연구소
　　　　　(실사: 우리리서치)

판단유보
30%

계속 성장할 것
38%

계속 성장하지
못할 것
38%

주요 응답계층
일할 기회보다는 소득불평등 해소를 더 원하는 그룹(42%)
경제보다는 복지를 중시하는 그룹(45%)
경제의식이 상층인 그룹(48%)
공동체보다는 개인을 중시하는 그룹(48%)
20대(56%), 사무직노동자(54%)
학생(51%)

주요응답계층
30대(47%), 50대(44%)
주부(48%), 경제의식이 중간 그룹(40%)
복지보다 경제를 중시하는 그룹(49%)
개인의 자유보다 공동체를 중시하는 그룹(48%)
소득불평등 해소보다는 일할 기회의 확대를 원하는 그룹(38%)

삼성 이재용, 선비의 문제의식과
상인의 현실 감각

이재용 부회장이 삼성그룹을 이어받으면 어떨까?

한국사회여론연구소가 삼성전자 이재용 부회장에 관련해 대국민 여론조사를 실시했다(전국 성인 남녀 유무선 50%씩 1,000명 전화 조사. RDD. 오차 범위 ±3.1%). '이건희 삼성그룹 회장의 아들인 이재용 씨가 삼성그룹을 이어받으면 어떨지'를 물었다. 결과는 다음과 같다.

'삼성을 잘 이끌 것'이라는 응답(34%)이 '삼성을 잘 이끌지 못할 것'이라는 응답(31%)보다 오차 범위 안에서 높았다. '잘 모르겠다'는 판단 유보 응답(35%)도 높게 나타났다. 이재용 리더십에 대한 기대와 우려가 비등하게 나타난 셈이다.

'이재용 부회장이 삼성을 잘 이끌 것'이라고 응답한 주요 계층은 50대, 60세 이상, 계층 의식이 높을수록, 자영업, 주부다. 50대와 60세 이상은 한국 사회의 주류이거나 현재 주류이다. 계층 의식이 높은 그룹일수록 기업이 잘되면 더 많은 투자를 하고, 경제가 살아나서

저소득층에까지 혜택이 돌아간다는 낙수 효과론에 가까운 믿음을 보이는 계층이다. 자영업과 주부는 규모의 경제, 즉 경제규모가 커지면 커질수록 그만큼 경기도 잘 돌아갈 것이라고 믿는 계층이다.

'이재용 부회장이 삼성을 잘 이끌지 못할 것'이라고 응답한 주요 계층은 20대, 30대, 40대, 화이트컬러, 블루컬러다. 이들은 사회경제적으로 아직 비주류이며 낙수 효과나 규모의 경제가 많은 것을 해결할 수 있는 시대는 지났다고 생각하는 계층이다.

이재용 부회장의 리더십 기대 계층은 7~80년대와 같은 고도성장을 위해 '상인의 현실 감각'을, 리더십 비非기대 계층은 한국 경제시스템 혁신을 위해 '선비의 문제의식'을 이재용 부회장에게 요구하는 것으로 보인다.

이번에는 '이재용 부회장이 삼성그룹을 이어받는 것에 대해 어떻게 생각하는지' 물었다. '경영 능력이 있으니 당연하다'는 응답(29%)이 가장 높게 나타났다. 그 외로 '부자지간의 승계는 안 된다'(22%), '능력을 검증받지 못 했으니 안 된다'(21%), '회장의 아들이니 당연하다'(16%)등의 응답이 나왔다.

이재용 부회장의 삼성그룹 승계는 찬성 여론(45%)이 반대 여론(42%)보다 오차 범위 안에서 높았다.

국민이 이재용 부회장에게 원하는 경영의 리더십 안에 선비의 문제의식과 상인의 현실 감각이 들어 있다면, 승계의 정당성은 법과 시장의 동의뿐 아니라 사회적 동의까지 필요하다.

법, 시장, 사회적 동의는 개별적임에도 상호 연관성을 갖는다. 예를 들어 법원의 결정이 법의 동의라면, 앞으로 남아 있는 국민연금의 결정은 시장과 사회적 동의에 영향을 주고받을 것이다. 왜냐하면 국민연금은 투자의 효율성과 공공성 모두를 고려해야 하기 때문이다.

　법원이 삼성그룹 총수 일가를 위한 합병이라는 엘리엇 매니지먼트의 주장을 일축하는 판시를 내렸지만, 게임은 아직 끝나지 않았다. 합병의 전 과정을 지켜보는 국민들은 이재용 부회장이 어떤 리더십을 보여줄 것인지, 승계의 정당성을 어떻게 확보할 것인지 궁금해 할 것이다.

대한민국 대통령,
경제로 흥하고 부패로 망하다

역대 대통령 중에서 우리나라를 가장 잘 이끈 대통령은?
(한국갤럽, 2015년 8월)

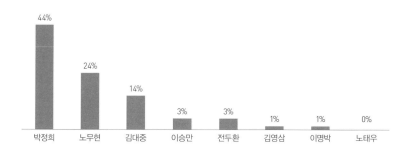

2015년 8월 한국갤럽은 역대 대통령 평가 여론조사 결과를 발표했다. '해방 이후 역대 대통령 중에서 우리나라를 가장 잘 이끈 대통령'으로는 박정희 대통령이 44%로 가장 높은 응답을 받았다. 그 다음으로 노무현 대통령이 24%, 김대중 대통령이 14%, 이승만 대통령과 전두환 대통령이 각각 3%, 김영삼 대통령과 이명박 대통령이 각각 1%, 노태우 대통령이 0% 순으로 나왔다. 또 역대 대통령별로 '잘한 일'과 '잘못한 일'에 대해 주관식을 물어 아래의 표와 같은 결과를 얻었다. 역대 대통령의 긍정 평가와 부정 평가에는 어떤 공통점과 차이점이 있을까?

첫째, 긍정 평가 이유 중에서는 '경제 분야'가 가장 많았다. 박정희 대통령은 경제 발전, 전두환 대통령은 경제 정책과 경기 물가 안정, 김영삼 대통령은 금융실명제, 김대중 대통령의 IMF 외환위기 극북, 이명박 대통령은 경제 정책이었다.

둘째, 부정 평가 이유 중에서는 '부정부패'가 가장 많았다. 이승만 대통령의 부정 선거, 박정희 대통령의 정경 유착, 전두환 대통령, 노태우 대통령, 김영삼 대통령, 김대중 대통령, 이명박 대통령의 정권 말기에 드러난 부정부패와 개인 비리 및 비자금 등이 거론되었다.

셋째, 2000년에 들어 탄생한 4명의 대통령 중 진보적 정부라고 말할 수 있는 김대중과 노무현 정부는 '대북 퍼주기'에 대해 부정적 평가가 높은 반면 보수적 정부라고 말할 수 있는 이명박과 박근혜 정부는 '경제 정책'에 대해 부정적 평가가 높았다. 한반도 평화 정책은 진보가, 경제 정책은 보수가 잘한다는 통념과는 다른 결과다.

흥미로운 결과도 있다. 박정희 대통령은 경제 발전이 긍정 평가의 상위를 차지한 반면 그의 딸인 박근혜 대통령은 복지 정책이 긍정평가의 상위를 자지했다. 또 이명박 대통령은 '4대강 사업'이, 김대중 대통령은 '대북 정책'이 긍정 평가와 부정 평가에서 각각 1위를 차지했다.

그 외에도 다른 결과도 살펴보자. 이승만 대통령은 1987년 대통령 직선제 이전 대통령 중 가장 낮은 평가를 받았고, 노태우 대통령은 1987년 이후 대통령 중 가장 낮은 평가를 받았다. 이승만과 노태우 대통령은 한국 전쟁과 민주화 운동이라는 격변기의 대통령이다. 업적보다는 상황이 압도하는 시대의 대통령이었다. 이 두 대통령에게는 꼴찌를 위한 변론이 필요하지 않을까?

이승만 대통령은 토지 개혁을 단행해 대지주에게 집중된 농토를 농민에게 분배했다. 당시 농경 국가였던 우리나라의 전체 직업군 중

70%가 농민이었다. 개혁의 강도와 규모로 보았을 때 한국 근현대사의 어떤 개혁과 비교할 수 있을까?

노태우 대통령은 박정희 대통령과 견줄 만큼 경제성장률(8.6%)이 높았고, 진보적 대통령은 물론 모든 대통령 중에서 소득 분배(지니 계수 0.29)를 가장 잘한 대통령이었다. 또 7.7선언을 시작으로 북방 외교를 전개해 진보적이고 획기적인 외교적 성과를 거뒀다.

이번 갤럽 조사에서 역대 대통령 평가는 정당 지지도와 박근혜 대통령 국정 지지도가 많은 영향을 미쳤다. 이런 영향이 아주 이상한 것은 아니지만, 그렇다고 바람직한 현상도 아니다. 현 세대인 우리는 진보만의 대통령, 보수만의 대통령이 아니라, 대한민국 대통령의 공과를

역대 대통령 평가 이유 조사 결과. 한국갤럽

		이승만	박정희	전두환	노태우	김영삼	김대중	노무현	이명박	박근혜
긍정평가	1위	건국	경제발전	경제정책 경기물가 안정	직선제 민주화	금융 실명제	대북정책 햇볕정책	국민소통	4대강 사업	열심히 한다
	2위	민주주의 공산화 차단	새마을 운동	범죄소통 사회정화	무난했다	문민정부 문민화	IMF외환 위기 극복	국민 서민을 위한 입장 대표	경제정책	주관소신 뚜렷하다
	3위	어려운 시기극복 (혼란극복)	먹고살게 해줌 (민생해결)	먹고살게 해줌 (민생해결)	먹고살게 해줌 (민생해결)	열심히 했다	민주주의 정착 민주화	서민경제 민생 위한 노력	열심히 했다	복지 정책
부정평가	1위	일제청산 못함	독제/ 유신/ 민주화 후퇴	민주화 운동 폭압	개인비리 부정부패 비자금	IMF외환 위기 초래	대북정책 대북 퍼주기 햇볕정책	죽음 자살	4대강 사업	소통미흡
	2위	독재	쿠데타/ 군사정권	개인비리 부정부패 비자금	소신 없음 성과 없음 무능력함	가족 아들 비리 부패	가족 아들 비리 부패	대통령 자질부족	경제문제 경제 못 살림	경제정책
	3위	부정선거	정경유착 대기업 밀어주기	독재 강압	소신 부족 나약함 우유부단	무능력 뚜렷한 업적 없음	경제 어려움	대북 퍼주기	개인비리 사리사욕 도덕 불감증	국정운영 미원활

정확히 기록해 후대에 넘길 의무가 있다.

미국은 역대 대통령을 기념하기 위해 정부가 나서지 않는다. 고향이나 연고지에 지지자들과 유족들이 박물관이나 도서관을 짓는다. 우리는 미국과 처한 상황이 조금 다르니 '전직 대통령 예우에 관한 법률'을 개정해 정부와 국민이 적극적으로 나서서 우리나라 역대 대통령 모두를 한자리에 기념할 수 있는 박물관이나 도서관을 만들면 어떨까?

정권마다 공과는 있지만, 대한민국의 역사는 성공한 역사로 기록하는 것이 옳지 않을까?

12

함께 행복한
사회를 위해

함께 사는 세상의 가치

정부 행정 6%

법치
17%

민주주의
37%

시장경제
19%

일상생활에서 가장 공정하고 공평하게
운영되고 있는 제도는?

4월은 한 해 상반기 중 기념일이 가장 많다. 2016년 4월 13일에 치러진 20대 총선은 에너지의 활동이 왕성한 4월을 더욱 부추겼다. 하지만 이 정치 열풍은 우리가 좀 더 깊게 생각해볼만한 것들을 가리는 역할도 했다. 4월 20일은 장애인의 날, 22일은 지구의 날, 25일은 법의 날이었다. 5월이 가정의 달이라면, 4월은 공동체의 달이 시작되는 시기라고 할 수 있다. 즉 우리가 살면서 생각해야 하는 최소한의 것들을 기리는 달이다.

2016년 4월, 한국사회여론연구소와 우리리서치가 공동으로 전국 성인 남녀 1,160명을 대상으로 여론조사를 실시했다. 위에서 언급한 탈근대적 기념일과 관련된 주제에 대해 물었다. 질문은 3가지 였다.

첫 번째 질문인 '귀하가 거주하는 지역에 장애인 학교가 설립된다면 어떻게 할 것인지'에 대해, 찬성한다는 응답(63%)이 반대한다는 응답(7%)보다 압도적으로 높게 나왔다. 사람의 가치보다 경제적 가치를 우선시 하는 것처럼 보였던(경제력 기반의 교육 및 주거 환경의 중시) 풍토는 그리 우려할 만한 문제로 나타나지 않았다.

두 번째 질문으로 '귀하의 일상생활에서 가장 공정하고 공평하게 운영되고 있는 제도는 무엇인지'에 대해 물었다. '민주주의 제도'라는 응답이 37%로 가장 높게 나타났다. 이 결과에 이견의 여지는 없어 보인다. 그다음으로 높은 응답을 보인 제도는 '시장경제 제도' 19%, '법치 제도' 17%, '정부의 행정 제도' 6% 순이었다. 오차 범위 안이지만, 국민이 법치 제도보다 시장경제 원리를 더 공정하고 공평하다고 느낀다는 점은 공동체에 대한 믿음의 근간이 흔들리고 있다는 위험신호인지에 대해 갑론을박할 여지가 있다.

마지막으로 '귀하는 다음 중 어떤 행위를 한 기업이 가장 나쁘다고 생각하는지'를 물었다. '부당하게 노동자를 해고하는 기업' 29%, '부당한 영업 이득을 챙기는 기업' 28%, '환경을 오염시키는 기업' 23%, '회계 장부를 조작하는 기업' 12% 순으로 나타났다.

산업화 시대에 존경받는 기업이 규모가 크고 이윤을 많이 내는 기업이었다면, 민주화 시대에 존경받는 기업은 더 많은 일자리를 만들고 투명 경영을 하는 기업이었다. 이제는 한 발 더 나아가 존경받는 기업을 평가하는 기준 중 하나로 환경 보호를 비중 있게 넣어야 하는 시대가 것으로 보인다.

장애인의 보육과 교육이 충분히 보장되는 나라, 법치가 바로 서는 나라, 기업의 사회적 역할을 높이는 나라는 독립운동가 김구 선생님이 《백범일지》에서 말씀하신 '문화 강국론'과 정말 크게 다르지 않아 보인다.

나는 우리나라가 세계에서 가장 아름다운 나라가 되기를 원한다. 우리의 부은 우리 생활을 풍족히 할 만하고, 우리의 힘은 남의 침략을 막을 만하면 족하다. 오직 한없이 가지고 싶은 것은 높은 문화의 힘이다. 문화의 힘은 우리가 자신을 행복 하게 하고, 나아가서 남에게 행복을 주기 때문이다.

4월이 지나 5월이 되어 우리 모두가 온전히 근로자의 날(1일), 어린이날(5일), 어버이날(8일)을 맞이하려면, 공동체의 일원인 장애인이 차별받는 일이 없어야 한다. 또 온전히 스승의 날(15일), 유권자의 날(10일), 성년의 날(16일)을 맞이하려면, 법과 행정이 집행되는 곳에서 부당함이 없어야 한다. 온전히 방재의 날(25일)을 맞이하려면, 환경보호가 기업화·생활화되어야 한다. 4월은 5월로 어이지는 최소한의 가치다.

여성이 정치를 장악한다면

역대 여성 국회의원의 비율은?

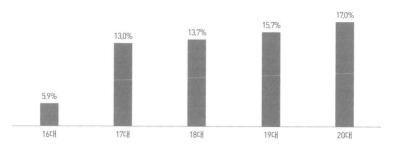

한국 사회의 상생과 성장을 원한다면 '여성'이 대안

정치는 여성에게 높은 장벽이다. 여성 대통령을 배출한 우리나라에서도 여성의 보편적인 성공이 특별한 사건으로 인식되는 곳. 그곳이 바로 정치다.

지금까지 마가렛 대처 영국 총리를 시작으로 독일의 앙겔라 메르켈 총리, 인도의 프라티바 파틸 대통령, 핀란드의 타르야 할로넨 대통령, 브라질의 지우마 호세프 대통령, 아르헨티나의 크리스티나 페르난데스 대통령 등 세계적인 여성 정치 지도자가 배출됐다.

여성 출마자 꾸준히 증가세

19대 총선까지 결과를 보면 여성의 국회의원 출마자 비율은 계속해서 증가하는 추세지만, 여전히 남성 출마자의 비율이 압도적으로 높다. 여성은 13대 1.3% → 14대 1.8% → 15대 1.5% → 16대 3.2% → 17대 5.6% → 18대 11.9% → 19대 7.0%였다. 그렇다면 여성 출마자의 당선율은 어땠을까. 19대 총선에서 여성 출마자의 당선율은 30.2%였다. 남성 출마자(당선율 27.1%)보다 높았다.

2016년 4월 13일 치러진 20대 총선 결과를 보면 총 51명의 여성이 국회의원이 됐다. 비례대표로 25명이 당선되었고, 지역구에서는 98명이 출마해 26명이 당선되었는데 당선율은 26.5%이다. 19대 총선의 19명보다 7명이나 늘었다. 비례대표는 당선자가 28명에서 25명으로 3명 줄었는데 지역구에서의 활약으로 국회의원 수는 19대보다 4명이 더 늘었다.

한국사회여론연구소는 20대 총선을 앞두고 여성 총선 출마자 선호도에 대한 여론조사(2015년 11월 중순. 전국 성인 남녀 4,500명 유무선 RDD ARS 전화조사)를 실시했다. 전국을 27개 권역으로 나누어 여성 출마자 선호가 상대적으로 높은 지역 순으로 순위를 매겼다.

여성 후보를 상대적으로 가장 많이 선호하는 지역은 경기 서북권이었고, 그 다음으로 서울 남서권, 강원 영동, 제주, 광주 등으로 나타났다. 반대로 여성 후보에 대해 부정적인 시각이 많았던 지역은 대구, 충북, 부산, 경기 남부권, 서울 강북권 등으로 나타났다.

여성 정치와 여성 리더십을 기대하며

경영학자 피터 드러커는 21세기를 여성의 시대로 규정했다. 미래학자 존 나이스비트도 21세기의 핵심 경쟁력을 여성에서 찾았다. 특히 사회 리더십 영역에서 여성의 역할은 점점 중요해지고 있다. 산업화 시대 경쟁과 강력한 돌파력을 앞세운 화성(마르스)형 리더십이 축소하고 정보화 시대 소통과 화합을 중시하는 금성(비너스)형 리더십이 떠오른다는 분석이 설득력을 얻는다. 물론 여성이라고 해서 반드시 여성적인 것은 아니고 남성이라고 해서 여성 특유의 미덕을 갖출 수 없는 건 아니다. 하지만 리더십을 발휘해야 할 자리에 여성의 수가 지금보다 훨씬 더 늘어나야 한다는 건 부인할 수 없는 사실이다.

여성 후보 선호가 높은 지역 순서		
순위	권역	지역
1순위	경기	서북권
2순위	서울	남서권
3순위	강원	영동
4순위	제주	제주
5순위	호남	광주
6순위	서울	강동권
7순위	경기	동북권
8순위	서울	서북권
9순위	서울	강서권
10순위	PK	울산
11순위	서울	강남권
12순위	TK	경북
13순위	경기	서부권
14순위	인천	인천
15순위	경기	중부권
16순위	충청	대전
17순위	경기	동남권
18순위	강원	영서
19순위	호남	전북
20순위	충청	충남(세종)
21순위	PK	경남
22순위	호남	전남
23순위	서울	강북권
24순위	경기	남부권
25순위	PK	부산
26순위	충청	충북
27순위	TK	대구

'저출산 고령화, 저성장 고지니(Gini's coefficient)' 시대에 성인지적 관점이 국가 정책 시스템으로 안착된다면, 대한민국의 미래는 좀 더 밝을 것이다. 여성이여, 정치를 장악하라.

※ 서울지역 구분 (강북권) 종로–성북–강북–도봉–노원, (강동권) 중구–동대문–성동–광진–중랑, (서북권) 용산–마포–서대문–은평, (강서권) 영등포–양천–강서 (남서권) 동작–관악–구로–금천, (강남권) 서초–강남–송파–강동

※ 경기지역 구분 (남부) 수원–평택–오산–안성–화성, (중부) 안양–광명–과천–군포–의왕, (서부) 부천–안산–시흥, (서북) 고양–파주–김포, (동북) 의정부–동두천–구리–남양주–양주–포천–연천–가평–양평, (동남) 성남–하남–용인–이천–광주–여주

힘내라 기혼 여성

정부나 지자체가 결혼한 여성에게만 소액을
무이자 단기 대출하는 은행을 설립한다면?
(2016년 3월)

정보화로 인한 기업의 성장이 항상 일자리를 만들거나, 세계화 속의 경제 발전이 언제나 후진국의 낙수 효과로 이어지는 것은 아니다. 과학기술의 발전으로 인한 재화의 생산과 공급 역시 늘 수요에 기대진 않는다. 시장은 이란성 쌍둥이 같다. 수학을 좋아하는 형과 심리학을 좋아하는 동생처럼 말이다. 형은 학구열이 높고 지적이며 사고력이 뛰어나다. 동생은 적응력이 뛰어나고 임기응변이 좋다.

두 사람 모두 위기 상황에서 냉정함을 잃지 않고 자신감을 유지하는 반면, 갈림길에서 형은 자연 선택의 길로 동생은 인위 선택의 길로 걸어가는 경향을 보인다. 여러분은 누구에게 시장을 맡기겠는가. 지금까지 대부분은 형에게 맡겼는데, 특히 고도화되어 있는 금융시장은 더욱 그랬다.

은행은 금전을 유통하는 곳이다. 특히 이자를 붙여 자금의 수급 관계를 원활하게 해 주는 역할을 한다. 개인이나 기업의 신용등급이 높을수록 자금 융통이 원활하다. 2006년 노벨 평화상을 받은 방글라데 시의 그라민은행이 저소득층과 극빈층을 대상으로 대출을 했지만, 이 란성 쌍둥이의 형의 형상을 닮은 '생산을 전제로 한 대출'이었다. 이러 한 방식이 틀렸다고 이야기하는 것이 아니다. 다만, 인류 공동체가 살 아가는데 또 다른 방정식이 존재한다는 이야기를 하고 싶을 뿐이다.

한국의 가계부채는 그 어느 때보다 심각한 상황이다. 그 대부분이 주택담보대출이어서 일상생활에서 요긴하게 사용할 수 있는 부채가 아니다. 그래서 급전이 필요하면 결국엔 제3금융권 및 고금리 대출에 쉽게 노출되어 악순환이 거듭되곤 한다.

여러분은 급전이 필요할 때, 돈을 빌리기 위해 가장 먼저 찾아가는 사람이 누구인가. 한국 사회가 어려운 여건 속에서도 그나마 버티는 힘은 가족 공동체 때문이다. 그 가족 공동체의 기둥은 우리의 어머니 이자 부인인 기혼 여성이다. 기혼 여성이야말로 한국 사회와 가족 공 동체의 안녕과 평화를 가장 낮은 자리에서 묵묵히 지키고 있는 인간 안보(human security)의 핵심 계층이다.

언론을 통해 알려진 가족 간 패륜 범죄를 보면서, 기혼 여성이 무 너지면 공동체는 더 많이 그리고 더 빠른 속도로 무너질 것이라는 생 각을 지울 수 없다. 이들은 경제 지표나 사회 통계에서 잘 드러나진 않 지만, 경제 안정이라는 방정식의 x값이 분명하다.

2016년 3월 한국사회여론연구소에서 전국 성인 남녀 1,000명을 대 상으로 휴대폰-집 전화 여론조사를 실시했다. '결혼한 여성에게만 학 자금, 병원비, 생활비 등 가족 대소사에 급하게 필요한 소액을 무이자 단기 대출하는 은행을 정부 또는 지방자치단체가 설립하는 것에 대 해 어떻게 생각하는지'를 물었다.

'가족공동체를 지키는 데 도움을 줄 수 있으므로 찬성한다'는 응답(53%)이 '은행과 정부기관에 적자 부담을 줄 수 있으므로 반대한다'는 응답(26%)보다 2배 가까이 높게 나타났다. 찬성응답은 주로 부모를 모시거나 자녀를 양육해야 하는 40대와 50대에서 높았다.

중앙정부 또는 지방자치단체에서 '기혼 여성 전문은행'설립을 검토해 보면 어떨까. 일반회계의 사업 예산으로 시작하고, 주민자치센터를 지점으로 활용하는 것이다. 주요 고객 즉, 기혼 여성과 그중에서도 VIP고객으로 모셔야 할 저신용자는 일자리 및 복지 정책과 연계하면 더 좋을 것이다. 지역의 이혼율과 범죄율 및 자살률도 줄어들 것이다. 금융이 공동체에 기여하고 공동체가 시장경제에 기여할 수 있다면, 새로운 방정식을 우리 사회에 대입해 보자.

대안은 시스템 개혁

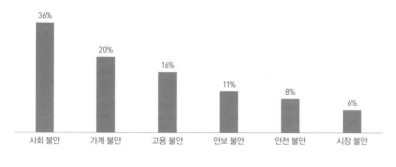

한국 사회의 불안 요인 중 가장 근본적인 요인은?
(2016년 1월)

사회 불안	가계 불안	고용 불안	안보 불안	안전 불안	시장 불안
36%	20%	16%	11%	8%	6%

20대 총선을 앞두고 후보자 공천을 위한 심사 작업이 한창이던 2016년 2월 25일 더불어민주당은 현역 의원을 대상으로 평가를 시행했고 그중 10명을 탈락시키는 발표를 했다. 이 명단에는 중진인 유인태 의원이 포함되었다. 그는 미련 없이 당의 결정을 존중한다는 입장을 신속하게 밝혔다.

1992년 초선, 2004년 재선, 2012년 3선…, 간단하지도 짧지도 않았던 세월 동안 채우고 비우기를 거듭했던 유인태 의원은 정치 여정을 정리하며 몇 마디 말을 남겼다. "삶에서 물러날 때를 아는 것은 소중한 가치다.", "정치가 국민의 신뢰를 회복하는 길은 선거구제 개혁과 분권형 개헌이라고 생각한다."

당시 언론은 유인태 의원의 성품에 초점을 맞춰 보도했다. 안타깝게도 대부분의 대통령이 호소했고 유인태 의원이 소명으로 언급한 정치 시스템 개혁에 대해선 다루지 않았다. 훌륭한 인재를 영입하고 열렬한 지지로 대통령을 선출해도, 결국 지탄의 대상으로 만들고 있는 낡은 시스템에 대해선 다루지 않았다. '유인태 의원이 남긴 말'에 숨어 있는 1인치를 놓친 것이다.

이와 관련해 정치 시스템 개혁에 관한 여론조사 결과를 소개하고 싶다. 이 조사는 한국 사회의 근본적인 불안 요인과 이를 해결해야 하는 정치 시스템과의 연결고리를 파악하는 데 주력했고, 'One-Point-Story(OPS)'형식으로 진행했다. 질문 문항은 7개였다. 2016년 1월 26일에 전국 성인 남녀 1,000명을 대상으로 휴대폰과 집 전화를 활용(RDD)하여 자동응답 전화조사를 했다. 95%의 신뢰 수준에 오차 범위는 ±3.1%였다.

질문 1. 한국 사회의 불안 요인 중 가장 근본적인 요인은?

'경제사회적 불평등과 불공정 등의 사회불안'이라는 응답(36%)이 가장 높았다. 그다음으로는 '가계 부채, 노동소득의 상대적 저하 등의 가계 불안'(20%), '고용 없는 성장, 많은 자영업 등을 야기하고 있는 고용 불안'(16%), '북한 문제를 비롯한 중국, 일본, 미국 등의 안보불안'(11%), '대형 사건사고, 범죄 등 안전 불안'(8%), '기술혁신 부족, 투자 부진, 기업의 적자 등의 시장 불안'(6%) 등으로 나타났다. 담론 수준의 요인보다는 일상에서 체감할 수 있는 상대적 박탈감 등의 요인일수록 응답률이 높았다.

질문 2. 이러한 사회 불안 요인의 근본적인 원인은?

'공동체 의식이 약해졌기 때문'이라는 응답(36%)이 '선진국을 포함한 전 세계적인 추세'라는 응답(15%)보다 2배가량 높게 언급됐다. 세계적인 추세에 영향을 받고는 있지만, 우리 사회의 공동체 회복이 더 중요하다는 여론으로 보인다. 하지만 '잘 모르겠다'가 49%나 나왔다.

질문 3. 이러한 사회 불안요인을 국가가 어느 정도 해결할 능력이 있다고 생각하는가?

'별로 해결할 능력이 없다'는 응답(62%)이 '어느 정도 해결할 능력이 있다'는 응답(28%)보다 2배 이상 높게 나타났다. 각종 선거에서 각 정당들은 수많은 사회 문제에 대해 해법을 내놓을 텐데, 국가의 문제 해결 능력에 대한 평가는 상당히 낮았다.

질문 4. 대통령이나 국회의원이 국민들로부터 비판받는 가장 근본적인 이유가 무엇인가?

'권력구조와 정치 및 정당 시스템의 문제'라는 지적이 61%로, '개인의 역량과 도덕성 및 성품 등의 문제'라는 지적(34%)보다 2배 가까이 높게 나타났다.

중간 분석

지금까지의 4개 질문을 정리해보자면 국민들은 경제사회적 불공정과 불평등 및 가계 불안, 고용 불안 등이 한국 사회의 심각한 불안 요인으로 작용하고 있으며, 주요 원인으로 우리 사회 공동체 의식의 약화를 꼽았다.

하지만 국가는 이를 해결할 능력이 부족하고, 이러한 부족 현상을 정치인 개인의 문제라기보다는 국가 시스템의 문제라고 생각하는 것으로 나타났다. 이것이 OPS 여론조사의 중간 결과다.

박정희 대통령에서부터 노무현 대통령에 이르기까지 역대 대통령들은 어떤 형태로든 정치경제적 권력 분산을 추진해왔다. 낡은 시스템에 집중된 권력의 문제점을 누구보다 잘 알고 있었기 때문일 것이다. 좀 더 깊이 들어가 보자.

질문 5. 횡적 분산

기업과 노동자 등 이해 당사자들이 정책적 합의를 하면, 국회가 찬성 반대만 결정하는 방식으로 당사자들에게 실질적으로 입법 권한을 분산하는 방식에 대해 어떻게 생각하는지에 대해 물었다. '정책 당사자의 입법 참여로 긍정적 방안'이라는 응답(57%)이 '이는 입법권을 침해할 수 있어 부정적'이라는 응답(25%)보다 2배 이상 높게 나타났다.

질문 6. 종적 분산

중앙정부가 지방자치단체에 보다 많은 권한을 이양하는 것에 대해 어떻게 생각하는지도 물었다. 찬성한다는 응답(53%)이 반대한다는 응답(36%)보다 높게 나왔다.

최종 분석

무능한 정치와 무능한 정부는 낡은 시스템에 기인한다. 따라서 그

대안으로 정치경제적 권력을 횡과 종으로 분산하자는 여론 형성이 가능해 보인다. 외치(외교·안보·통상)를 담당하는 상원을 두는 양원 제도도 검토 가능할 것이다. 아마도 유인태 의원의 추가적 역할이 있다면, 상원일 것이다. 20대 국회에서 정치 시스템 개혁은 가장 중요한 화두가 되어야 할 것이다. 정치시스템 개혁이 경제이며 밥이다.

권력의 역학관계상 정권 말 개헌 의는 언제나 있어 왔고 언제나 실패했다. 꼭 개헌이 아니더라도 중앙정부가 지방자치단체에 권한을 과감하게 이양하고, 각 이해당사자들에게 책임뿐 아니라 권한도 나누어 줄 수 있다. 지금의 한국 정치 시스템은 자신의 능력에 비해 너무 많은 일을 담당하고 있는지도 모른다.

질문 7. 어떤 유형의 인물이 정치를 잘할 것이라고 보는가?

'정치를 잘 아는 인물'이라는 응답이 61%로 가장 높게 나타났다. 정치인에 대해 강한 불신을 가지고 있는 사람이면 마지막 조사 결과에 동의하지 않을 수도 있다.

하지만 반대로 물어봐야 한다. 정치인이 국민 기대에 반드시 부응해야 하는 자질이 있다면 무엇일까. 개인의 성품인지 아니면 정치인의 소명인지에 대해 말이다.

국립중앙도서관 출판시도서목록(CIP)

데이터 시대, 사람의 마음을 읽는 법 /
지은이: 최정묵. -- 서울 : 한스컨텐츠, 2016
    p. ;   cm

ISBN 978-89-92008-63-1 03330 : ₩18000
빅 데이터[big data]
정치 사회학[政治社會學]

340.13-KDC6
306.2-DDC23   CIP2016016774

이 도서의 국립중앙도서관 출판예정도서목록(CIP)은 서지정보유통지원시스템 홈페이지(http://seoji.nl.go.kr)와
국가자료공동목록시스템(http://www.nl.go.kr/kolisnet)에서 이용하실 수 있습니다.(CIP제어번호:
CIP2016016774)

데이터 시대, 사람의 마음을 읽는 법

1판 1쇄 인쇄 2016년 7월 11일
1판 1쇄 발행 2016년 7월 20일

지은이 최정묵
펴낸이 최준석

펴낸 곳 한스컨텐츠㈜
주소 서울시 마포구 동교로 136, 401호
전화 02-322-7970
출판신고번호 제313-2004-000096호 신고일자 2004년 4월 21일

ISBN 978-89-92008-63-1 (03330)

책값은 뒤표지에 있습니다.
잘못 만들어진 책은 구입하신 서점에서 교환해드립니다.